U0642798

五角大楼典型科技官员研究

美军技术制胜的人物视角

赵超阳　魏俊峰　蔡文蓉　蔡文君◎著

Research on Typical S&T Officials in the Pentagon

THE US MILITARY'S TECHNOLOGICAL VICTORY FROM THE PERSPECTIVE OF CHARACTERS

科学技术文献出版社
SCIENTIFIC AND TECHNICAL DOCUMENTATION PRESS

·北京·

图书在版编目（CIP）数据

五角大楼典型科技官员研究：美军技术制胜的人物视角 = Research on Typical S&T Officials in the Pentagon：THE US MILITARY'S TECHNOLOGICAL VICTORY FROM THE PERSPECTIVE OF CHARACTERS / 赵超阳等著. —北京：科学技术文献出版社，2024.10

ISBN 978-7-5235-0248-8

Ⅰ.①五…　Ⅱ.①赵…　Ⅲ.①军事科学—军事管理—官员—研究—美国 Ⅳ.① E712.23

中国国家版本馆 CIP 数据核字（2023）第 105525 号

五角大楼典型科技官员研究——美军技术制胜的人物视角

策划编辑：崔 静 梅 玲　责任编辑：崔 静 梅 玲　责任校对：王瑞瑞　责任出版：张志平

出 版 者	科学技术文献出版社	
地 址	北京市复兴路15号　邮编 100038	
出 版 部	(010) 58882943，58882087（传真）	
发 行 部	(010) 58882868，58882870（传真）	
邮 购 部	(010) 58882873	
官 方 网 址	www.stdp.com.cn	
发 行 者	科学技术文献出版社发行　全国各地新华书店经销	
印 刷 者	北京时尚印佳彩色印刷有限公司	
版 次	2024 年 10 月第 1 版　2024 年 10 月第 1 次印刷	
开 本	710×1000　1/16	
字 数	300千	
印 张	22.75	
书 号	ISBN 978-7-5235-0248-8	
审 图 号	GS京（2024）1920号	
定 价	96.00元	

前　言

2018 年 2 月，美国国防部拆分原采办、技术与后勤副部长职能，重新设立冷战时期成立的研究与工程副部长职位，强化国防研发组织领导，该职位在国防部长办公厅的官员排序中仅次于国防部长和常务副部长。随后，主张压制中国技术竞争优势的航天专家格里芬受命担任该职位，2021 年以来担任此职位的是曾长期在售台武器军工企业雷声公司工作的华裔电子科学家徐若冰。这些变化是根植于美国人骨子里的技术制胜思维在军事机构改革和科技官员任命中的外化体现，也是近年来美国总统、国会的政治偏好在军事领域同向聚合的重要结果。长期以来，美军一直认为，"技术优势是国家安全的关键。和平时期，提供威慑；危机时刻，提供手段；战争来临，提供利器"。[①]面对大国竞争，美国重拾冷战之举，企图挟技术重演历史。

纵观历史，仅从美国国防部科技管理机构的螺旋变迁就可以看出，以技术制胜对手是其中重要的价值轴线。20 世纪 50 年代，美苏两大阵营对立，美军"以核制常"，发起第一次"抵消战略"，首次设立国防部研究与工程助理部长职位。受到苏联卫星事件刺激，1958 年设立国防研究与工程署署长职位，取代研究与工程助理部长，该署长负责监管、指导军队研发和采办工作，在国防部长办公厅的官员排序中仅次于常务副部长。70 年代，为抵消苏联军队数量优势，美军发起第二次"抵消战略"，将国防研究与工程署署长升级为研究与工程副部长，重点推进隐身、精确制导等先进技术发展，全面加强国防科技的集中统管。80 年代，为强化国防采办的成本效益、有效降低风险，

---

① ETTER D M. Defense Science and Technology Strategy[R]. Washington, D.C.：Department of Defense Deputy Under Secretary of Defense (Science and Technology), 2000：Ⅰ.

国防部设立采办副部长职位，将研究与工程副部长降级为国防研究与工程署署长，隶属采办副部长领导。2011年，国防部将国防研究与工程署署长改为负责研究与工程的助理部长。近年来，为应对大国战略竞争，美军发起第三次"抵消战略"，重设研究与工程副部长。在美军顶层科技管理机构发展过程中，美军研发机构也以军种为主体，形成了机构众多、专业齐全、功能互补的复杂组织体系。

随着美军科技管理机构和科技工作建制化发展，一大批科技精英在冷战的对抗中走上历史舞台，形成了美军军事优势塑造过程中独特而关键的官员群体。美军今天所依赖的卫星导航、隐身飞机、无人机等原创性技术成果，都得益于这些科技官员在技术破茧与应用过程中的敏锐认知与决策。这个群体是美军整个官僚体系的一部分，他们从企业研发部门、政府实验室、大学"旋转"到军队科技管理岗位，引领科研创新，联结科学共同体，从技术端推进军事战略实施。他们不仅是一个横向时间剖面的美军科技官员的集合，也是纵向时间长河中不同层次各类科技官员所构成的群像，是从人的角度解析美军技术制胜的主要目标群体。美军科技官员是一个庞大的群体，为了研究方便，我们选取国防部层面和军种层面具有代表性的科技管理机构和研发机构的主要官员作为研究对象，把他们作为样本进行分析，因此称为典型科技官员。

长期以来，我们对美军科技管理的研究比较注重管理体制、组织机构、运行机制、管理制度等方面的梳理分析，很少从人物角度进行挖掘研究，当然也有对个别重要官员的简介和画像，但没有较为系统地对一个领域群体进行研究。人是历史的主体，也是机构、制度、技术、武器背后最值得探讨和研究的对象。从某种意义上来说，美军科技发展的过程，就是科技官员轮番登上历史舞台，对技术方向进行设计、对军事能力进行预置、对未来战争进行筹划的过程，通过人物视角对群体目标进行观察与分析，有助于了解把握

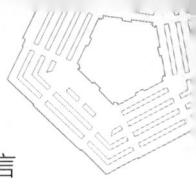

美军技术制胜的决策逻辑和演进规律。另外，从人物角度进行研究，每个人物的个性最终都汇成历史的合力，美军科技发展因此显得丰富而生动，这也为我们了解美军科技发展趋势和管理改革规律提供了一个与众不同的窗口。

本书从多剖面、多进路对美军典型科技官员进行研究，先是对科技官员群体进行整体画像，然后介绍科技官员的来源，其后是他们在技术创新、组织创新、军事能力生成、战略优势塑造等方面的研究，再之是他们在科学社群参与、监督管理、官僚关系方面的行为和外部约束研究，最后是科技官员离开国防管理职位后任职优势迁移与扩散问题研究。具体研究内容安排上分11章，第一章主要介绍美军科技组织管理体系，分国防部和军种两个层面，这是科技官员的组织依托。第二章主要是对美军科技官员群体的产生形成、典型科技官员样本选取和基本情况的集中分析。第三章主要研究分析美军典型科技官员的来源。在科技官员遴选和任用过程中，科技管理职位的管理幅度、长期积累的项目管理经验、国防领域担任不同职务的经历及重点技术的发展变化，都对科技官员任职具有重要影响。同时，社会责任感为科学家进入国防领域提供了情感驱动、国防任务中的机缘巧合提供了工作机遇、联邦层面的法律法规为跨机构人员流动提供了政策保障。第四至第七章主要研究美军典型科技官员在技术创新、组织创新、军事能力生成、战略优势塑造过程中的重要作用。第八章主要研究美军典型科技官员与科学共同体的关系，并对两者之间的互动及影响进行了分析。第九章主要研究美军典型科技官员的监督管理，从国会、行政部门、社会组织等角度介绍对科技官员的监管问题。第十章主要研究美军典型科技官员在官僚关系中的表现，说明科技官员不仅要有出色的技术认知能力，还需要在五角大楼的复杂环境中协调处理各种关系。第十一章主要研究美军典型科技官员任职优势迁移与扩散问题，离开国防部门后，科技官员的职业发展路径虽然多种多样，但交织着美国国家安全领域的群体特征和隐形网络。结语是从另一个方面看技术制胜，通过两场典

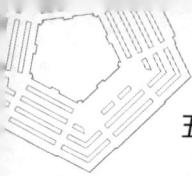

型战争的结局，说明技术与人心向背在战争中的不同作用。

当下，对人物进行画像是一种常见的研究方法，在对美军典型科技官员的研究中，考虑到他们从事的是长周期建设工作，且美国政治结构、官员任期、法律法规等对官员权力和决策的影响力较大，加之囿于资料方面的局限性，对单个人物的画像可能难以体现和判断科技官员的行为逻辑和决策规律，集中较多的研究样本，进行群体画像可能会挖掘出他们集体行为的特点，抽析出他们的决策偏好，认识到一些深层的群体特征和发展规律。基于此，本书主要采用集体传记研究方法，这种研究方法在科学社会学中较为常用。"现代社会学家使用这种方法时称为多重生活经历分析，该方法分为两大学派，一个学派注重研究社会中各个领域的精英人物，特别是政治人物，通过集体传记研究分析这些人物之间社会和经济关系网络，根据他们的家世、背景、教育状况、经济利益来探讨他们的政治态度和力量。这种对精英人物的研究侧重个人传记、个案研究，所绘出的是精英人物的集体群像。另一个学派则比较注重数量更大的、不一定是精英人物的群众的研究，这种类型的研究则比较注重统计方法，不作个人传记的详细研究。"[①] 研究过程中，我们收集整理了大量科技官员的口述历史、国会和智库的研究报告、国防部的战略文件、专家学者的研究论文、媒体报道等，通过质性研究中的扎根理论进行分析，抽取出与科技官员职业发展和国防科技创新紧密相关的研究资料，综合论证后提出研究框架，再辅之以不同领域的理论分析和大量事实性印证，就形成了本书的基础内容。

本书由赵超阳策划，赵超阳、魏俊峰、蔡文蓉、蔡文君共同完成，赵超阳撰写了第二章、第三章、第八章到第十一章，魏俊峰撰写了第一章、第四章和第六章，蔡文蓉撰写了第五章、第七章，蔡文君参与了研究框架拟制、

---

① 刘珺珺. 科学社会学 [M]. 上海：上海科技教育出版社，2009：67.

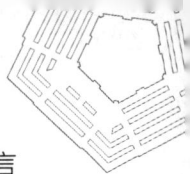

理论分析和大量资料搜集、整理工作，并承担了辛苦而细致的统稿任务。笔者所在团队长期以来对国防科技管理和国防采办管理进行了较为深入的研究，形成了以"山石系列"为代表的一批在国内颇有影响力的研究成果，也形成了互为补充、经常切磋的研究队伍，写作过程中，赵相安、吕彬、张代平、卢胜军、李宇华、杨亚超、谢冰峰、张燕、明翠萍、王磊、孙兴村等同事提供了热情而专业的帮助，耿国桐、马丹、李杏军、白晓颖、许儒红、王三勇、苗壮、雷帅等领导提供了大力支持，刘奇林、王琦、胡畔畔、于安妮、张学武、宫铁立、杜谦、杨天任、李明霞、张义芳等同事帮助分担了大量工作事务。同事杨亚超以其出色的组织能力，不辞辛苦，内外协调，多有付出。科学技术文献出版社科技创新出版中心的编辑团队以值得钦佩的精心、专业和热情，为本书顺利出版做了大量细致的工作。同时，我们还参考了一些专家学者的成果，在此一并表示衷心感谢。

　　因时间仓促，本书难免存在疏失之处，敬请各位读者批评指正。

作　者

2024 年 9 月

目 录

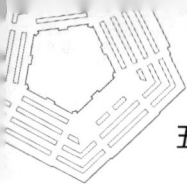

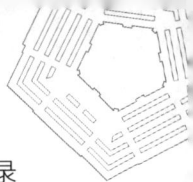

第一章
美军科技组织管理体系

———

科学技术是军事发展中最具革命性的因素，也是国家安全的基石。第二次世界大战后，美军将发展科技作为获取军事优势、维持军事霸权的战略支柱，构建了较为完备的科技组织管理体系。美军对科技工作主要采用集中管理和分散实施的方式进行组织，国防部层面的科技管理机构制定政策，集中统筹，监管实施；各军种科技管理机构和研究机构按照各自职能分别组织实施。美军庞大的科技组织管理体系是科技官员发展的平台和依托。

第一节　国防部层面科技组织管理机构

美国国防部层面的科技管理机构从国防部成立就开始设立，经历了一个长期而曲折的过程。第二次世界大战结束后，科技对战争胜利的巨大贡献让美国高层非常重视国防科技发展，美国国防部成立之初即设立专职的国防科技管理组织。根据国会 1947 年出台的《国家安全法》，组建了国家军事部（1949 年改组为国防部），下设 4 个委员会机构，包括参谋长联席会议、战争委员会、装备委员会、研究与开发委员会[①]。作为对战时国防科技组织管理工作的一种延续，研究与开发委员会主要负责国防科学研究与高技术开发的管理工作，具体包括制定规划和政策、对武器项目进行评估、开展技术预测等。但由于军种不太配合及委员会本身的原因，委员会作用不甚明显，比如，委员会会议要求各军种领导或主管研究的副职领导参加，但军种往往不予配合，且委员会内部臃肿、笨拙、缓慢，与军种的行事风格不能相容。

由于国防部的职能难以发挥，艾森豪威尔总统启动国防改革，国会通过《1953 年国防改组法》，旨在进一步加强国防部对各军种的统管力度。根据该法，国防部层面由原来的委员会机构调整为更为实体化的助理部长制，将研究与开发委员会及装备委员会负责的工作调整为由多个助理部长分别负责。研究与开发委员会调整为负责研究与开发的助理部长和负责应用工程的助理部长，强化了国防部统一领导的权威性，但由于两位助理部长之间存在一定的制衡关系，且相互矛盾日益激烈，导致国防部难以形成面向军种的统一的

---

① CONVERSE E V. History of acquisition in the department of defense volume I: Rearming for the Cold War 1945–1960[M]. Washington, D. C.:Office of the Secretary of Defense, Historical Office, 2012: 21.

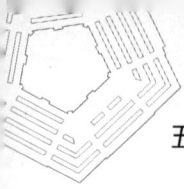

研究与开发政策，降低了国防研发工作管理效率。为此，1957年2月，国防部将上述两助理部长合并，组建负责研究与工程的助理部长，以期解决在研究与开发领域存在的双头管理、难以协调等问题。

1957年10月4日，苏联成功发射世界上第一颗人造卫星，给美国政府与军方造成巨大压力。美国国会和总统都强调国防科技在国家安全和冷战竞争中的重要地位，要求国防部进一步提高研究与开发管理部门的层级。根据《1958年国防改组法》，国防部组织体系实施重大调整，设立国防研究与工程署，取代负责研究与工程的助理部长职位，国防研究与工程署署长监管国防部内一切研究和工程技术活动，并领导一切需要集中管理的研究和开发部门，以加强国防部长对全军科技活动的控制。研究与工程署署长在国防部长办公厅的官员排序中仅次于常务副部长，位居其他所有助理部长之上，凸显了国防部对该署的高度重视。

20世纪70年代，美苏两国冷战背景下的军备竞赛日趋激烈，且美国在军队数量上处于劣势。受技术制胜思维驱动，美军将技术创新突破作为改变当时不利格局的关键抓手，于1978年进一步升格国防研究与工程署，调整设立负责研究与工程的副部长（以下简称研究与工程副部长）职位，研究与开发管理机构的层级达到历史最高，这一管理格局一直维持到1986年。

20世纪70年代末期到80年代中期，美军在1980年伊朗人质事件、1983年驻黎巴嫩贝鲁特大使馆自杀式攻击事件、1983年入侵格林纳达事件等一系列行动中遭受挫折，武器系统采办领域多次暴露腐败问题，出现了高价马桶、装备试验鉴定作假等事件。在这些事件的影响下，总统里根委派国防部前常务副部长帕卡德组建特别委员会（也称"帕卡德委员会"），对国防部进行了广泛而严格的评审。国会也召开了数量众多的听证会，并最终通过了由参议员巴里·哥德华特与众议员比尔·尼克尔斯联合倡议的《1986年国防改组法》（也称《哥德华特—尼克尔斯国防改组法》）。根据该法要求，国防部

整合研究与开发及装备管理机构，组建了负责采办的副部长（以下简称采办副部长），从采办全寿命的角度实施统管，研究与工程副国防部长调整恢复为国防研究与工程署并纳入采办副部长领导。其后，采办副部长经过了两次改名，1993 年改名为负责采办与技术的副部长，1999 年改名为负责采办、技术与后勤的副部长，但从职能来看，都涵盖了研究开发、研制采购、后勤保障的全寿命过程。2011 年，国防部进一步将国防研究与工程署署长改名为负责研究与工程的助理部长，明确该助理部长担任国防部首席技术官（CTO），继续谋求对其战略对手的非对称技术优势。

21 世纪以来，尤其是 2010 年以来，为应对全球领导地位和安全优势受到的巨大挑战，适应高新技术快速更新换代的客观要求，美国进一步重视国防科技工作，深入反思管理体制机制中存在的突出问题，启动新一轮国防科技管理体制深化改革。2016 年 12 月 23 日，美国国会审议通过《2017 财年国防授权法》，要求国防部拆分负责采办、技术与后勤的副部长职能，分设研究与工程副部长和采办与保障副部长。2018 年 2 月，负责采办、技术与后勤的副部长被分拆为研究与工程副部长和采办与保障副部长，新体制正式运行。

改革调整后，研究与工程副部长作为国防部首席技术官，是美军专责研发事务的最高官员，其办公室组织体系主要分为 4 类（图 1.1）：

一是咨询组织。主要是国防科学委员会和国防创新委员会，国防科学委员会主要负责对技术、作战和管理问题提供创新解决方案，应对国防部面临的紧迫而复杂的挑战；国防创新委员会主要负责向国防部高级领导人提供以创新的方式应对未来挑战的独立意见和建议。

二是主管业务部门。主要有 3 个部门，分别由不同的助理部长主管：①负责科学与技术的助理部长，主要职能是统筹研究与技术发展，专注于基础研发、创新人才管理、技术保护、实验室基础设施和小企业计划，并主管国防部科技体系建设；②负责关键技术的助理部长，主要职能是统筹国防科技关键技

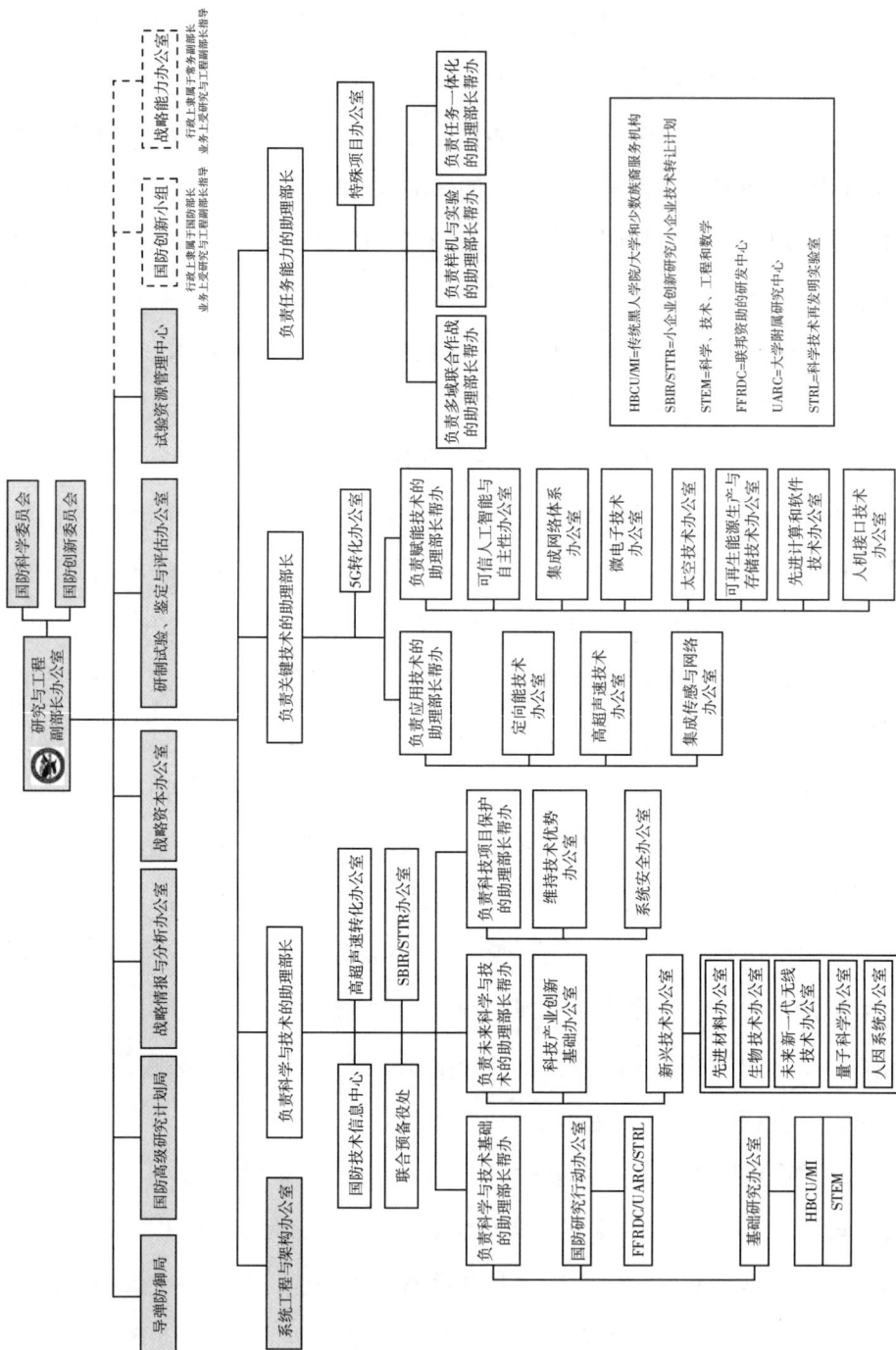

图 1.1　美国国防部研究与工程副部长办公室组织机构（2024 年 6 月，综合美国国防部网站信息绘制）

术领域的发展，具体包括定向能、高超声速、集成传感与网络、可信人工智能与自主性、集成网络体系、微电子、太空、可再生能源生产与存储、先进计算和软件、人机接口 10 个关键技术领域；③负责任务能力的助理部长，主要职能是推进联合能力开发与成果转化，专注于任务工程、任务整合、联合作战、样机设计、实验和快速转化，并与各军种、联合参谋部和作战司令部密切合作，以开发更成熟的技术。

三是直接报告机构。主要有 7 个机构，分别是导弹防御局，国防高级研究计划局，战略情报与分析办公室，战略资本办公室，研制试验、鉴定与评估办公室，试验资源管理中心，系统工程与架构办公室。

四是附属机构。即国防技术信息中心，主要负责保存、管理和分享国防部每年数十亿美元科技投资所获得的知识，使美军作战人员的能力加速发展。国防技术信息中心还负责管理信息分析中心，这些中心为包括作战司令部、国防部长办公厅、国防部业务局和军种在内的不同用户提供重要的技术分析和数据支持服务。

第二节　陆军科技组织管理机构

陆军部原称为战争部，1947 年国家军事部成立后改称陆军部。1812 年，战争部就成立军械部，主要负责美国军队轻、重武器，以及弹药、车辆等生产，主管兵工厂。20 世纪初，许多兵工厂逐步开展研究工作，陆续成立专门进行实验、测试的机构。1946 年春，为了加强对研发机构的管理，陆军在参谋部下设研发处。1958 年，成立陆军研究办公室，负责协调研发活动。1962 年，按照国防部的统管思路，陆军各部门主管的科研机构合并纳入陆军装备司令部，该司令部管辖陆军整个武器采办过程的研发、试验与鉴定、采购和

生产、库存管理、存储与部署以及维护等。1985年，陆军装备司令部下设实验室司令部，陆军研究办公室划归其管理。1986年，陆军部设立采办与技术助理部长职位，1998年该助理部长改名为采办、后勤与技术助理部长并沿用至今。

冷战结束后，为了提高效能，减少管理费用，陆海空三军都对科研组织管理体系进行调整，对所属研究机构进行整合。1992年11月，陆军研究实验室成立，1998年，陆军研究办公室并入陆军研究实验室，负责陆军基础研究的管理和监督实施。陆军装备司令部领导着陆军研究实验室，统一组织科研工作。

2018年，陆军启动近几十年来最大规模的顶层机构重组，建立统筹现代化工作的未来司令部，吸纳陆军装备司令部[①]所属的大量传统科研机构，将未来作战概念设计、科技研发、作战系统开发职能集合于一体，打通需求提出至系统开发的能力生成链条。

重组后，美国陆军科研工作由陆军采办、后勤与技术助理部长（陆军首席科学家和军种科技执行官）统管，陆军各司令部分散实施，其中陆军未来司令部通过整合资源和人力，管理陆军大部分科研业务，陆军工程兵团、太空与导弹防御司令部、参谋部G-1人事部也管理部分研究机构（图1.2）。

作为陆军科研工作的主体，陆军未来司令部所辖的研究机构主要集中在5个支援机构，其中，作战能力发展司令部是陆军最大的技术开发机构，拥有1万多名工程师和科学家，其任务是提供研究、工程和分析方面的专业知识，使陆军能够威慑并在必要时决定性地击败现在和未来的任何对手。医学研究与发展司令部是陆军的医疗物资开发机构，负责医学研究、开发和采办，帮助建立和维持陆军所需的能力，使其在任何战场上都能保持战备状态和杀伤

---

① 在业务上接受陆军采办、后勤与技术助理部长的指导与监督。

陆军科学委员会

陆军部
陆军部长

太空与导弹防御司令部

太空与导弹防御技术中心

参谋部
G-1人事部

行为与社会科学研究所

采办、后勤与技术助理部长

陆军未来司令部

陆军工程兵团

研究与开发局

工程研发中心

陆军快速能力与关键技术办公室
- 先进概念与关键技术项目部
- 陆军高超声速项目部
- 反小型无人机系统项目部
- 网络/电子战与制信息项目部
- 定向能项目部
- 快速采办原型项目部

研究与分析中心

陆军试验与鉴定司令部
- 陆军鉴定中心
- 达格威试验场
- 尤马试验场
- 电子试验场
- 白沙导弹靶场
- 红石试验中心
- 阿伯丁试验中心

人工智能集成中心

作战能力发展司令部
- 陆军研究实验室
- 陆军研究办公室
- 分析中心
- 军械中心
- 航空与导弹中心
- C5ISR中心
- 生化中心
- 地面车辆系统中心
- 士兵中心

陆军应用实验室

医学研究与发展司令部
- 沃尔特—里德陆军研究所
- 陆军传染病医学研究所
- 陆军防化医学研究所
- 陆军环境医学研究所
- 陆军航空医学研究实验室
- 陆军外科研究所
- 陆军远程医学与先进技术研究中心

工程研发中心
- 信息技术实验室
- 环境实验室
- 土工技术与结构实验室
- 海岸与水利实验室
- 建筑工程研究实验室
- 地理空间研究实验室
- 寒区研究与工程实验室

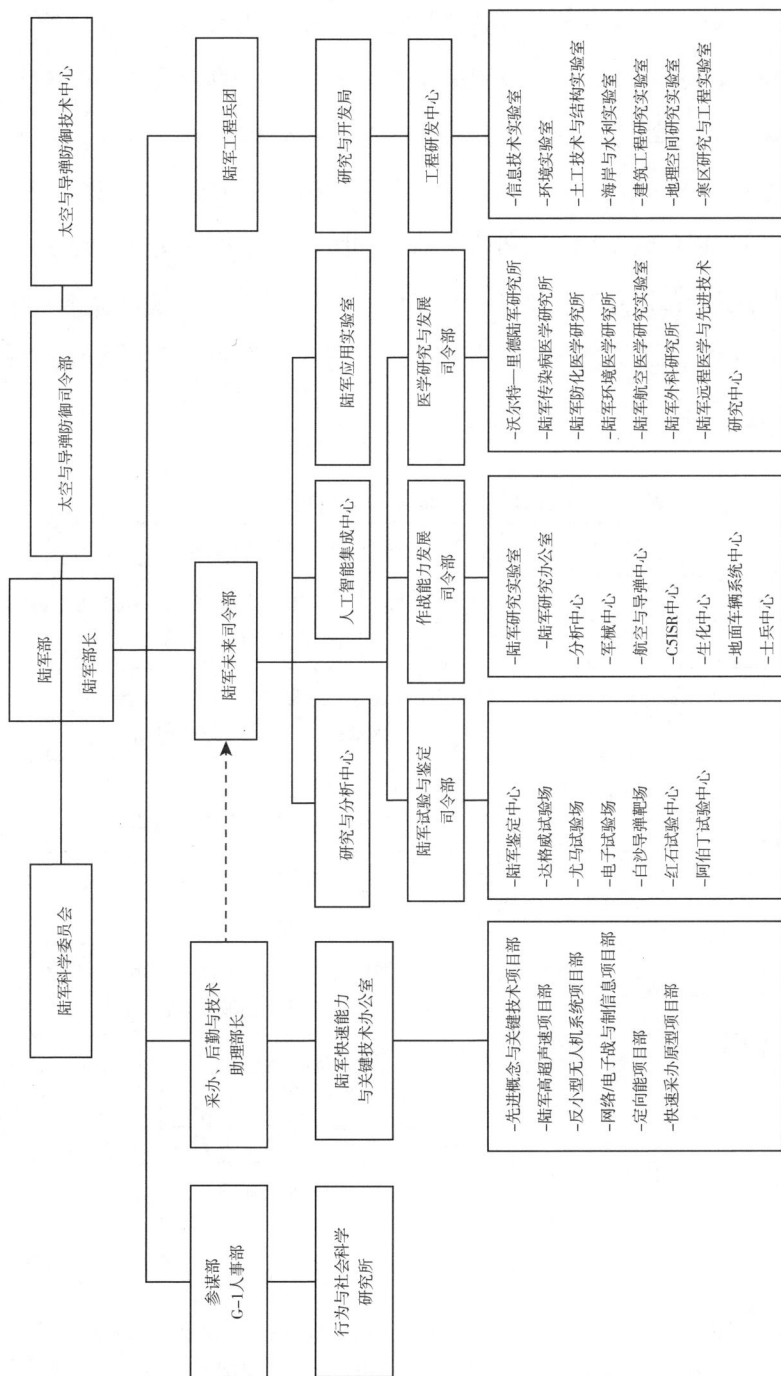

注：——代表行政隶属关系，---代表业务指导关系。

图1.2 美国陆军科研体系架构（2024年6月，综合美国陆军网站信息绘制）

力。未来和概念中心（因其不属于科技机构范畴，故未纳入图中）评估威胁和未来作战环境，制定未来概念，以提高杀伤力和优势，使士兵和部队能够参与竞争，并在必要时部署、战斗及赢得未来战争。陆军软件工厂（因其不属于科技机构范畴，故未纳入图中）是一个不受军衔和军种限制的组织，致力于在军队中寻找最优秀的人才，实施工业界和国防部的最佳实践，使美军士兵和文职人员沉浸在现代软件开发中，充分发挥创新生态系统的精神。研究与分析中心开展作战研究和分析，为陆军和国防部面临的最具挑战性的问题提供决策依据（表 1.1）。

表 1.1　美国陆军科研体系构成概况

序号	主管部门	机构名称	主要研究领域
1	陆军未来司令部：作战能力发展司令部	陆军研究实验室	新概念武器、计算和信息科学、人机交互、电子设备、杀伤和防护分析、材料研究等
2		军械中心	火控、精确制导、武器拆解、声学传感器、引信、纳米技术、非致命武器等
3		C5ISR[①]中心	C5ISR 技术、网络进攻、电子战、雷场探测及排雷、战术移动通信网络
4		士兵中心	战术单元、服装和防护设备、空运和空投、人与系统集成
5		地面车辆系统中心	载人 / 无人地面系统、作战支持系统、机器人、车辆生存、建模仿真、系统工程
6		航空与导弹中心	载人 / 无人航空器、航空电子、导弹技术、空气动力学、推进系统
7		生化中心	烟雾弹、吸入毒理学、过滤科学、生化战、气溶胶物理

---

① C5ISR 指：指挥（Command）、控制（Control）、通信（Communications）、计算（Computing）、网络（Networking）、情报（Intelligence）、监视（Surveillance）、侦察（Reconnaissance）。

续表

序号	主管部门	机构名称	主要研究领域
8	陆军太空与导弹防御司令部	分析中心	技术建模和仿真，从概念到部署的一体化分析，网络空间和电子战脆弱性及恢复性分析，动力毁伤和脆弱性分析
9		太空与导弹防御技术中心	激光器、拦截技术、低成本发射、网络空间作战、高海拔有效载荷、传感器
10	陆军工程兵团：工程研发中心	地理空间研究实验室	地理空间信息和标准、地理空间支持产品
11		建筑工程研究实验室	耐用军事设施、设施运营的效率和成本
12		寒区研究与工程实验室	复杂环境、寒冷条件下装备性能
13		海岸与水利实验室	水资源问题、近海和内陆水资源管理
14		土工技术与结构实验室	抗毁性和保护性结构、持久机动性、机场建设
15		环境实验室	环境科学和工程、环境系统
16		信息技术实验室	计算机辅助设计和工程、高性能计算
17	参谋部 G-1 人事部	行为与社会科学研究所	训练、领导力开发、数字化指挥
18	陆军未来司令部：医学研究与发展司令部	陆军外科研究所	先进的诊断处理技术、紧急处置措施
19		陆军航空医学研究实验室	士兵面部和眼部防护、航空生命保障
20		陆军防化医学研究所	抗惊厥药、神经保护剂、生物清除剂、糜烂性毒剂作用机理、伤口愈合、药物干预、药物干预研究、药物筛选
21		陆军远程医学与先进技术研究中心	生物信息学与基因组学、药物设计与分子作用、免疫学和疫苗研究、肌肉骨骼和爆炸伤、生理数据建模与挖掘、系统毒理学
22		陆军环境医学研究所	环境病理生理学、生理学和医学、生物物理和生物医学建模、职业健康与效能

续表

序号	主管部门	机构名称	主要研究领域
23	陆军未来司令部：医学研究与发展司令部	沃尔特—里德陆军研究所	生物医学、药物及疫苗的开发、临床试验
24		陆军传染病医学研究所	传染病治疗、疫苗研究

此外，陆军未来司令部下属的陆军应用实验室主要致力于将创新解决方案和技术与陆军问题、资源和计划相结合，以快速发现、验证和转化应用技术，支持陆军现代化；人工智能集成中心负责领导和集成陆军人工智能战略并推进实施，同步关键开发工作，为陆军现代化体系内的人工智能应用奠定基础；陆军试验与鉴定司令部负责通过严格的试验与鉴定，为陆军科研工作提供直接支持，并为陆军高级领导提供相关的及时信息。美国陆军研究实验室（Army Research Laboratory，ARL）是陆军最主要的综合性科研机构，隶属于陆军未来司令部下属的作战能力发展司令部，肩负着探索、创新前沿技术，以及推动技术转化等任务，业务涵盖基础研究、应用技术研发和技术转化等，确保陆军在未来作战中成为一支具有显著优势的地面作战力量。陆军研究实验室由陆军研究办公室、职能业务部和陆军研究部组成，其中，职能业务部主要为实验室科研工作提供管理保障，陆军研究部和研究办公室是开展科研工作的主体（图1.3）。

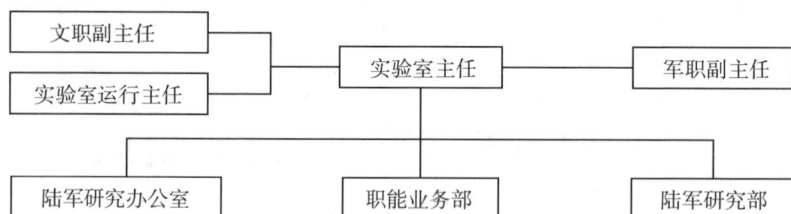

图 1.3　美国陆军研究实验室组织架构

陆军研究办公室是美国陆军在工程、物理和信息科学方面主要的对外基础研究机构，通过向教育机构、非营利机构和私营企业提供资助开展外部基础研究，以研发和利用创新技术，确保陆军的技术优势。通过开展基础科学研究项目，陆军研究办公室获得先进的科学发现和科学知识储备，为未来武器系统的研发和改进提供支持。陆军研究办公室下设 3 个部门，分别是信息科学处、物理科学处、工程科学处。

陆军研究部主要是组织开展计算与信息科学、士兵效能、光电智能传感器、地面载具推进、防护及材料相关技术、传动、气动力学、结构工程设计及机器人、多功能射频、自主传感、信号管理、火控、制导、引信等领域研究。

第三节　海军科技组织管理机构

美国海军研究机构随着 20 世纪以来科学技术快速进步而产生，1915 年，在托马斯·爱迪生的推动下，海军成立咨询委员会，负责协助海军遴选第一次世界大战期间递交上来的约 40 000 项发明，并建议海军仿效工业界建立研发实验室，1923 年，海军试验和研究实验室成立，1926 年更名为海军研究实验室。还有一些研究机构，是从造船厂分离出来的，1917 年末，海军造船厂建立了一个独立的实验室，叫作"水雷大厦"，主要为北大西洋海域的封锁计划开发水雷。两年后，"水雷大厦"开始进行引信研究。1929 年，水雷团队和引信团队合并成立海军军械实验室。1939 年，实验室在组织上脱离海军造船厂，成为独立研发机构。作为一个综合性、技术密集型军种，为了适应战争的需要，海军成立了不少这样的研究机构。

第二次世界大战期间，为了协调与联邦政府的工作，更好更快地将民间科学家的建议和成果引入海军，时任海军部长弗兰克·诺克斯建立了海军研

发协调局。战争临近结束时，为了保持海军与研究机构和科学家之间的联系，海军成立研究发明局，1945 年 5 月，海军研发协调局、研究实验室等机构一并划入其中。1946 年 8 月，根据国会第 588 号公法，研究发明局更名为海军研究局，海军研究局曾保障了全美 40% 的基础科学研究，并因此备受称赞，此后还吸收了海军技术局、海军高级技术局等机构，业务范围从原来的基础研究扩展到应用研究及先期技术开发等阶段，海军研究实验室后来也划归其管理。

　　1959 年，为与国防部国防研究与工程署对接，海军设立负责研究与开发的助理部长职位，1977 年该职位调整为负责研究、工程与系统的助理部长，同年，设立负责造船与后勤的助理部长一职。1990 年，负责研究、工程与系统的助理部长和负责造船与后勤的助理部长合并为负责研究、开发与采办的助理部长（以下简称研究、开发与采办助理部长）。海军研究、开发与采办助理部长担任海军采办执行官，管理海军的研究、开发和采办活动，其下属的负责研究、开发、试验与鉴定的海军助理部长帮办[①]是他的主要顾问和政策协调人，负责与海军科学、技术、先期研究与开发、系统原型计划及科学和工程管理有关的所有事务。

　　1965 年，海军成立装备司令部，下辖舰船、航空、军械、电子、设备工程、供应等 6 个具有不同职能的下级司令部。与此同时，一些军内实验室按照不同职能改组为大型研发中心。1967 年，海军成立了第一个大型研发中心——海军舰船研究开发中心，随后，又成立了海军武器中心、海军水下研究开发中心、海军电子实验室中心以及海军航空开发中心。[②]

---

① 职位相当于助理部长的副手。

② LASSMAN T C. Sources of weapon systems innovation in the Department of Defense：the role of in-house research and development，1945-2000[M]. Washington：DIANE Publishing Company，2008：65.

　　冷战结束后，美国海军科研工作由海军研究、开发与采办助理部长和海军作战部长领导，研发体系主要由 3 个部分构成：一是海军研究局主导的科技体系（包括海军研究实验室、海军研究局全球部、海军敏捷办公室等），主要职责是资助基础和应用研究，并在全球开展科研合作。二是海军各系统司令部下属作战中心，主要聚焦技术向可实际部署系统的转化。其中，海军海上系统司令部主要职责是为美国海军设计、建造、交付和维护舰船、潜艇和系统；海军航空系统司令部主要职责是为作战人员提供空战能力，使其能够在各域作战并取得胜利；海军信息战系统司令部主要职责是识别、开发、交付和维持信息战的能力与服务，使海军、联合部队、联盟和其他国家任务部队能够在从海底到太空的作战域开展行动；海上设施工程系统司令部主要职责是根据舰队和海军陆战队的优先事项，提供全寿命技术和采办解决方案，为舰队和海军陆战队提供压制性的杀伤力。三是海军医学司令部下属机构，主要开展医学研究活动，其主要职责是确保海军士兵、海军陆战队员及其家属和退役人员身体健康，随时准备投入陆地或海上的工作（图 1.4）。

　　美国海军下辖 20 余家重要科研机构，主要分布在海军研究局（ONR）和海军作战部长管辖的 5 个系统司令部中，具体如表 1.2 所示。

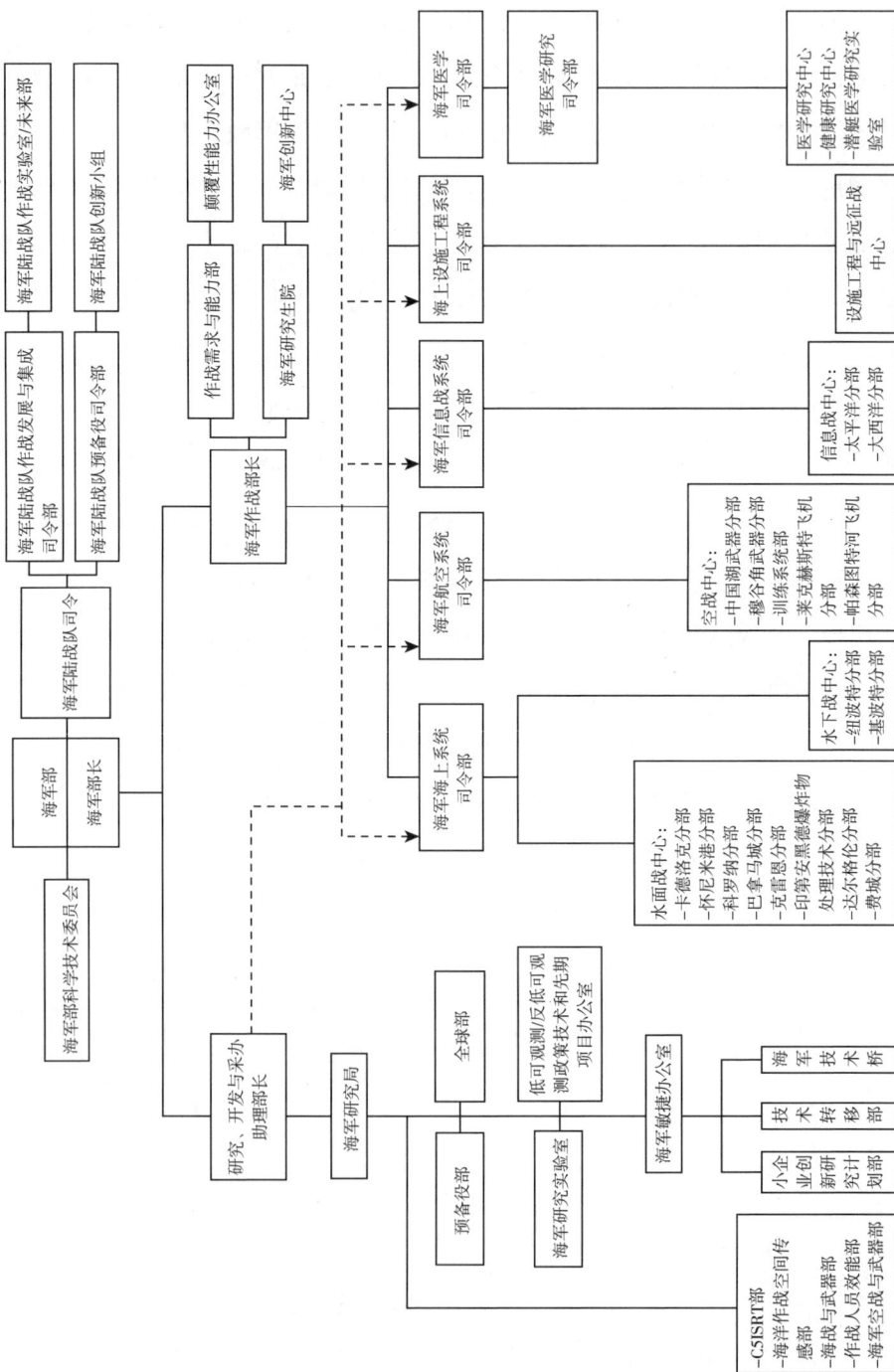

图 1.4　美国海军科研体系架构（2024 年 6 月，综合美国海军网站信息绘制）

注：——代表行政隶属关系，- - - 代表业务指导关系。

表 1.2　美国海军科研体系构成概况

序号	主管部门	机构名称	主要研究领域
1	海军负责研究、开发与采办助理部长	海军研究局	C5ISRT[①]、海洋战场感知、海上作战与武器、人力系统、海上空战与武器、远征机动战与反恐，下设若干卓越制造技术中心
2		海军研究局：海军研究实验室	海洋和大气科学、材料科学、空间系统和技术、水下技术、生化学、物理学、信息技术、自主技术、人机交互技术
3	海上系统司令部	水面战中心卡德洛克分部	舰艇设计和集成、材料与制造技术、信号管理、流体力学、推进器、无人技术
4		水面战中心费城分部	舰艇机械系统集成，动力、电力与推进系统，辅机系统，机械自动化、控制、传感器和网络系统
5		水面战中心科罗纳分部	作战系统性能评估、质量与任务可靠性评估、武器系统接口评估、海空系统工程化
6		水面战中心克雷恩分部	电子战系统、战略系统、先进电子技术、红外对抗、能源动力
7		水面战中心达尔格伦分部	电子武器、定向能系统、综合水面作战控制系统、联合指挥和控制、网络空间作战
8		水面战中心印第安黑德爆炸物处理技术分部	爆炸物、推进物、引爆装置等高能系统，排爆技术、反简易爆炸装置、排爆信息
9		水面战中心巴拿马城分部	极端环境生命保障系统、互操作和通用控制、无人系统、海上安全、水雷/反水雷
10		水面战中心怀尼米港分部	水面武器系统、雷达、打击力量互操作性、定向能和电子战、弹道导弹防御、导弹发射系统
11		水下战中心纽波特分部	水下战通信、作战、传感器和声呐系统，潜望镜和水下战成像系统，潜艇战术导弹集成，鱼雷

① C5ISRT 指：指挥（Command）、控制（Control）、计算（Computing）、通信（Communications）、网络（Cyber）、情报（Intelligence）、监视（Surveillance）、侦察（Reconnaissance）和瞄准（Targeting）。

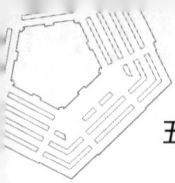

续表

序号	主管部门	机构名称	主要研究领域
12	海上系统司令部	水下战中心基波特分部	水下战测试和评估，鱼雷和无人潜航器试验，水面和水下系统综合产品保障、舰队训练管理系统
13	航空系统司令部	空战中心中国湖武器分部	导弹、电子系统、航空发动机等陆上试验场
14		空战中心穆古角武器分部	导弹、电子系统、航空发动机等海上试验场
15		空战中心帕森图特河飞机分部	飞行器推进、航空电子设备的测试和评估
16		空战中心莱克赫斯特飞机分部	航空信息系统、飞机/武器/舰艇兼容性
17		空战中心训练系统部	训练方案的需求分析、设计、开发和支持
18	信息战系统司令部	信息战中心太平洋分部	先进的通信网络、微机电系统、C4ISR 系统
19		信息战中心大西洋分部	网络安全与分析、自主系统、C4ISR 系统
20	海上设施工程系统司令部	设施工程与远征战中心	岸上和近岸设施、水下设施、远征设备、环境科学、海洋和海面工程、能源科学与工程、信息安全、设施工程
21	海军医学司令部：海军医学研究司令部	海军医学研究中心	创伤治疗、传染病研究、生物药剂
22		海军健康研究中心	行为学、环境压力测试、远征作战医学
23		潜艇医学研究实验室	艇员生理指标和表现、心理学、潜艇救助和逃生、水下生理状况

美国海军研究实验室（Naval Research Laboratory，NRL）是美国海军及海军陆战队重要的综合性研究实验室，由海军研究局领导，主要从事作战环境、电子战、信息系统、纳米材料等研究，业务领域涉及传感器系统、信息系统与技术、军事电子系统与技术、新型材料与结构、流体力学、水声学与声呐技术、海洋与大气科学、海洋动力学、纳米科学与技术、空间技术与航天飞行器设计等（图1.5）。

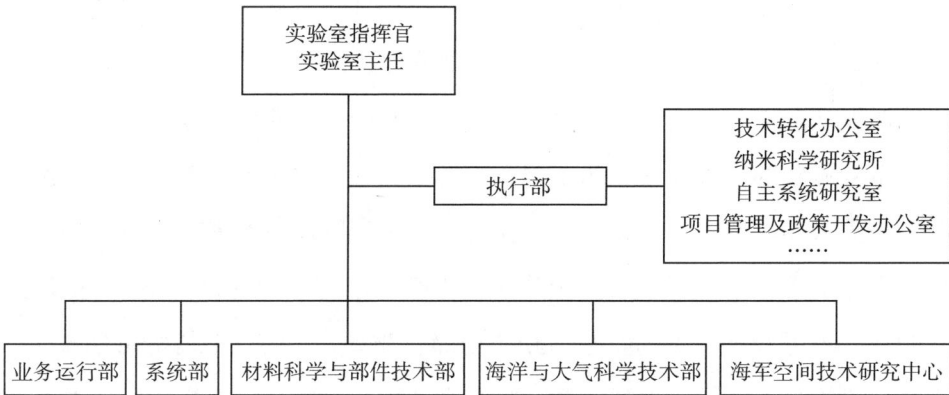

图 1.5　美国海军研究实验室组织架构

海军研究实验室由系统部、材料科学与部件技术部、海洋与大气科学技术部、海军空间技术研究中心组成，并由执行部和业务运行部支撑；各研究部门均有各自的分部门，分部门中还会有项目组的分支。其中，系统部包括雷达处、信息技术处、光学科学处、战术电子战处；材料科学与部件技术部包括化学处、材料科学技术处、计算物理与流体动力学实验室、等离子体物理处、电子科学技术处、生物分子科学/工程中心；海洋与大气科学技术部包括声学处、遥感处、海洋学处、海洋气象学处、航天科学处；海军空间技术研究中心包括航天系统开发处、航天器工程处。

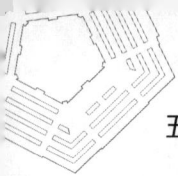

第四节 空军科技组织管理机构

1947 年，美国空军在陆军部航空队基础上成立，成立时，航空队就设有航空装备司令部，负责管理航空工程和研究事务。1948 年，空军参谋部建立了与海军研究局具有同等地位的应用研究组，1949 年更名为空军研究办公室。1950 年 1 月，空军从航空装备司令部独立出研发司令部，同时组建成立后勤司令部，空军研究办公室划归研发司令部管理。1961 年，空军将武器开发和采购职能从航空装备司令部剥离出来，与原来的航空研发司令部合并，成立空军系统司令部。1987 年，为加强与国防部新成立的采办副部长工作协调，空军设立采办、技术与后勤助理部长一职，负责管理空军采办与技术相关工作。冷战后，随着国防承包商恢复小规模生产，国防部不断精简武器采办过程，1992 年空军系统司令部与空军后勤司令部合并成为新的空军装备司令部。空军科研机构也经历了一系列变革，1990 年 12 月，空军 14 个实验室调整合并为 4 个实验室，即：赖特实验室、菲利普斯实验室、罗姆实验室和阿姆斯特朗实验室。1997 年 10 月，上述 4 个实验室与空军装备司令部的空军研究办公室一起，重组为一个超级研究实验室——空军研究实验室（Air Force Research Laboratory，AFRL），空军研究办公室成为其下属的一个重要组成机构。

近年来，为加快创新步伐，空军于 2017 年成立了直接向空军副参谋长汇报工作的"空军创新工场"（AFWERX），通过举办一系列"星火"活动，帮助空军创新人员发现利用新技术和最佳商业实践的机会；通过在华盛顿哥伦比亚特区、拉斯维加斯、奥斯汀设立创新中心，举行挑战赛等，为创新想法匹配解决方案；通过实施敏捷的合同签订和采办流程，推动创新转化。2020 年，经过 3 年的发展运行，"空军创新工场"结束实验阶段，正式转隶

空军研究实验室。

美国空军科研工作由空军采办、技术与后勤助理部长统管，装备司令部下辖的空军研究实验室具体实施。空军采办、技术与后勤助理部长办公室负责监督空军的研究、开发、采办和项目保障活动，以具有成本效益的方式实现现代化，为作战人员提供持久的世界级能力，确保美国及其盟国在空中、太空和网络空间的主导地位。空军装备司令部的主要职责是通过技术的开发和转化、专业的采办管理、严格的试验鉴定及对所有空军武器系统的世界级维护，为空军作战人员提供赢得战争的远征作战能力。空军研究实验室负责为空军、太空和网络空间部队识别、开发和集成负担得起的作战技术。太空系统司令部负责为作战人员开发、采办和部署致命性和具有弹性的太空能力，同时负责太空系统的研制试验、在轨检验、维持和维护，以及监督太空军的科技活动。太空训练和战备司令部负责太空军的理论、训练、测试和教育工作，下设的第 12 太空三角洲部队负责领导美国空军能力的综合试验与鉴定，以便快速部署具有作战能力的武器系统和战术太空资产。负责太空采办与整合的助理部长担任整个国防部太空系统和项目的高级架构师，并担任空军服务采办执行官（图 1.6）。

空军研究实验室总部位于俄亥俄州赖特－帕特森空军基地，着眼于未来作战能力需求，聚焦空军核心功能，开展最前沿的科学研究，加快颠覆性技术开发，致力于确保美空军在太空和网络空间等关键领域维持技术领先。实验室由定向能部、信息部等 11 个技术部和人事部、合同部等 12 个职能部组成，每个技术部以技术开发和创新为重点，并按技术能力领域进行分类；每个职能部为业务运营提供专门支持、战略指导和监督。技术部是空军研究实验室推进技术创新的核心部门（图 1.7）。

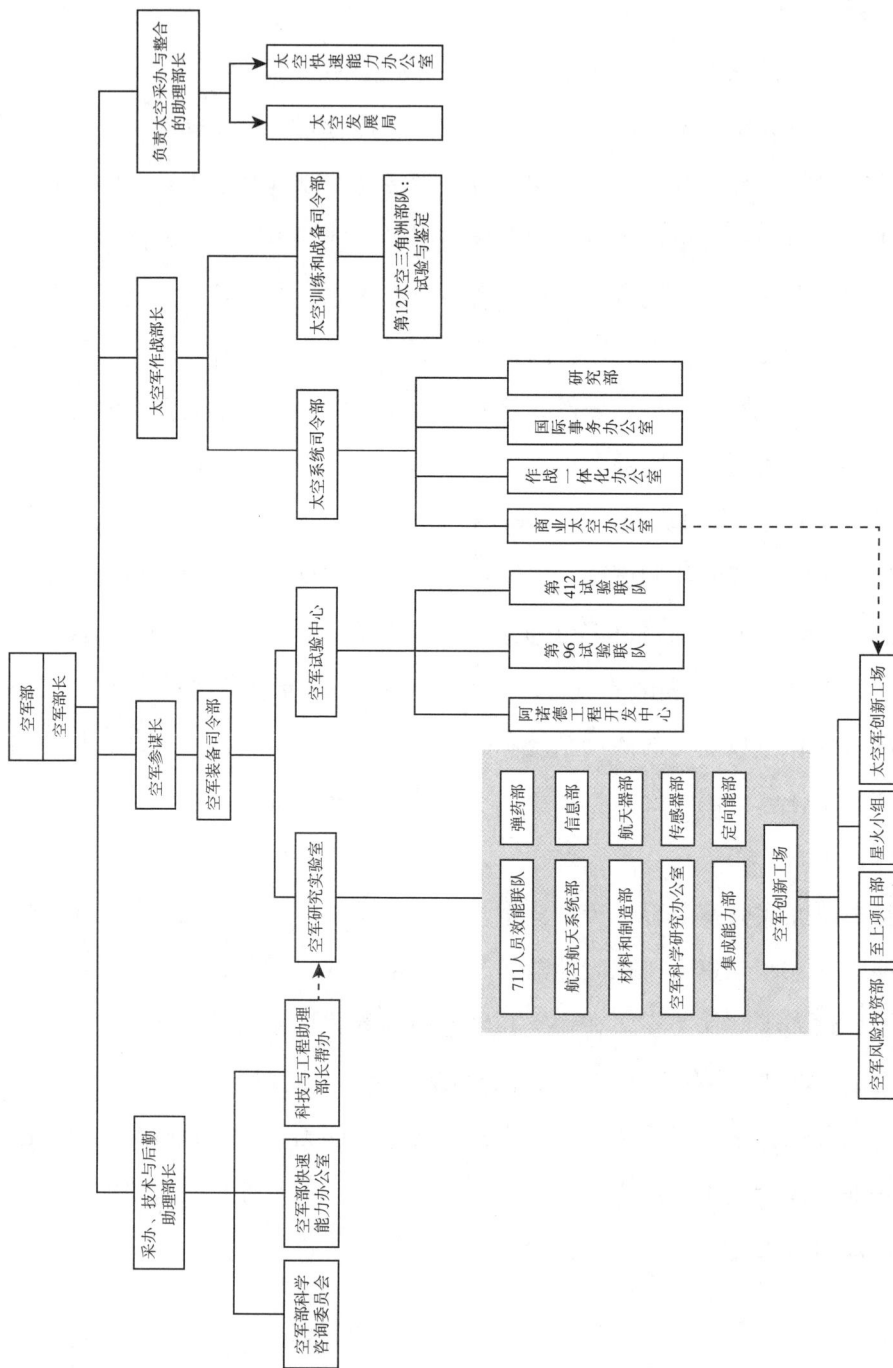

图 1.6 美国空军科研体系架构（2024 年 6 月，综合美国空军网站信息绘制）

注：——代表行政隶属关系，----代表业务指导关系。

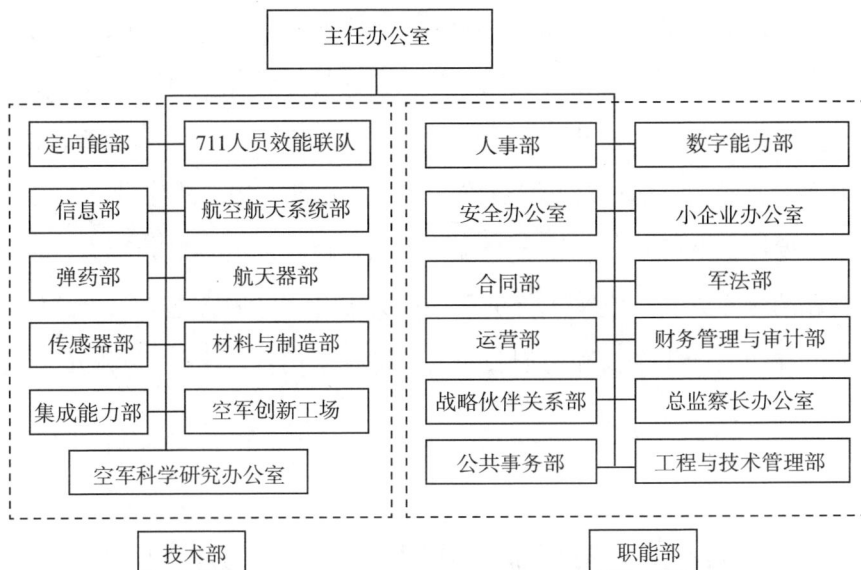

图 1.7　美国空军研究实验室体系架构

（2024 年 9 月，综合美国空军研究实验室网站信息绘制）

11 个技术部的具体职责分别是：①航空航天系统部主要职责是开拓航空航天技术，帮助美国空天军飞得更高、更快、更高效。②信息部主要职责是推进指挥、控制、通信、计算、网络和情报领域技术创新，使美国空军处于世界领先地位。③弹药部主要职责是推进弹药和制导技术发展，以超高精度和速度对地面、海上或空中目标产生制胜效果。④材料与制造部主要职责是发明、设计并确保世界上最先进材料的可制造性和可持续性。⑤定向能部主要职责是探索电磁学、光学等领域技术应用的新方法，使空军作战人员占据先机。⑥航天器部主要职责是开发最新的空间组件技术、开展最先进的卫星空间实验，确保美国太空部队保持太空优势。⑦711 人员效能联队主要职责是使开发的每一项技术在设计时都考虑到人类的能力，通过生物和认知研究，确保作战人员的训练和战备状态。⑧传感器部主要职责是发现雷达和光电传感器

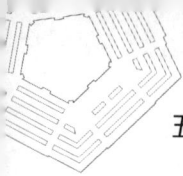

的新应用，为美军带来任务优势。⑨空军科学研究办公室主要职责是领导和管理空军部的基础研究计划，发现、塑造、支持和转化高风险基础研究，不断拓展科学知识的视野，从而对未来的空军和太空部队产生深远影响。⑩集成能力部主要职责是通过跨学科合作，加速空军部未来部队建设。⑪空军创新工场主要职责是打造创新生态系统，提供颠覆性的航空航天能力，将创新技术领域的领军人物与空军飞行员和国民警卫队人才联合起来，提高能力转化效能，并使美国小企业和初创公司的尖端技术用于解决美军面临的最紧迫挑战。

第五节　美军监管的外部科技组织机构

美国国防科研体系中存在一支特殊力量——政府监管的科研机构。它们以政府投资为主，依托大学、企业、非营利组织的资源成立。这类机构主要包括美国国防部资助的 10 个联邦资助的研发中心（FFRDC）和 16 个大学附属研究中心（UARC）。这些中心与国防部建立了长期战略合作关系，为国防部提供或维持特定的研发和工程能力。

一、联邦资助的研发中心

联邦资助的研发中心（FFRDC）是一类特殊的研究机构，由托管单位（大学、企业和非营利机构）负责运营和管理，人事和工资制度不必参照政府部门，具有较大的灵活性和自主权。内部管理层次少、决策快、环境宽松、灵活高效，能对出资方广泛和多样的项目需求做出快速响应，在吸引一流人才方面也较政府直属研究机构具有一定的优势。军方在管理上主要是制定和发布管理规

章、制定年度管理计划、监督工作质量和快速反应能力、评估工作绩效等。托管单位主要是制定监督和管理制度、召开管理会议、提交年度项目计划、组织任务实施等。

截至 2024 年 9 月，美国国防部长办公厅、军种、国防部业务局共资助了 10 家 FFRDC，可分为 3 类：①研发实验室（3 个）。依托运营单位优势，从事某个核心领域研究工作，填补政府和企业研究机构在该领域的不足。这些实验室注重技术发展、先进概念和技术的验证，以及技术的转移转化。②研究与分析中心（5 个）。对政府关心的核心领域进行独立、客观分析，提供专业建议和创新意见，支持政策制定和决策。③系统工程与集成中心（2 个）。在政府内部技术和工程能力不足的核心领域，支持政府制定、策划和评估那些交由企业承担的项目和活动，确保系统工程和集成工作达到使用要求（表 1.3）。FFRDC 管理方式如下：每个 FFRDC 都对应一个出资部门，与 FFRDC 签署 5 年期资助合同，明确了中心的定位、发展目标、需维持的能力和完成的任务；国防部拨付足额经费，研究与工程副部长负责控制和分配，国会对工作量做出限制；有权使用国防部的数据、雇员及设施；保持独立性，远离部门利益冲突，并向国防部完全公开运行事务。

表 1.3　联邦资助的研发中心（国防部资助）列表

序号	机构名称	机构类型	运行方	资助方
1	软件工程研究所	研发实验室	卡内基梅隆大学	研究与工程副部长办公室
2	林肯实验室	研发实验室	麻省理工学院	研究与工程副部长办公室
3	通信与计算中心	研发实验室	国防分析研究所	国家安全局

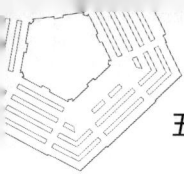

序号	机构名称	机构类型	运行方	资助方
4	国家安全工程中心	系统工程与集成中心	米特公司	研究与工程副部长办公室
5	航空航天公司	系统工程与集成中心	航空航天公司	空军
6	国防研究所	研究与分析中心	兰德公司	采办与保障副部长办公室
7	系统与分析中心	研究与分析中心	国防分析研究所	采办与保障副部长办公室
8	阿罗约中心	研究与分析中心	兰德公司	陆军
9	海军分析中心	研究与分析中心	海军研究公司	海军
10	空军项目部	研究与分析中心	兰德公司	空军

数据来源：美国国防部研究与工程副部长办公室官方网站。

二、大学附属研究中心

大学附属研究中心（UARC）是国防部在大学设立的战略研究机构，目的是依托大学特定领域核心竞争力，通过前沿基础研究来推进国防部的长期目标。截至 2024 年 9 月，美国国防部长办公厅、军种、作战司令部共资助了 16 所 UARC，这些研究中心与国防部保持长期战略合作关系，支撑国防部某个方向的研发与工程能力（表 1.4）。各 UARC 每年可从国防部获得超过 600 万美元资助。国防部对每家 UARC 进行 5 年一次的综合评估，评估内容包括：核心能力与任务定位的相关性，绩效、成本控制和利益冲突规避情况。这些研究中心可竞争政府科技项目，但一般不参与企业对政府合同的竞争。

表 1.4　国防部资助的大学附属研究中心列表

序号	研究中心	运行方	资助方
1	系统工程研究中心	史蒂文斯理工学院	研究与工程副部长办公室
2	采办创新中心	史蒂文斯理工学院	研究与工程副部长办公室和陆军作战能力发展司令部
3	核扩散地球物理探测研究所	阿拉斯加大学	负责降低威胁和军备控制的助理国防部长帮办
4	情报与安全应用研究实验室	马里兰大学帕克分校	情报与安全副部长办公室
5	航天动力学实验室	犹他州立大学	导弹防御局
6	协同生物技术研究所	加州大学圣巴巴拉分校	陆军
7	创造性技术研究所	南加州大学	陆军
8	佐治亚技术研究所	佐治亚理工学院	陆军
9	士兵纳米技术研究所	麻省理工学院	陆军
10	应用物理实验室	约翰斯·霍普金斯大学	海军
11	应用物理实验室	宾夕法尼亚州立大学	海军
12	应用物理实验室	得克萨斯大学奥斯汀分校	海军
13	应用物理实验室	华盛顿大学	海军
14	应用物理实验室	夏威夷大学	海军
15	战术自主性研究所	霍华德大学	空军
16	国家战略研究所	内布拉斯加州大学	战略司令部

数据来源：美国国防部研究与工程副部长办公室官方网站。

第二章

美军典型科技官员群体

——

第二次世界大战后，随着美军科技事业的建制化、体系化发展，一大批科技精英在冷战的对抗中走上历史舞台，形成了美军军事优势塑造过程中独特而关键的官员群体。这个群体是美军庞大官僚体系的一部分，他们从企业研发部门、政府实验室、大学院系"旋转"到军队科技管理岗位，引领科研创新，联结科学共同体，从技术端推进军事战略实施。这个群体不仅是一个横向时间剖面的美军科技官员的集合，也是不同机构前后衔接的科技官员所构成的群像，是从人的角度解析美军技术制胜的关键目标群体。

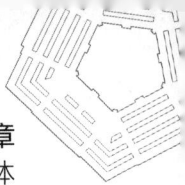

第一节　科技官员群体的产生形成

美军的科技官员群体是随着大科学时代的到来而涌现出来的。从第二次世界大战中军事科研的组织管理开始，科技官员群体就逐步孕育和萌芽，在冷战的驱使下，国防科学走到战略博弈的前沿，美国国防部科技管理体系逐步建立，科技组织管理结构日趋复杂，一大群科学家和管理者角色兼具的官员群体随之形成，进而成为影响美国国防科技和国家安全的关键力量。

一、大科学时代背景

根据德国学者的研究，"大科学"概念是德国历史学家莫姆森在 1890 年创造的。1905 年，另一名德国学者哈纳克使用过"科学大规模企业"这样的说法。1952 年，美国著名社会学家巴伯在《科学与社会秩序》一书中也使用了"大科学"的提法，当时他着重指出这种"大科学"的危险方面，如官样文章、难以吸收新鲜血液等。[①] 真正让"大科学"这一名词被研究界广泛接受，成为科学研究的一种现代形态的是美国科学学家普赖斯，他从总体上考察科学，运用统计方法和数量工具描述科学发展的速度和规模，得到了科学发展速度的指数规律和以往的"小科学"已经发展为当今的"大科学"的结论。他提出，"'小科学'一般是指 17 世纪英国皇家学会开始的那一时期，能够依靠自己的资金、技艺和兴趣自由选题进行研究，也就是'以认识自然为最高宗旨的，为科学而科学的科学'；而现代科学，由于规模如此之大，投入如此之巨，取得成就如此辉煌，对社会的影响如此广泛，以致于不能不用'大科学'一

---

① 刘珺珺. 科学社会学 [M]. 上海：上海科技教育出版社，2009：105.

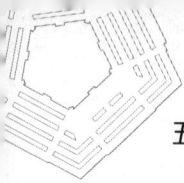

词称呼它。"[①] 他认为，大科学有不同于以往科学的鲜明特征，比如，科学家人数激增，在整个人口中所占比重加大；科学文献爆炸式增长；随着研究对象越来越复杂，所需要的科学仪器设备也越来越精密；科学研究所需费用日趋昂贵。

使"大科学"作为科学探索的典范而得到验证的是第二次世界大战的两个标志性技术成果：雷达和原子弹。"如果没有跨学科的合作和几乎无限的资源支撑（这已成为新范式的标志），要开发出这两样东西几乎是不可能的——而且肯定不可能及时发明出来而影响战争结果。"[②] 特别是曼哈顿工程的成功，向世界展示了科学的力量，也证明了政府在组织国防科学研究上的巨大潜力。第二次世界大战作为一种催化剂，让 20 世纪初以来的科学发展进入到大科学时代。大科学时代早期打上了深深的战争烙印，具有以下特点：①科技与军事高度协同，科技成为军事竞争的战略工具和手段；②科学研究带有很强的综合性，科学和技术的融合性、支撑性越来越紧密，众多新兴边缘学科、交叉学科与横断学科由此而生；③科学研究实施和管理需要系统规划，科学组织的体制化越来越得到强化；④科学社会化与社会科学化日益深化，科学与社会政治、经济等因素越来越多地联系在一起。

大科学时代，科学研究的体量、目标、成果，紧紧与国防目的、政治目的、社会目的等多种因素联结在一起，发展科学特别是国防科学，成为国家层面的主动谋划和积极行为。主要国家从国际竞争和安全需求考量，纷纷建立相应的国家科研机构，制订推动科学发展和应用的政策，国家目的导向越来越明显，国家资助规模越来越大，进而形成了大科学时代的科研体制。

---

① 普赖斯．小科学，大科学 [M]．宋建耕，译．上海：世界科学社，1982：3．

② 迈克尔·希尔齐克．大科学 [M]．王文浩，译．长沙：湖南科学技术出版社，2022：7．

二、国防科学建制逐步确立

建制是一个重要的社会学概念，表示一种社会的稳定模式和安排，指一种有秩序、有组织、有物质内涵的社会结构。社会建制是人类社会分工发展到一定阶段，所形成的特定社会活动的组织结构和框架。社会分工使得某种特定的社会活动具有一定规模，具有被社会认可的价值存在，因而形成一个特定社会活动领域，在这个特定的社会活动领域中便形成了具有自身价值标准、行为规范、组织形式和设施的社会结构，此时，便呈现出一定社会活动的社会建制。随着科学在人类生活中的作用不断显现，科学活动逐步形成了一类重要的社会活动形式，有自己的社会空间、组织结构和专业人群，科学社会学家便将科学视为一种社会建制化的活动。

国防科学活动随着近代以来战争的需要而出现，20世纪以来的两次世界大战对国防科学活动产生了巨大的牵引作用，第二次世界大战时，德国、英国、意大利等欧洲国家均开展了大量国防研究活动，美国国防科学研究随着参战进程而加速，战后美国国防科学研究体系逐步建立。其实，美国在建国后就在陆军和海军成立了军械研究部门，比如陆军的春田兵工厂、华特弗里特兵工厂、沃特顿兵工厂等，海军也成立了一些造船厂、舰炮厂等，但没有在国家层面形成整体管理机构和研究群体。第二次世界大战标志着美国军事部门与民间科研机构之间制度关系巨大而持久的重构。"对所有军种来说，第二次世界大战的结束标志着军事部门拥有和运行的生产机构下属研发实验室不断衰落的开始，因为政府开始将新式武器技术的开发和生产资源更多地转移到民间机构中。"[①] 第二次世界大战期间，美国的兵工厂、造船厂和军队内部

---

① LASSMAN T C. Sources of weapon systems innovation in the Department of Defense: the role of in-house research and development, 1945–2000[M]. Washington: DIANE Publishing Company, 2008: 2.

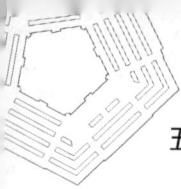

的实验室系统没有足够的资源支持战时动员，联邦政府只能依靠民间企业、大学开发生产战争所需要的大量技术和武器。在这个过程中，一些应急机构应运而生，比如，科学研究与发展局作为新成立的联邦行政机构，它将用于研发的大部分联邦资金分配给了企业和大学里的实验室，让那里的科学家和工程师与政府里的同行合作生产原子弹、微波雷达、无线电近炸引信和其他一系列对战争至关重要的最先进的武器。在战争期间，美国政府的资助主要是针对军事研究和发展。即使在 1945 年德国和日本投降后，政府仍然是美国科研机构最大的单一资助者，其军事用途仍继续主导着学术界科学家的研究方向，尤其是在物理学领域。[①]战争的需要让民间的科学力量进入军方的视野，美国国防科技研究力量的重心逐步转移到大学和军工企业，军方通过合同对国防研发提供引导和支持，这种模式培养了一大批熟悉国防科技管理工作的科学家和企业高管。

　　第二次世界大战后，美国对国防科学的重视前所未有，1946 年，国会批准成立原子能委员会（Atomic Energy Commission，AEC），主要资助核物理学研究及核武器研制。1947 年，成立国家军事部，1949 年改为国防部，国防部专门设有研究与开发委员会。1953 年，国防部撤销研究与开发委员会，设立研究与开发助理国防部长和应用工程助理国防部长职位，由两位助理国防部长共同管理国防科技工作。此后针对上述两位助理国防部长职责交叉、矛盾突出等问题，合并设立了研究与工程助理部长职位。1957 年 10 月苏联卫星事件后，美国国防部于 1958 年 2 月组建高级研究计划局（ARPA）[②]，赋予其指导研发领域先期项目的职责，重点研究领域包括太空、导弹防御和核试验探

① 迈克尔·希尔齐克. 大科学 [M]. 王文浩，译. 长沙：湖南科学技术出版社，2022：8.
② 1972 年，高级研究计划局更名为国防高级研究计划局；1993 年恢复其成立之初的名字，更名为高级研究计划局；短短 3 年后，又于 1996 年再次更名为国防高级研究计划局。本书不同章节，根据具体时间采用机构当时的名称。

测等。同年，撤销研究与工程助理部长，成立国防研究与工程署，负责国防研究与武器开发，国防研究与工程署署长在国防部排名仅次于国防部长、常务副部长和3个军种部长。同年10月，美国还组建了国家航空航天局（NASA），承担"非军事"项目的太空研究和管理机构。与此同时，3个军种在武器研发上激烈竞争，也构建了具有军种特色的研究体系。1947年至1957年间，美军逐步形成相对完整的科技管理体制与工作制度，为冷战初期科技快速创新突破提供了组织与制度保证。

冷战在整个持续期间都是一种高科技斗争。其间，高技术武器的成功研发能够保障军事上的优势地位。技术落后通常会被解释为安全危机。[①] 冷战期间，国防科研机构数量有增无减，不仅一些联邦政府部门，从事与国防科研相关的工作，大学和企业也承担了国防研究任务，整个国防科学建制的范围和结构不断扩张。"从第二次世界大战以来（到1968年），联邦政府资助了约60%的全国研究开发项目，其中国防部和航空航天局占有80%左右的支出，而这笔巨额支出又集中于少数工业部门，尤其是航空、电子和通信工业。"[②] 1977年，美国国防部设立研究与工程副部长职位，科技管理机构的层级达到历史高位，3个军种的军事科研体系也更加完整，庞大的国防科学建制基本形成。国防科学建制还包括国防相关的能源部、国家航空航天局等部门的科研机构和官员，考虑到研究范围问题，本书主要研究美军科技机构和官员。

三、军队科技官员群体的形成

1961年，美国橡树岭国家实验室（主要研制原子弹所需浓缩铀）主任、

---

① 贝恩德·施特弗尔. 冷战1947—1991：一个极端时代的历史[M]. 孟钟捷，译. 桂林：漓江出版社，2017：511.

② PURSELL C W. Military-industrial complex[M]. New York：Harper&Row publishers，1972：87.

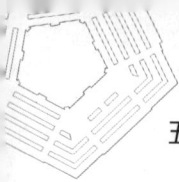

物理学家阿尔文·温伯格（Alvin Weinberg）也曾提出过"大科学"概念，他提出，"科学变得巨大，有两个不同的意义：一方面是指，现代科学的许多活动——核物理学、基本粒子物理学或空间研究——要求非常精密的仪器设备和庞大的专业人员队伍；另一方面是指，科学事业不仅在数量上爆炸式增长，而且变得非常错综复杂。现代科学要求有高度精密的仪器、庞大的人员队伍，这就意味着组织管理、能源与物资供应、技术指挥等各种问题接踵而来。所以，现代'大科学'出现以后，使科学面临许多新的困难和问题，这些问题总的来说就是整个社会能不能支持这种昂贵的'大科学'的各种需求，以及怎样科学地管理这种'大科学'事业。"[1]

第二次世界大战之后，美国等国家逐渐确立对科学研究的大规模资助体制，科学技术已经成为一种社会建制，科学家与工程师的数量快速增长，科学家声望得到显著提升并扮演着重要的、不可替代的角色，科技精英的管理作用越发凸显。大科学的管理与组织极其复杂，结构上具有科层组织特点。[2]正如著名科学研究学者齐曼所指出的，在"大科学"中和"大科学"周围，一种新的事业结构，一种全新的专门职业，也就是"科学管理"或"研究的行政管理"成长了起来。美国科学社会学家乔纳森·科尔和斯蒂芬·科尔在《科学中的社会分层》中提出，在当代科学中，除了对科学知识贡献大小、威信不同而形成的等级以外，还有科学管理中的精英人物。"他们进入精英的行列，不是因为取得了光辉的发现，而是因为他们在科学管理中、在政策决定中居于举足轻重的地位。他们卓越的组织才能使他们成为总统的科学顾问或国家大型实验室的领导人。"[3]

国防科学的建制化和体系化发展是科技官员群体产生的基本条件。国防

---

[1] 刘珺珺. 科学社会学 [M]. 上海：上海科技教育出版社，2009：108.

[2] 刘珺珺. 科学社会学 [M]. 上海：上海科技教育出版社，2009：110.

[3] 刘珺珺. 科学社会学 [M]. 上海：上海科技教育出版社，2009：161.

部的成立实现了形式上对军事科学活动的统一组织和管理，是科技官员群体形成的一个基本起点，冷战让美军科技管理体制更加完善，科技官员群体的体制性、体系性也不断强化。随着冷战的日趋激烈，美军对科技工作越来越重视，科技管理机构层次不断提升，研发机构数量越来越多，科学研究体系也越来越复杂。在美军科技工作发展过程中，企业、大学和政府研究机构的大量科学家和工程师进入国防部门，其中能力卓越的人员进入管理职位，成为文职科技官员。同时，在一些科研管理机构，军职官员也按照美军军官交流任职安排进入到领导职位，履行管理职能。这些文职官员和军职官员以美军体系性科技管理职位与科研机构为依托，自然形成富有特征的科技官员群体，成为影响美军建设发展的重要力量。

美军科技官员群体没有官方的定义和政策，实际上也没有明确的边界，只是作为美军内部具有相似职能、从事相近工作的一类人员群体，他们引领着美军科技发展，参与作战能力生成，是美军这个多棱体的一个侧面，映射着美军建设发展的总体特征。美军科技官员既有官员特征，又有科学家的特点，他们基本上来自科学界，是整个美国科学共同体的一部分，是科学共同体在军队中的集中代表，同时，他们也是美军官僚体系的一部分，是科学和官僚的结合体。美军科技官员是一个庞大的群体，从理论上说，不同层次科技管理岗位上的官员，都可以称为科技官员，为了研究的方便，我们一般只选取那些主要科技管理机构和科技研发机构的主要领导官员作为研究对象，把他们作为样本来进行分析，因此也称之为典型科技官员。

四、美军科技官员群体的身份特征

美军主要由军职人员和文职人员组成，文职人员主要负责管理、科研、教学、技术保障等非战斗性任务。美国国防部属于联邦行政部门，实行文官制度，通过文官治军，实现领导管理，因此，国防部长、三军部长，以及副

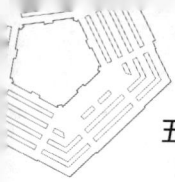

部长、助理部长等领导都是文职人员。科研管理机构具有较强的作战属性或者承担作战支援任务，主要领导官员一般为军职，如国防部导弹防御局局长、海军研究局局长为军职人员；而国防高级研究计划局主要承担技术创新任务，主要领导一般为文职人员。3个军种研究实验室负责军事事务的指挥官为军职人员，主管技术工作的主任为文职人员。属于实验室系统的技术中心、研究中心官员一般也是文职人员，比如陆军作战能力发展司令部军械中心主任、航空与导弹中心主任等都是文职官员。考虑到美军科技官员以文职人员为主，这里主要介绍文职官员情况。

美军文职科技官员一般都是联邦雇员。联邦雇员大致可以分为白领和蓝领两类，白领雇员主要担负管理、科研、教学与行政秘书等工作，蓝领雇员主要担负工程设施的维修和保养、管理军事设施或在军队所属的工厂工作。从工资体系上看，白领类雇员分为两类，一类是普通级（General Schedule，简称 GS）雇员，这部分人约占联邦公务员的 70%，担任一般行政性、技术性工作，以及中级以下管理职位，工资分 15 个级别，1 级为最低，15 级为最高，每一级又分为 10 档。另一类是高级雇员，高级雇员从工资类别上大体上可以分为 3 种，一是行政首长级（Executive Schedule，简称 EX）。根据《美国法典》第 5 篇第 53 章的规定，行政首长级又分为 5 级，由高到低依次为 Ⅰ、Ⅱ、Ⅲ、Ⅳ、Ⅴ。其中国防部长为 Ⅰ 级，国防部常务副部长、军种部长为 Ⅱ 级，国防部其他副部长、军种副部长等为 Ⅲ 级，助理国防部长、军种助理部长、国防部法律总顾问、国防部作战试验与鉴定局局长、国防部成本评估与计划鉴定局局长等为 Ⅳ 级。这些官员是需要经过总统提名、参议院听证确认（Presidential Appointments with Senate Confirmation，简称 PAS）的政治任命官员。二是高级官员级，包括高级行政人员（Senior Executive Service，简称 SES）、高级雇员（Senior Level Employee，简称 SL）。根据联邦人事管理局（OPM）的规定，

联邦政府的高级行政人员是比普通类公务员 15 级（GS15）高的职位，是政府各部门内的重要职位，比如副部长帮办、大部分业务局局长、高级顾问等。高级雇员主要是级别高于一般工资体系 15 级，但不从事管理工作的高级文职人员。三是科研和专业人员（Scientific and Professional employee，简称 SP），主要是从事科研工作和特殊专业技能的文职人员。

从选任上来看，美军典型科技官员大多是政治任命官员。政治任命官员一般由总统提名、参议院听证确认，不需要经过公务人员复杂的竞争和考核程序，但也容易受政府任期影响，因为每一任政府都要组建自己的执政队伍，新当选总统都要按照自己的需求重新安排班子，往往导致大量人员变动，同时，政治任命官员会随着总统的好恶而面临随时被解雇的风险。与之不同的是，高级行政人员属于政府职业雇员，通过正式程序获得，不会因为高层的变动而被解雇。政治任命官员的选任方式比较复杂，根据《美国政府政策性和辅助性职位》（U.S. Government Policy and Supporting Positions）报告，政治任命公职人员从任命方式上主要分 4 种：总统提名、参议院听证确认（PAS），总统提名但不需要参议院确认（Presidential Appointments without Senate Confirmation，简称 PA），非职业高级行政人员（Non-career Senior Executive Service，简称 NA）直接选任和 C 表政治任命人员（Schedule C Appointments，简称 SC）直接任命。其中前两种是总统任命，另外两种由各机构长官负责任命，总统办公厅批准。行政首长级（Executive Schedule，简称 ES）官员基本上都需要总统提名、参议院听证确认。总统提名但不需要参议院确认的人员大部分是白宫办公厅人员，例如总统国家安全事务助理、白宫办公厅主任等。非职业高级行政人员大概占联邦高级行政人员的 10% 左右，由各部部长任命，联邦人事管理局（OPM）批准，国防部国防高级研究计划局局长、国防威胁降低局局长、小企业计划局局长等属于此类人员。C 表政

治任命人员是政治任命公职人员制度中的最低级别，主要担任保密或政策任务，其设立由业务局向联邦人事管理局申请，比如政策专家以及特别顾问等，国防信息系统局、国防安全合作局的法律顾问就属于此类[①]。

第二节　第二次世界大战中的典型科技官员

第二次世界大战是美国国防科技发展的重要起点，虽然国防部还没有成立，但以军事为目的而进行的科技组织管理工作却非常典型，美国成立了国家层面的组织机构，召集了一大批科学家参与战时科学研究，探索了国防科学活动的基本组织模式。万尼瓦尔·布什（Vannevar Bush）是这一时期的代表性人物。

布什生于 1890 年，当时正值科技革命时期，整个美国社会崇尚技术革新和发明创造。在塔夫茨学院读大学期间，布什就发明了测形仪并获得专利。大学毕业后，他在纽约布鲁克林海军造船厂工作了一段时间，又到麻省理工学院攻读电气工程学博士。1916 年从麻省理工学院毕业后，布什到塔夫茨学院电气工程系任教，期间，他还兼职管理一家无线电公司的实验室。1919 年，转到麻省理工学院电气工程系任教，1925 年，他研究出机械式计算器，1931年发明微分分析仪，国家科学院院长称其为最复杂、最强大的数学计算工具，这使他在技术界享有盛誉。1932 年，布什任麻省理工学院副校长，同时兼任当时学校 5 个学院之一的工程学院的院长。1934 年，布什当选为国家科学院院士。

[①]　U.S. House of Representatives Committee on Oversight and Reform. United States Government policy and supporting positions[R]. Washington, D.C.：U.S. Government Publishing Office，2020：215.

1939 年 1 月，布什任卡内基研究院院长。该研究院于 1902 年创立，由安德鲁·卡内基出资，拥有 8 个研究所，还建立了世界上首个天文台。1939年 10 月，布什被任命为国家航空咨询委员会（National Advisory Committee for Aeronautics，NACA）主席。国家航空咨询委员会于 1915 年 3 月成立，主要是指导军事和民用飞行研究，美国国家航空航天局就是在这个委员会的基础上成立的。布什没有参加过战争，也没有研究过战争的历史，但是他对技术的军事应用却有深入的洞见，他认为，战争中的每一个革新都能被另一个革新所抵消。布什曾在一次航空论坛发表演讲时说："明天空战的结果，取决于今天在风洞里、试验水槽内和发动机试验室中工作的人们。"

第二次世界大战爆发后，德国军队横扫欧洲，美国迟迟不愿参战。作为美国航空咨询委员会主席，布什敏锐地认识到，战争已是全新的现代化技术性战争，政府需要吸收和动员科技与工业等各方面力量。但当时的实际情况是，美国军事技术研究领域历来是军方的自留地，且由军方掌握着大量资源，民间研究机构蕴藏着极大的人才和思想资源却无从发挥。基于这种认识，1940 年 6 月，布什通过在政府的朋友向总统罗斯福提交了一份简短的动员军事技术计划，标题是国防研究委员会（National Defense Research Committee，NDRC），罗斯福总统审时度势，在会见布什不到 15 分钟的过程中，就批准了布什的计划。两天后，罗斯福在一次记者招待会上宣布成立国防研究委员会，并任命布什为该委员会主席。

国防研究委员会的主要任务是协调、支持进行军事装备科学研究（不包括国家航空咨询委员会管辖的领域），成立了 5 个分部，其中，装甲与军械分部由加州理工学院物理学家托尔曼（Richard C. Tolmant）牵头负责，炸弹、燃料与杀伤毒气分部由哈佛大学校长科南特（James B. Conant）牵头负责，通讯与交通分部由美国科学院院长朱厄特（Frank B. Jewett）牵头负责，侦察、

控制与仪器分部由麻省理工学院校长康普顿（Karl T. Compton）牵头负责，专利与发明分部由政府代表、国家专利局局长科伊（Conway T. Coe）牵头负责，海军研究实验室主任鲍恩（Harold G. Bowen）少将和陆军副参谋长莫尔（Richard C. Moore）准将作为军种代表也加入其中[1]，各分部都在全国范围内召集了一大批明星科学家，而且分部负责人可以根据需要随时组建次级的专门小组来解决具体的军事问题。

　　在国防研究委员会运行近一年后，随着欧洲和太平洋战争形势不断恶化，美国加紧进行国防研发的压力也与日俱增，成立一个正式的研发机构呼之欲出。1941 年 6 月 28 日，美国总统罗斯福发布 8807 号行政令，批准建立科学研究与发展局（Office of Scientific Research and Development，OSRD），布什任局长。按照过去的安排，国防研究委员会的经费由总统紧急款项维持，经常出现缺口，而成立科学研究与发展局后，该局成为联邦政府机构，由国会直接拨款，并且运行起来有坚强的法律基础。经授权，科学研究与发展局"在决定和授予合同方面获得了空前的自主性"[2]，可以自行决定研究项目而不必征得军方同意，还可以小批量制造研究人员研发的武器装备。重组后的国防研究委员会成为科学研究与发展局的主要执行单位，科南特任主席，下设弹道、爆炸、火箭、雷达等 19 个分部，新成立的医学研究委员会也接受科学研究与发展局的管理和监督，宾夕法尼亚大学研究肾脏生理的理查兹教授任医学研究委员会主席，下设外科学、航空医学、生理学等 6 个分部[3]。

　　科学研究与发展局及先前的国防研究委员会号召了一大批科学家为政府

---

[1] Form of organization[EB/OL]. [2024-06-12]. http：//docs.fdrlibrary.marist.edu/psf/box2/a13g01.html.

[2] The genesis of the OSRD[EB/OL]. [2024-06-12]. http：//scarc.library.oregonstate.edu/coll/pauling/war/narr-ative/page19.html.

[3] The Office of Scientific Research and Development（OSRD）[EB/OL]. [2024-06-23]. https://guides.loc.gov/technical-reports/osrd.

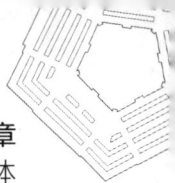

服务，包括国内 75% 的一流物理学家和 50% 的一流化学家，帮助建立了辐射
实验室、爆炸引信实验室、喷气推进实验室等许多大型实验室，比如麻省理
工学院的辐射实验室研制出多种型号雷达，该实验室刚开始时仅有十几名工
作人员，到战争结束时已接近 4000 名，总经费预算超过 15 亿美元。① 原子弹
前期的研制工作也由它负责，1942 年 6 月，原子弹研制工作交给了陆军负责。
1947 年 12 月 31 日，科学研究与发展局解散。虽然它在美国历史上只存在了
短短 6 年时间，但它的作用和意义非凡，它和先前的国防研究委员会"把世
界带入了大科学时代"②。

当第二次世界大战盟军的胜利已成定局时，布什已经对战后科学技术发
展问题进行了深深思索。他认为，基础研究是技术能够产生所依赖的"种子"，
而战争几乎耗尽了国家的研究积累，战后重建和保持和平更需要科学技术，
这一问题需要得到总统的重视。他向罗斯福总统写了一封信，请总统借鉴科
学研究与发展局的经验，在战后对研究事务给予支持。罗斯福在收到这封信后，
于 1944 年 11 月 17 日回信布什，信中提出如何利用战时的军事研究成果、如
何利用科学与疾病做斗争、如何组织和帮助公立和私人机构的研究活动、如
何发现和培养年轻科学人才等 4 个问题，并请布什提交报告。为了回答罗斯
福总统的问题，布什组织了医学顾问委员会、科学与公共福利委员会、发现
和培养科学人才委员会以及科学情报出版委员会 4 个专门委员会，对相应问
题进行深入研究。他主要思考绪言部分，并拟定标题《科学——没有止境的
前沿》。1945 年 7 月 5 日布什提交了研究报告，此时罗斯福总统已经逝世，
报告提交给继任的杜鲁门总统。该报告共分正文和附录两部分，其中正文分

① 王大明. 二十世纪美国科学大厦的建筑工程师：万尼瓦尔·布什 [J]. 自然辩证法通讯，
2002（6）：65.
② Big science [EB/OL]. [2024-06-23]. http://scarc.library.oregonstate.edu/coll/pauling/war/
narrative/page46.html.

为绪言、向疾病做斗争、科学与公共福利、更新科学人才、科学的复苏、达到目的的方式6个部分，附录则是4个专门委员会提交的4份研究报告。

布什在报告最后一章"达到目的的方式"中，就军事研究提出建议："军事上的准备需要一个常设的、独立的、文职人员管理的组织，它与陆军和海军紧密地联系，它的经费直接来源于国会，它有发起军事研究的明确的权力，这些军事研究会是对直接在陆军和海军控制下所进行研究的补充和加强。"①这是他管理科学研究与发展局的长期思考，也似乎是对出现一个像国防高级研究计划局（DARPA）这种组织的预测。另外，还有一个重要的建议就是：成立国家科学基金会，目的是发展和促进国家的科学研究和科学教育政策，资助非营利组织中的基础研究工作，通过奖学金和研究补助金来培养美国青年中的科学人才，通过合同和其他方式支持军事问题的长期研究。报告还论证提出了国家科学基金会的成员、组织结构、职责、专利政策、预算等。这份报告对美国这个实用主义国家的基础研究起到了巨大的推动作用，对美国现代科技体系的建立有着重要影响。

战后很长时间，在国会为建立国家科学基金会的激烈争辩中，一些机构应运而生，1946年7月，国会批准成立原子能委员会（Atomic Energy Commission，AEC）。在国家科学基金会成立以前，原子能委员会是核物理学研究和其他基础研究的一个重要资助者。同月，还成立国家精神卫生研究所（The National Institute of Mental Health，NIMH）资助大学医学研究，其研究经费大幅增加，后来该所更名为国家卫生研究院（HIN）。1950年3月，国会通过《国家科学基金会法案》，5月10日，杜鲁门总统签署命令，国家科学基金会最终成立。这期间还成立了海军研究局（Office of Naval Research，

---

① V. 布什，等. 科学——没有止境的前沿 [M]. 范岱年，解道华，等译. 北京：商务印书馆，2005：87.

ONR），它也是资助大学研究的重要机构，并且一度填补了由于缺少国家科学基金会而留下的真空，成为全国支持、资助纯科学的机构，而且可以允许研究工作不直接和武器有关，其大约有一半合同不附带条件，比如资助航空学家、化学家、心理学家和植物学家的研究，甚至还有陨星、稀有元素和植物细胞等领域研究。后来，陆军部通过军械研究办公室、空军部通过空军科学研究办公室都开始支持基础研究。

1947 年，美国国防部的前身"国家军事部"成立，布什担任其中的研究与开发委员会主席，但这个委员会没有什么权威，布什感到沮丧。1948 年 10 月，白宫宣布布什辞职。1955 年，布什从卡内基研究院退休，并辞去卡内基研究院董事、国家科学基金会顾问等职务。1974 年 6 月 30 日，布什在家中故去。

第三节　国防部层面典型科技官员

在国防部主管科技的官员中，最具代表性的官员是研究与工程副部长，作为副部长级的官员，该职位并非国防部从成立后就设置，它经历了从研究与开发委员会、助理部长、国防研究与工程署署长到研究与工程副部长，再到采办、技术与后勤副部长，后续又从国防研究与工程署署长、助理部长到研究与工程副部长的跌宕起伏的过程。

从历史过程梳理来看，顶层科技管理官员可分为 5 类，第一类是国防部成立初期的研究与开发委员会主席，研究与开发委员会是对战时科技组织管理工作的一种延续，由于国防部内部关系难以协调，委员会作用不甚明显。第二类是国防部助理部长，分为两个时期：其一是国防部成立不久设立，当时国防部领导层职位设置还在根据任务需要进行完善，为发展科技的需要，先

设立负责研究与开发的助理部长和负责应用工程的助理部长，后又整合为负责研究与工程的助理部长；其二是恢复设立，2011 年，美军综合考虑安全环境、战争局势、装备发展对科技的需求相对稳定，把科技管理职位级别变更为助理部长级。第三类是研究与工程署署长，也分为两个时期：其一是随着冷战升温而提升设立，负责统管科技和采办工作，位高权重，后续被更高的研究与工程副部长职位替代；其二是冷战后期恢复设立，由研究与工程副部长降至原来的研究与工程署署长，纳入 1986 年新设立的采办副部长，但管理权力和职位影响力不如从前。第四类是采办、技术与后勤副部长，这是 20 世纪 80 年代美军重大改革中设立的副部长级职位，把科技和采办、后勤一并统管，实行全寿命管理，但科技只是其中重要的一部分，而且刚开始设立时名称中并没有技术一词，后来才把技术纳入名称，这一变化反映出国防部顶层科技官员职位业务的综合性。第五类是研究与工程副部长，作为国防部最高科技管理官员，分为两个时期：其一是冷战激烈竞争时期为加快形成科技优势而设立，后因冷战后期设立采办副部长而取消；其二是 2018 年为应对大国竞争再次设立（表 2.1）。

表 2.1　美国国防部直接主管科技官员基本情况表

职位	任职时间	姓名	主要经历
国防部研究与开发委员会主席	1947—1948 年	万尼瓦尔·布什（Vannevar Bush）	麻省理工学院副校长、卡内基研究院院长、国家航空咨询委员会主席、国防研究委员会主席、科学研究与发展局局长
	1948—1950 年	卡尔·T. 康普顿（Karl T. Compton）	美国驻法国大使馆的科技参赞、麻省理工学院校长、曾获得诺贝尔奖
	1950—1951 年	威廉·韦伯斯特（William Webster）	国防部负责原子能事务的副部长、原子能委员会军事联络委员会主席、新英格兰电力系统公司董事长兼首席执行官

续表

职位	任职时间	姓名	主要经历
国防部研究与开发委员会主席	1951—1953 年	沃尔特·G. 惠特曼（Walter G. Whitman）	麻省理工学院化学工程系名誉主任、艾森豪威尔政府国务院科学顾问、联合国和平利用原子能大会秘书长、原子能委员会总顾问委员会委员、国防管理办公室科学顾问委员会委员
国防部研究与开发助理部长	1953—1955 年	唐纳德·A. 夸尔斯（Donald A. Quarles）	陆军服役、贝尔电话实验室副总裁、桑迪亚公司总裁、△空军部长、国防部常务副部长
	1955—1957 年	克利福德·C. 福纳斯（Clifford C. Furnas）	柯蒂斯－莱特航空研究实验室主任、布法罗大学校长
国防部应用工程助理部长	1953—1957 年	弗兰克·D. 纽伯里（Frank D. Newbury）	西屋电气公司工程师、副总裁
国防部研究与工程助理部长	1957—1958 年	保罗·D. 富特（Paul D. Foote）	海湾石油公司副总裁
国防研究与工程署署长	1958—1961 年	赫伯特·F. 约克（Herbert F. York）	利弗莫尔国家实验室①主任
	1961—1965 年	哈罗德·布朗（Harold Brown）	利弗莫尔国家实验室主任、△空军部长、加州理工学院院长、国防部长
	1965—1973 年	小约翰·S. 福斯特（John S. Foster Jr.）	利弗莫尔国家实验室副主任、主任、△能源系统集团科学技术副总裁
	1973 年 6 月至 1977 年 1 月	马尔科姆·R. 柯里（Malcolm R. Currie）	美国海军服役、休斯飞机公司副总裁、贝克曼仪器公司研发副总裁、△休斯飞机公司董事长兼首席执行官

① 利弗莫尔国家实验室成立于 1952 年，最初是加州大学辐射实验室利弗莫尔分部，当时受美国原子能委员会支持。1971 年，为了纪念欧内斯特·劳伦斯（Ernest Lawrence），利弗莫尔国家实验室更名为"劳伦斯利弗莫尔国家实验室"，成为美国能源部所管理的实验室。

续表

职位	任职时间	姓名	主要经历
国防研究与工程署署长	1977 年 4—10 月	威廉·J. 佩里（William J. Perry）	美国陆军服役，美国通用电话电子公司西尔瓦尼亚分公司的电子防御实验室主任，电磁系统实验（ESL）公司董事长，国防部研究与工程副部长，斯坦福大学国际安全与军备控制中心主任，国防部常务副部长、部长
	1977 年 11 月至 1981 年 1 月		
国防部研究与工程副部长	1981 年 1—3 月	沃尔特·B. 拉伯格（Walter B. LaBerge，代理）	美国海军服役、加利福尼亚州中国湖海军军械测试中心技术总监、空军负责研发的助理部长、陆军副部长、△研究与工程副部长首席帮办、费尔科电子公司副总裁、洛克希德导弹与航天公司副总裁
	1981 年 3—5 月	小詹姆斯·P. 韦德（James P. Wade Jr. 代理）	负责政策规划和国家安全委员会事务的助理部长帮办、负责采办和后勤的助理部长、负责开发和保障的助理部长、负责原子能的助理部长
	1981 年 5 月至 1984 年 11 月	理查德·D. 德劳尔（Richard D. DeLauer）	美国海军服役、TRW 公司①系统工程与集成部副总裁、集团副总裁兼总经理、执行副总裁
国防部研究与工程副部长	1985—1986 年	唐纳德·A. 希克斯（Donald A. Hicks）	美国陆军服役、波音公司应用物理研究部门主管、诺斯罗普·格鲁曼公司技术和营销高级副总裁

---

① 该公司成立于 1900 年，成立之初主要生产汽车和轻型机械的连接器和配件。第二次世界大战后，进入电子和弹道导弹开发领域，参与了美国大多数洲际弹道导弹开发工作。1958 年，Thompson Product 公司与 Ramo-Wooldridge 公司合并，缩称为 TRW。该公司生产了美国三分之一的卫星，并在太空计划中扮演了重要角色。2001 年是美国第八大国防承包商，2002 年被诺斯罗普·格鲁曼公司收购。

续表

职位	任职时间	姓名	主要经历
国防部负责研究与技术的助理部长	1984—1985 年	罗伯特·库伯（Robert Cooper）	麻省理工学院电气工程助理教授、麻省理工学院林肯实验室研究员、国防研究与工程署助理署长、美国国家航空航天局戈达德太空飞行中心主任、卫星业务系统公司工程副总裁、DARPA 局长
国防研究与工程署署长	1986—1987 年	罗伯特·C.邓肯（Robert C. Duncan）	美国海军服役、海军作战部长办公室太空计划主管、NASA 载人航天中心制导与控制部主任、宝丽来公司工程副总裁、DARPA 局长、希克斯及合伙人公司副总裁
	1987—1989 年		
	1990—1991 年	查尔斯·M.赫茨菲尔德（Charles M. Herzfeld）	美国陆军弹道研究实验室物理学家、国家标准局副局长、DARPA 局长
	1991—1993 年	维克多·H.里斯（Victor H. Reis）	总统行政办公室科学技术政策办公室国家安全与空间事务助理主任，科学应用国际公司（SAIC）战略规划副总裁，DARPA 副局长、局长、△能源部负责国防项目的助理部长
	1993—1997 年	安妮塔·K.琼斯（Anita K. Jones）	IBM 技术人员、塔尔坦实验室公司（Tartan Laboratories）副总裁、弗吉尼亚大学计算机科学系主任、△弗吉尼亚大学教授
国防研究与工程署署长	1998—2001 年	汉斯·M.马克（Hans M. Mark）	劳伦斯利弗莫尔国家实验室物理学家、NASA 艾姆斯研究中心主任、空军部长、△得克萨斯大学奥斯汀分校航空航天工程和工程力学系教授
	2001—2005 年	罗纳德·M.世嘉（Ronald M. Sega）	美国宇航局宇航员、科罗拉多大学分校工程与应用科学学院院长、△空军副部长

续表

职位	任职时间	姓名	主要经历
国防研究与工程署署长	2005—2008 年	小约翰·J.杨（John J. Young Jr.）	罗克韦尔国际导弹系统部工作，参议院国防拨款小组委员会工作人员，海军负责研究、开发与采办的助理部长，采办、技术与后勤副部长
国防部负责研究与工程助理部长	2012—2015 年	艾伦·R.谢弗（Alan R. Shaffer，代理）	美国空军服役、研究与工程署规划计划办公室主任、国防研究与工程助理部长帮办、△北约合作支持办公室主任、国防部采购与保障副部长
	2015—2017 年	斯蒂芬·P.韦尔比（Stephen P. Welby）	DARPA 管理人员、国防部系统工程助理部长帮办
	2017—2018 年	玛丽·J.米勒（Mary J. Miller，代理）	陆军研究实验室非线性光学处理团队负责人，陆军采办、后勤与技术助理部长办公室技术主任，陆军士兵项目副执行官，陆军负责研究和技术的助理部长帮办，国防部负责研究和工程的助理国防部长首席帮办
国防部研究与工程副部长	2018—2020 年	迈克尔·D.格里芬（Michael D. Griffin）	美国国家航空航天局局长、轨道科学公司总裁兼首席技术官、因克泰奥（In-Q-Tel）总裁兼首席运营官
	2021 年至今	徐若冰（Heidi Shyu）	休斯飞机公司工程师，雷声公司技术和研究副总裁、空间和机载系统技术战略副总裁，陆军负责采办、后勤与技术的助理部长

注：△代表担任美国国防部直接主管科技的官员以后的任职经历。

数据来源: Department of Defense Key Officials September 1947–July 2020, Historical Office Office of the Secretary of Defense，2020 年以后数据从美国国防部网站收集整理。

在科技主管官员职位起伏变化的过程中，一个个具有深厚科学背景和丰富经历的精英人物先后走上科技管理历史舞台，形成统筹管理全军科技发展的官员群体，对美国国防基础技术和重大武器系统开发产生了重要作用。这

里以 1958—1977 年的国防研究与工程署署长群体为例进行分析[①]。这一时期正值冷战白热化阶段，在攸关国家安危的国防科技领域，聚集着一批卓越的科学家和出色的管理人才，国防研究与工程署署长作为关键职位，非常具有典型性。

赫伯特·F. 约克（Herbert F. York，任职时间：1958—1961 年）

赫伯特·F. 约克是国防研究与工程署第 1 任署长，美国核物理学家，1943 年在罗切斯特大学获得物理学硕士学位后，进入加州大学辐射实验室，参加了曼哈顿工程，当时的实验室主任是欧内斯特·劳伦斯，劳伦斯是实验室第 1 任主任，建立了回旋加速器。

第二次世界大战后，约克在加州大学伯克利分校攻读博士学位，美国曼哈顿工程计划的领导人奥本海默为他讲授过量子力学课，另一个著名的核物理学家恩里科·费米是他的论文指导教师。1949 年获得博士学位后，他在学校做过一段时间助教，后来又在劳伦斯手下工作了 8 年。跟着劳伦斯，他学到了很多管理方法，对他后来在利弗莫尔国家实验室工作帮助很大，他在自

---

① 本节内容大多来自于《What to Buy? The Role of Director of Defense Research and Engineering (DDR&E) Lessons from the 1970s》（国防分析研究所报告）、《The Roles and Authorities of the Director of Defense Research and Engineering》（国防科学委员会报告），以及国防研究与工程署署长等科技官员的口述历史访谈记录。其中，从口述历史访谈记录中引用了大量内容。美国国防部、能源部、国家航空航天局等政府部门及一些科研机构和大学都有记录和研究历史的机构和人员，如美国国防部长办公厅专门设有历史办公室，明尼苏达大学信息处理历史研究中心在美国信息处理协会联合会的资助下，专门成立了保管和研究计算与社会档案的查尔斯巴贝奇研究所（Charles Babbage Institute）。这些科技官员因其主要经历和卓越表现，大多都接受过口述历史访谈，如得克萨斯大学奥斯汀分校克莱门茨国家安全中心（Clements Center for National Security）于 2014 年 2 月 1 日安排专人对马尔科姆·R. 柯里（Malcolm R. Currie）进行了访谈，并形成了详细的口述历史记录；明尼苏达大学查尔斯巴贝奇研究所信息技术历史研究中心于 2015 年 6 月 24 日安排专人对安妮塔·K. 琼斯（Anita K. Jones）进行了访谈，并形成了详细的口述历史记录。这些口述历史记录包含主要经历、重大事件、社会关系、行为动机、心理感受等，是研究这些典型科技官员的重要参考资料。

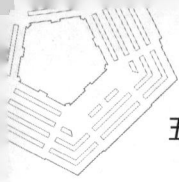

传中写到，他在实验室当主任期间，基本都是仿照劳伦斯的工作方法。

当时，劳伦斯和著名物理学家爱德华·泰勒一直呼吁建立第二个核武器实验室，以加强核武器方面的实验研制能力。出于对约克出色表现和发展潜力的期望，劳伦斯让约克做这个新研究机构的规划，约克按照自己的想法进行了详细构思，形成了初步方案。过了几周，劳伦斯就问约克能不能来负责这个研究机构，当年，约克年仅 31 岁。这个机构就是后来大名鼎鼎的利弗莫尔国家实验室。

新的实验室成立于 1952 年 9 月，实验室人员大部分都是 20 ～ 30 岁的年轻人，当时 44 岁的泰勒就已经是老人了，哈罗德·布朗当时 24 岁，负责 A 部门，主持设计小型轻量化的热核武器。布朗是约克的好友之一，早年在伯克利的时候，布朗夫妇深夜到医院生第二个孩子时，就把其他家人托付在约克家里。约翰·福斯特当时 29 岁，负责 B 部门，主持研制效应更好的裂变炸弹，与约克交情甚深。后来，约克的这两个好朋友都成为实验室主任，布朗任职时间是 1960—1961 年，福斯特任职时间是 1961—1965 年。

刚开始两年，实验室工作起步艰难，虽然他们非常努力，但成效不大，两年后，他们的工作成果就相当突出，为北极星项目研制了弹头，还研制出能够携带多弹头的导弹。在约克的领导下，实验室的人员由最初的 123 人增加到 1958 年 3 月的 3000 多人，经费由原来五年 60 万美元增加到后来的每财年 5500 万美元。

1958 年，约克成为高级研究计划局首席科学家，后担任新成立的国防研究与工程署署长。任署长期间，他以卓越的能力在核武器研制、三军重大武器系统项目协调、国家重大安全项目管理等方面做出了许多开创性重大贡献。同时，他还有效处理了与国防部长、总统，以及国会之间的关系，为美国国防科技发展赢得了前所未有的支持条件。1961 年，约克离开国防研究与

工程署，回到加州大学伯克利分校。

在华盛顿工作期间，约克深刻认识到核武器的危害，后来开始为武器控制以及禁止核试验而努力。他是 6 任美国总统的武器控制顾问，也是总统科学顾问委员会成员，以及陆军和空军科学咨询委员会成员。他是军备控制与裁军顾问委员会的第一届成员（1962—1969 年），1971—1981 年，作为美国代表之一参加了日内瓦禁止核试验谈判。著有自传《研制武器，谈论和平：一个物理学家从广岛到日内瓦的奥德赛》。

哈罗德·布朗（Harold Brown，任职时间：1961—1965 年）

哈罗德·布朗是研究与工程署第 2 任署长。布朗拥有哥伦比亚大学物理学学士、硕士和博士学位。经历短期执教和博士后研究后，1952 年，布朗进入加利福尼亚州利弗莫尔国家实验室，并于 1960 年升为该实验室主任。1961年，在时任美国国防部长罗伯特·麦克纳马拉的提携下，他担任国防研究与工程署署长，1965—1969 年任空军部长，1969—1977 年任加利福尼亚理工学院校长，期间，多次参与军备控制与裁军方面的谈判工作，1977—1981 年任第 14 任国防部长，也是美国第一位科学家出身的国防部长。

科学家出身的布朗对尖端武器研究颇深，学识更加偏重于军事、武器。在美苏关系方面与历任国防部长有所不同，他主张缓解与苏联之间的紧张关系，偏向于开展军备控制，支持美国与苏联之间签署《美苏限制进攻性战略武器条约》（SALT II 条约），并作为美国政府的主要发言人，敦促参议院批准该条约。布朗十分重视军事技术发展和先进武器研发制造，始终强调洲际弹道导弹、潜射弹道导弹和战略轰炸机三位一体的核打击能力的重要作用。布朗建议升级 B-52 轰炸机，并装备空射巡航导弹，批准"隐形技术"的研发，支持开发 MX 洲际导弹取代陈旧落后的民兵洲际导弹和泰坦洲际导弹。另外，布朗加速了三叉戟核潜艇的研发，用以代替海神号核潜艇。

国防研究与工程署署长的履职经历让布朗深刻认识到，职级较低、职责范围窄导致其不能顺利地开展工作，并且研发生产与采办程序脱节，限制了武器装备向作战能力的转化。同时，布朗对国防部的管理结构十分不满，尤其是直接向国防部长汇报的部门和机构过多，导致他对国防部长的工作效率十分怀疑。就任国防部长不久，布朗就开始着手对国防部实施大刀阔斧的改革，全面深化组织机构，将职能相关的业务局置于副部长或助理部长之下，分散了国防部长的部分职权，提升了国防部的运作效率。另外，布朗将所有与采办相关的职能全部赋予国防研究与工程署署长，进一步扩大了该职位的职权，并请求国会授权将其升级为研究与工程副部长。在他的推动下，1977 年底，负责研究与工程的副部长职位正式设立。

1981 年，布朗离任后，仍然关注国家安全问题，1983 年出版了《关于国家安全的思考：危险世界的国防和对外政策》。1981—1984 年，布朗担任约翰斯·霍普金斯大学高级国际研究院的客座教授，随后任外交政策研究所主任。1992 年 7 月，布朗加入美国国际战略研究中心（CSIS），成为该中心的一名顾问。在以后的几年里，布朗还在许多公司的董事会任职，包括担任兰德公司名誉董事等。

小约翰·S. 福斯特（John S. Foster Jr.，任职时间：1965—1973 年）

小约翰·S. 福斯特是研究与工程署第 3 任署长。第二次世界大战期间，获得博士学位以前，福斯特在哈佛大学无线电研究实验室工作，1943—1944 年，担任陆军航空兵在地中海战区雷达与雷达对抗方面的顾问。1952 年，福斯特在加州大学伯克利分校获得物理学博士学位，随后进入利弗莫尔国家实验室，后来成为实验物理学方面的部门负责人，1958 年被提升为利弗莫尔国家实验室副主任，1961 年成为利弗莫尔国家实验室第 4 任主任。

1965 年 10 月，福斯特被任命为国防研究与工程署署长，他在这一职位一

直工作到 1973 年 6 月，经历了约翰逊、尼克松两任总统，以及麦克纳马拉、克里福特、莱尔德和理查德森四任国防部长。他善于协调，建树颇多，注重为越南战争开发灵巧武器和夜视装备，设立了用于侦测苏联导弹发射的侦察卫星研究项目，能够敏锐捕捉诸如潜艇探测等关键技术领域突破机遇，还注意采用国家技术评估和红队方法为国防科技发展提供支持。

1973 年后，福斯特成为 TRW 科技公司副总裁，直到 1988 年退休。1973—1990 年，他还担任总统外国情报咨询委员会的委员，1990—1993 年担任国防科学委员会主席。

福斯特是美国扩大核武器存贮的坚定支持者。在乔治·W. 布什政府时期，他就极力宣扬要设计新一代核武器并重新进行核试验，他还是核武器可靠性、安全性评估小组的主席，该小组由长期反对《全面禁止核试验条约》的著名人士组成，为此，该小组还被称为福斯特小组。

马尔科姆·R. 柯里（Malcolm R. Currie，任职时间：1973—1977 年）

马尔科姆·R. 柯里是研究与工程署第 4 任署长。柯里在加州大学伯克利分校获得学士、硕士及工程物理博士学位，曾在海军服役并参加过飞行训练，从 1954 年开始在休斯公司工作，从事过行波管、毫米波、激光、噪音消减、离子束等领域的研究工作，并担任过多个管理职位，包括导弹系统部副主任、主任，以及休斯研究实验室副主任，作为休斯公司研究与开发工程部门领导，他负责并参与研制了第一代数字机载雷达、红外成像系统、激光系统，以及早期的卫星通信电子器件。1969—1973 年，担任贝克曼仪器（Beckman Instruments）公司负责研究与开发的副总裁。

1973—1977 年，柯里担任国防部研究与工程署署长，负责规划、管理及指导国防部从基础研究到武器装备生产的研究、开发及采办工作。在他任内，越南战争结束，苏联威胁上升，他强调要利用技术杠杆形成对苏联的优势，

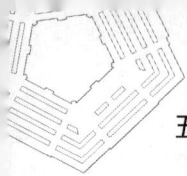

开发出能够与当时武器系统产生代差的技术。期间，他指导了全球定位系统、隐身、巡航导弹、F-18 战斗机、M-1 坦克，以及早期的智能武器等项目的研制工作，这些武器系统形成了美国国防安全的基础。他与国防部长、国会关系融洽，还为海军战斗系统开发、新型舰船设计等项目顺利协调数十亿美元。

离开国防部以后，柯里回到休斯公司，担任休斯导弹系统研究部主任，领导开发了高级红外和雷达导弹系统。后来，升任休斯公司执行副总裁。1988—1992 年成为休斯飞机公司首席执行官，他在休斯公司主张和实施多样化战略，使公司业务范围从国防领域扩展到商业通信及电视转播领域，休斯公司能够成为全球商业卫星领域领导者，柯里功不可没。

1985—1988 年，柯里担任德科电子（Delco Electronics）公司的首席执行官，1988 年，被里根总统提名为国家安全通信顾问委员会委员。

威廉·J. 佩里（William J. Perry，任职时间：1977 年 4—10 月）

威廉·J. 佩里是研究与工程署第 5 任署长。1950 年，佩里获得斯坦福大学数学硕士学位，7 年后，在宾州州立大学获得博士学位。攻读博士学位期间，佩里便与军工企业和高科技实验室建立了密切的联系，并于 1954 年开始了长达 10 年的西尔凡尼亚电子国防实验室的职业生涯，主要从事情报数据搜集处理工作，为美国情报界提供咨询。1964 年，佩里与其同事共同创办电磁系统实验（ESL）公司，成为该公司的董事长和首席执行官，主要致力于冷战时期的情报工作。1967 年，佩里被聘为国防部的技术顾问。1977 年 1 月，佩里辞去电磁系统实验公司职务，出任国防研究与工程署署长，并于同年底成为职位调整后第 1 任负责研究与工程的副部长。1981 年，佩里离开五角大楼，进入一家投资银行担任总经理，同时兼任斯坦福大学国际安全与军备控制中心（CISAC）资深研究员。1993 年重返国防部，先是任常务副部长，一年后任部长。

佩里是研制尖端武器的专家，担任负责研究与工程副部长期间，他致力于研发隐形技术和其他使作战能力大幅增加的高科技系统，以抵消苏联在数量上占优势的常规力量，这些技术至今还在军队中应用。佩里采取措施从根本上改造"三位一体"的空基力量——陈旧的 B–52，授权并紧密地监管研发空中发射巡航导弹，并将其装载于 B–52 上。佩里推进了反雷达技术的发展，并授权研发航程远和载量大的隐形轰炸机 B–2。值得一提的是，在佩里的支持下，原本面临被取消的全球定位系统（Global Positioning System，GPS）项目重新获得拨款，后来在军事应用和民用领域发挥了巨大作用。

1994 年 2 月，应时任总统克林顿邀请，佩里出任美国第 19 任国防部长。担任国防部长期间，他提出了预防性国防战略，与冷战时期的遏制战略不同，预防性国防战略主要包括 3 个方面内容：一是防止威胁产生于未然；二是威胁一旦产生，则应采取有效措施加以应对和遏制；三是如果预防与遏制措施失效，则进一步采取军事手段加以应对。受此前担任研究与工程副部长的经历影响，同时为有效实施上述战略，佩里致力于美军现代化建设，并强力推进国防科技与先进武器系统的研发。

佩里担任国防部长期间，由于正处于冷战后美国国防预算与武装部队大幅度缩减的时期，佩里积极推进科技与装备研发领域的军民融合发展，有效推进了军用标准化改革，大力破除军民技术与产品之间的界限，同时积极推进采办政策与程序的简化，有效降低采办成本，提高国防经费使用效益。但由于国防部与国会在国防预算尤其是重大国防项目研发方面的冲突日益严重，佩里最终于 1997 年初离任，但其对美国国防科技与国防采办管理体制机制的塑造与影响延续至今。

这一时期，国防研究与工程署经历了 5 任署长，前 3 任的专业主要是核物理，体现了冷战时期核科学研究、核武器研发的重要地位，后两任的专业主要集中在电子领域，反映了信息技术在国防科技发展中的重要影响，正好

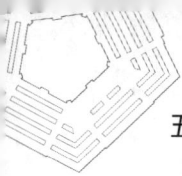

这两大方面构成了美国战略安全的技术支柱，这些领域的代表人物能够走上国防科技管理的高层职位既是时代需要，也是技术所需。同时，这些人物的经历也反映出"旋转门"特征，他们从大学、科研机构或者企业研发部门流转到政府部门，以卓越的技术判断力和丰富的管理能力为国家效力，反映了美国从整个国家范围内选拔国防科技管理人才的特点。

国防研究与工程署5任署长中，4人毕业于加州大学伯克利分校，3人出自利弗莫尔国家实验室，大都受过劳伦斯、奥本海默、费米等物理学大师的指导，比如，约克曾经在伯克利分校听过奥本海默的量子力学课，还请费米为他指导过论文。名校、名师、学缘联结在一起，反映了美国一流研究型大学中的师承关系，也反映了冷战时期军事需求对科学研究、甚至科学家人生的重要影响。伯克利分校是美国诺贝尔奖获得者的多产地，劳伦斯1928年来到后很快投入到核物理的研究中，并建立了非常著名的劳伦斯国家实验室，后来以回旋加速器的发明摘得诺贝尔物理学奖的桂冠。1942年起，在奥本海默教授的带领下，加州大学的很多工程师和科学家开始参与著名的"曼哈顿计划"。在这些大师级人物的领导下，劳伦斯实验室和重大工程成就了许多高水平人才，特别是实验室里那种激励进取与和谐融洽的团队氛围，让其中的优秀年轻人一个个成长起来，劳伦斯放手让约克牵头建立利弗莫尔国家实验室时，约克年仅31岁，布朗24岁，福斯特29岁，这些人后来几乎沿着同一条路走到了国防部科技管理的高级职位。

同样是核专家出身，经历过冷战美苏军备竞争和国防科技高层管理职位，但他们却形成了不同的武器观。福斯特与约克、布朗及后来的佩里都不同，他是一个十足的核武器支持者，一直坚持于核武器的扩大与威胁使用。约克、布朗、佩里他们对核武器都有不同程度的反思，佩里后来致力于军控研究，并提出预防性防御思想，极力推动美俄消减核武器工作。约克离开利弗莫尔国家实验室到国防部工作后，总统科技咨询委员会关于核武器局限性的看法

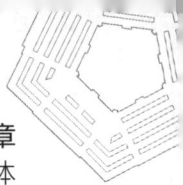

对他影响很大，他开始放弃早先所持有的受到泰勒影响的技术热情，他曾说："我是作为一个技术乐观主义者，满怀着对技术解决方案的信心，来到华盛顿的。三年半之后，在我离职时，我却充满了忧虑。我担忧的是，大家都在寻找和使用治标不治本的技术方法，来掩盖那些严重而持续存在于深层的政治和社会问题，而且大家对此居然习以为常。"①

第四节　国防部所属科研机构典型科技官员

美国国防部是一个庞大的组织体系，除了业务管理部门，还有大量科研管理机构和新兴科技管理机构。前者如导弹防御局、信息系统局、试验鉴定局、国防技术信息中心，后者如战略能力办公室、国防创新小组、联合人工智能中心等，这些国防科研管理机构在国防科研活动中发挥着重要作用。为了集中研究对象，我们主要对国防高级研究计划局局长进行梳理分析。

1957年10月4日，苏联发射世界上第一颗人造卫星，在美国竭力赢回技术优势的背景中，国防部高级研究计划局于1958年2月应运而生。成立之初，高级研究计划局瞄准太空技术的最前沿，开展了大量突破性研究。后来，由于国家航空航天局、国家侦察局及陆军和空军太空战部门相继成立，其大部分项目被剥离出去，主要太空项目交给了国家航空航天局，早期预警系统给了空军，情报卫星项目给了国家侦察局。

从1959年开始，高级研究计划局瞄准冷战的角逐重点，逐渐转向探测苏联核试验的天基技术及弹道导弹防御技术，对探测和定位空中和地下核试验的相关技术开展了早期研究、开发等工作，20世纪60年代发射的卫星通过传

---

① 王作跃. 在卫星的阴影下：美国总统科学顾问委员会与冷战中的美国 [M]. 安金辉，洪帆，译. 北京：北京大学出版社，2011：137.

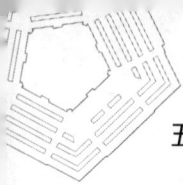

感器监控太空和大气中的核试验，寻找核爆炸产生的电磁脉冲和特征光学信号。随后，这些传感器的升级版本被用于其他卫星及探测导弹发射。高级研究计划局的太空技术成果还包括子午仪（Transit）卫星（GPS前身，与海军研究实验室一起开发的海军导航卫星系统），以及"半人马座"（Centaur）和"土星"（Saturn）发动机等。

与此同时，高级研究计划局在航空、火箭和导弹等领域也开始探索和研究。在航空领域的研究包括从材料到发动机，再到航空电子设备等一系列技术。其中最著名的是X系列飞机。美军有超过50种飞行器被冠名为X-飞机，而其中半数以上是高级研究计划局资助研发的。X-飞机不是真正未来飞行器的样机，而是作为能够使飞行器设计取得重大突破的飞行试验平台，利用的是只能在飞行中才能试验的高风险、高回报技术，并将理论研究转变为现实。高级研究计划局在火箭和导弹方面最早的研究工作要数弹道导弹防御（BMD），这些研究不仅仅包括早期对固体推进火箭截击导弹（Sprint）反弹道导弹的研究，还涉及美国导弹开发方面的工作。这些工作涵盖了从运输有效载荷的火箭到自主程度更高的系统等多个方面的研究，譬如美国第一枚巡航导弹"战斧"巡航导弹的初始发动机的开发。

20世纪70年代，高级研究计划局面临着最重要的发展时期，由于越南战争的影响，国会根据《曼斯菲尔德修正案》，对高级研究计划局的预算进行了调整，减少了其资助的与军事目的没有直接关联的项目，这对其以未来为目标的定位及作用冲击很大，1972年，其机构名称中增加国防一词，强调与军事应用的直接联系，称为国防高级研究计划局。在这种背景下，国防高级研究计划局加大探索高风险、高回报项目研究力度，开始倡导大胆的设想，模糊科学幻想与潜在的基础技术之间的界线。越南战争中苏联开发的地空导弹击落了美国飞机，1973年犹太人"赎罪日"战争期间以色列也损失了一些装有同样系统的飞机，为了解决飞机被雷达探测的问题，国防高级研究计划

局致力于设计一种"看不见（不会被雷达轻易探测到）"的飞机，后来成为
众所周知的隐身平台。这一时期已经出现了具有简单功能的遥控无人机，但缺
乏自主性，国防高级研究计划局于1971年启动小型遥控飞行器（Mini-RPV）计划，
开展了一系列工作去处理可靠性、通信、控制、传感器和操作方面的问题，大
大推动了无人机技术的发展。1977年，将小型遥控飞行器的成果转交国防部进
行采办和部署，这也是国防高级研究计划局成功项目惯常的结束方式。

　　20世纪80年代以后，苏联在冷战中面临诸多困境，冷战局势趋于缓和。
随着苏联解体和东欧剧变，笼罩世界数十年的冷战阴云散去，美国国防经费面
临大幅削减，经济可承受性、军民一体化等问题成为国防部和国会关心的重点，
国防高级研究计划局在这一背景下也开始大力发展军民两用技术，1993年恢复
其成立之初的名字，更名为高级研究计划局。但短短3年后，于1996年再次更
名为国防高级研究计划局。这一时期，国防高级研究计划局处于相对宽松的环
境，通过在航天、航空、激光等方面的潜心努力，取得了一系列耀眼的成就，
为今天活跃在全球战场上并取得决胜先机的诸多装备打下了坚实基础。

　　国防高级研究计划局主要从事远期技术机遇的发现与研究工作，与美国
海、陆、空军都是客户关系，成立以来，以精简的机构设置和特殊的工作模
式而独树一帜。在内部业务构成上，只设局长和技术办公室两层，项目主任
依托技术办公室管理具体项目。根据国防部第5134.10号指令《国防高级研究
计划局局长》，局长可根据需要决定局内机构设置，其下属各部门的工作性
质和任务可根据需要进行调整，也可根据各个时期工作重点与技术机遇的不
同，解散某个部门或建立一个新部门，以保持工作的灵活性和对新兴技术发
展的快速反应能力。国防高级研究计划局实行项目主任负责制，项目主任是
那些具有深厚技术背景、优秀组织才能，能够"狂热追求目标"的精英，任
期约为3～5年，他们对具体项目管理有很大权力，如子项目和方案的取舍权、
科研团队的选择调整权、资金预算的调配权等。国防高级研究计划局鼓励大

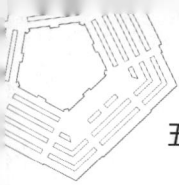

胆想象和预测未来的作战需求，鼓励提出不同寻常的新思想、新概念，甚至是异想天开、天马行空的想法，只要这些新思想、新概念不违背基本的科学原理，国防高级研究计划局就给予支持。国防高级研究计划局有着独具特色的创新文化，他们信奉"'不可能'仅仅是挑战，而不是通向成功的障碍"，很多疯狂、激进、冒险、甚至被视为错误的想法最终都在国防高级研究计划局孵化为"游戏规则改变因素"。同时，他们也非常宽容失败，如果失败是因目标过于远大而非管理不善，同样具有正面意义。

国防高级研究计划局之所以能够取得巨大成功，形成独特的创新文化，成为广为称道的创新机构，局长的引领作用和塑造能力是关键因素。从成立到 2024 年 9 月已经历 23 任局长，每一任局长都以其富有个性的管理特色和领导印记，形成了鲜明的创新机构官员群体（表 2.2）。

表 2.2　DARPA 自成立以来的历任局长基本情况表

任次	任职时间	姓名	主要经历
第 1 任	1958—1959 年	罗伊·W. 约翰逊（Roy W. Johnson）	通用电气公司总经理、执行副总裁
第 2 任	1960—1961 年	奥斯丁·W. 贝茨（Austin W. Betts）	美国陆军服役、国防部长导弹问题特别助理的军事执行助理、陆军准将
第 3 任	1961—1963 年	杰克·P. 瑞纳（Jack P. Ruina）	伊利诺伊大学电气工程教授、空军负责研究与工程助理部长帮办、国防部长办公厅国防研究与工程署副署长
第 4 任	1963—1965 年	罗伯特·L. 斯普劳尔（Robert L. Sproull）	美国无线电公司（RCA）实验室研究员、康奈尔大学原子和固态物理实验室主管和材料科学中心首任主任
第 5 任	1965—1967 年	查尔斯·M. 赫茨菲尔德（Charles M. Herzfeld）	亚伯丁大学弹道研究实验室研究员、海军研究实验室研究员、国家标准局热力处处长、高级研究计划局助理局长

续表

任次	任职时间	姓名	主要经历
第 6 任	1967—1970 年	埃伯哈特·里希廷（Eberhardt Rechtin）	美国海军服役、国家航空航天局喷气推进实验室研究员、北约航空研发顾问小组成员
第 7 任	1970—1975 年	斯蒂芬·J. 卢卡西克（Stephen J. Lukasik）	西屋公司贝蒂斯原子实验室研究员，史蒂文斯理工学院戴维森实验室研究员、计算机中心主任
第 8 任	1975—1977 年	乔治·H. 海尔迈耶（George H. Heilmeier）	美国无线电公司（RCA）实验室研究员、白宫工作人员、国防部长特别助理、国防研究与工程署负责电子和物理科学的助理署长
第 9 任	1977—1981 年	罗伯特·R. 福萨姆（Robert R. Fossum）	美国海军服役、西尔瓦尼亚电子防御实验室主任、电磁系统实验（ESL）公司副总裁、海军研究生院科学与工程学院院长
第 10 任	1981—1985 年	罗伯特·库伯（Robert Cooper）	麻省理工学院林肯实验室研究员、国防部国防研究与工程署助理署长、国家航空航天局戈达德太空飞行中心主任、卫星业务系统公司工程副总裁
第 11 任	1985—1988 年	罗伯特·C. 邓肯（Robert C. Duncan）	海军飞行员、海军作战司令空间项目主管、国家航空航天局指挥和控制部门主管、宝丽来公司工程副总裁
第 12 任	1988—1989 年	雷蒙德·S. 克拉戴（Ray S. Colladay）	国家航空航天局格伦研究中心工作人员、国家航空航天局副局长
第 13 任	1989—1990 年	克雷格·I. 菲尔茨（Craig I. Fields）	国防高级研究计划局多个职位工作
第 14 任	1990—1992 年	维克多·H. 里斯（Victor H. Reis）	军队服役、国家航空航天局艾姆斯研究中心工作、麻省理工学院林肯实验室研究员、美国政府科技政策办公室国家安全和太空助理主任、科学应用国际公司（SAIC）战略规划副总裁
第 15 任	1992—1995 年	加里·L. 丹曼（Gary L. Denman）	美国空军材料实验室主任、空军研究实验室技术总监、国防高级研究计划局副局长

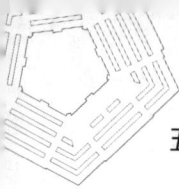

续表

任次	任职时间	姓名	主要经历
第 16 任	1995—1998 年	拉里·林 （Larry Lynn）	美国海军服役、麻省理工学院林肯实验室研究员、国防研究与工程署防御系统主任、大西洋航空电子公司副总裁和首席运营官、国防部负责先进技术的助理部长帮办
第 17 任	1998—2001 年	弗兰克·费尔南德斯 （Frank Fernandez）	物理动力学公司副总裁、从事信号处理的阿雷特联合公司（Areté Associates）创始人 / 主管、从事环境监测的 AETC 公司创始人兼总监
第 18 任	2001—2009 年	安东尼·J. 特瑟 （Anthony J. Tether）	系统控制公司执行副总裁、国防部战略技术办公室主任、福特航空航天公司技术和高级开发副总裁、科学应用国际公司（SAIC）副总裁兼总经理、动力科技公司首席执行官、红杉集团首席执行官兼总裁
第 19 任	2009—2012 年	里贾纳·E. 杜甘 （Regina E. Dugan）	华盛顿智库研究员、国防高级研究计划局工作人员、杜甘投资公司（Dugan Ventures）总裁兼首席执行官、红十字国防公司（RedXdefense）创始成员
第 20 任	2012—2017 年	阿尔提·普拉巴卡尔（Arati Prabhakar）	国会技术评估办公室研究员、国防高级研究计划局微电子技术办公室创始主任、国家标准与技术研究院院长、雷声公司（Raytheon）高管、英特沃尔研究公司（Interval Research）总裁、美国风险伙伴投资公司（Venture Partners）成员
第 21 任	2017—2020 年	彼得·沃克（Peter Walker）	空军研究实验室研究员、国防高级研究计划局战术技术办公室主任、空军科学研究办公室项目主任，空军科学、技术与工程部助理部长帮办，国防高级研究计划局副局长
第 22 任	2020—2021 年	维多利亚·科尔曼 （Victoria Coleman）	伦敦大学玛丽王后学院教授、斯坦福研究所系统设计实验室首任主任、英特尔公司安全计划主任、阿特拉斯人工智能公司（Atlas AI）首席执行官、三星电子高级技术研究院副总裁、惠普公司全球业务部软件工程副总裁、诺基亚新兴平台副总裁、雅虎公司工程部副总裁

续表

任次	任职时间	姓名	主要经历
第 23 任	2021 年至今	史蒂芬妮·汤普金斯（Stefanie Tompkins）	美军委任军官，科学应用国际公司部门经理，国防高级研究计划局战略技术办公室副主任、国防科学办公室主任、代理副局长，科罗拉多矿业学院研究与技术转让副院长

数据来源：DARPA 官网、《DARPA 60 years（1958—2018）》、研究与工程副部长官网等。

在国防高级研究计划局发展前期，担任局长的官员们对这个创新机构的塑形和风气影响至关重要，这些局长来自于企业、军队、科研机构或是大学，他们是创建者，也是塑造者，在内外多方面压力下，逐步打造形成了人们心中的国防高级研究计划局形象。这里以前 9 任局长为例进行分析①。

罗伊·W. 约翰逊（Roy W. Johnson，任职时间：1958—1959 年）

约翰逊作为一名公司高管，能够成为高级研究计划局的第 1 任局长，可谓是与时任国防部长麦克尔罗伊惺惺相惜的结果。1957 年 10 月，宝洁公司总裁麦克尔罗伊被任命为国防部长，"他充分理解研发部门对于任何大型现代组织的重要性。作为宝洁公司的总裁，他是彻头彻尾的研发狂热分子，以极

---

① 本节内容大多选自于典型科技官员的口述历史访谈记录。美国国防高级研究计划局大多数局长在技术上建树颇多，对美国国防科技及国家科技发展都有重要贡献，一些大学、科学组织在其离开国防部门以后对其进行了口述历史访谈。美国物理学会专门设有物理历史研究中心（American Institute of Physics Center for History of Physics），并于 1962 年启动历史记录项目，专门保存和传播现代物理学及其相关领域的发展历史。例如，安排专人于 1991 年 8 月 8 日对第 3 任局长杰克·P. 瑞纳（Jack P. Ruina）进行访谈，瑞纳讲了其家庭背景，在休斯飞机公司、麻省理工学院等机构的工作经历，与哈罗德·布朗、尤金·维格纳（物理学家，曾获诺贝尔物理学奖）等人的工作关系，参加帕格沃什（Pugwash）国际会议，与杰森（JASON）咨询组织的合作等情况；安排专人于 1983 年 7 月 11 日对第 4 任局长罗伯特·L. 斯普劳尔（Robert L. Sproull）进行访谈，斯普劳尔讲述了在康奈尔大学的职业生涯、担任罗彻斯特大学教务长（后来担任校长）的经历，为创建激光能量学实验室（LLE）所做的努力，LLE 在国家点火装置中的作用，以及 LLE 与其他激光实验室（包括利弗莫尔国家实验室）的关系等方面情况。

快的速度推动新产品的研发。在他就任国防部长之前，在担任宝洁公司总裁的最后一年里，公司 70% 的利润来自于在前 12 年间所投资研发的新产品。"①对于刚刚成立的高级研究计划局，而且作为国防部长准备实施自己研发寄托的重要机构，第 1 任的人选十分慎重。直到成立之前的时日，麦克尔罗伊才选中了通用电气公司的副总裁约翰逊。与国防部长一样，约翰逊从公司里出来，虽然到政府任职是一种国家责任，但公司优厚的薪金回报让他选择了短短两年的任期。他认为，自己非常乐于构建一个新事物，但在让这个事物运转起来之后，他就会失去兴趣。当初，他感觉会在这个职位上坚持一年半到两年，足够让这个机构走上正轨，然后他会回到企业工作。

约翰逊虽然不懂工程技术，但他对高级研究计划局及太空项目热情百倍，为了让自己的技术决策能够专业正确，他选择了利弗莫尔国家实验室主任约克作为首席科学家。当时的候选人还有大名鼎鼎的火箭专家冯·布劳恩，但冯·布劳恩执意要让他当初从德国带来的团队一起到高级研究计划局，后来，官方考虑多种原因，没有选用冯·布劳恩。

高级研究计划局是一个新成立的机构，面对着排挤和压力，只能走一条非同寻常的道路。约翰逊充分发挥他的管理优势，在人员选任、实验条件等方面都采取了不同以往的方法。为了提高效率，减轻行政负担，他和国防部长决定高级研究计划局不建立自己的实验室，用合同方式在全美范围内选择合适的基础条件，他们甚至把很多重要职位也外包出去，自己不直接雇佣专业人员，而是请国防分析研究所（IDA）来帮助聘请。起初，高级研究计划局在太空项目上目标远大，要为军队实现载人航天飞行的愿望，约翰逊安排项目管理人员着手开展超级推力火箭研发，为了掩人耳目，声称要研制大推力

---

① 贝尔菲奥尔. 疯狂科学家大本营：世界顶尖科研机构的创新秘密 [M]. 本书翻译组，译. 北京：科学出版社，2012：40.

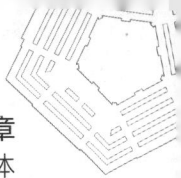

通信卫星火箭，并提出把多枚中程弹道导弹绑在一起的想法，且得到了冯·布劳恩的大力支持。这种捆绑式的火箭就是后来的土星 1B 火箭，后来发展的土星五号火箭把美国人送上了月球。

但是，在约翰逊时期，高级研究计划局也面临着夭折的危险。1958 年 10 月，国家航空航天局成立，包括土星火箭项目在内的大多数太空项目被移交给国家航空航天局。另外，国防部成立了国防研究与工程署，这个职位位于国防部长与高级研究计划局中间，对国防部的研发项目进行监管。在与军种、国家航空航天局之间业务分割的新仇旧恨中，约翰逊受到了很大打击，在两年任期即将结束的最后两三个月，他开始不经常待在办公室，并指示下属寻找新的业务发展方向。后经过调查论证，高级研究计划局还是被保留下来，并且在总统和国防部长关注的其他项目中找出了新的业务。

奥斯丁·W. 贝茨（Austin W. Betts，任职时间：1960—1961 年）

贝茨能够成为高级研究计划局第 2 任局长颇有偶然之意。最初国防部要在企业界找一个研究上出色而且有重大系统开发管理经验的人，后来找到位于西海岸的康维尔公司① 高管克里奇菲尔德（George Critchfield），克里奇菲尔德愿意去华盛顿，但要求继续保留在康维尔公司的薪金，由于这样会违反联邦利益冲突相关规定，无奈克里奇菲尔德就放弃了。

当时，国防部长要求换一个不用讨价还价的人，正好贝茨在国防部制导导弹局任副局长，与时任国防研究与工程署署长的约克相识，约克认为贝茨当过陆军研究与开发办公室主任，管过重大项目，又是军人，就邀请他当局长。

贝茨上任的时候，高级研究计划局刚刚起步，由于成立时将 3 个军种的一些项目划了过来，军种对高级研究计划局记恨在心，都想将其除之而后快。

---

① Convair，一家美国飞行器制造公司，后来扩展其业务至火箭和航天器，最早开发了第一代垂直起降战斗机 XFV-1。

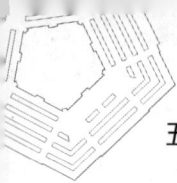

当时，高级研究计划局的雇员比较少，不少的项目合同事务都需要依靠军种的力量来完成，这就要求必须与军种处理好关系。贝茨作为来自陆军的局长，对高级研究计划局在国防部的定位和与军种的复杂关系有清醒的认识，他认为，自己应该代表国防部，而不应该过多考虑陆军利益，与三军之间更多的是合作关系而非竞争关系，根据项目需要与军种开展合作，由此得罪了一些陆军高级官员，在一次会议上，陆军部长曾说，他不是一个非常优秀的陆军军官。

高级研究计划局起初用人问题比较突出，贝茨结合自己的经验，考虑从民间机构聘用一些科学家，但是，国会不允许他们从企业聘用人才，而且好的科学家不太愿意到政府中来，后来贝茨通过服务于国防部长办公厅的国防分析研究所（IDA）解决了这一问题。他们把人员选好，让这些人员与国防分析研究所签订合同，采用这种合同机制，可以让科学家们有很大的灵活性，甚至还可以讨论薪水这样的事务，这样就吸引了非常优秀的科学家来负责研究项目。

高级研究计划局囿于军种的压力，短期内难以找到一些大的项目，因此，就在长远的项目上下功夫，找一些长期的、与军种没有冲突的项目。这也是高级研究计划局长期关注远期项目的原因之一。贝茨后来认为，高级研究计划局不可复制的原因是，与国家航空航天局（NASA）这类机构不同，它没有非常清晰的目标，它只要确定了一个项目，就可以从基础研究开始，可以做这个，也可以做那个，而不像他原来在陆军研究机构那样，有非常明确的需求。高级研究计划局的技术边界虽然不是很清晰，但只要有好的想法，就总要去实现。军种这样就不行，因为要做的事情基本上已经确定了，前沿技术边界已经非常清晰。

贝茨带领高级研究计划局做了很多开创性工作，特别是在处理与外部的关系上，经过努力，与军种、国会都在不断改善关系。但贝茨也清醒地认识

到，国防部和国防研究与工程署从高级研究计划局想要得到的是不带偏见、不同于军种的观点，尽管他做得非常好，没有穿"任何军种的衣服"，但是，军种的取向和局限不可避免会存在。因此，一年后，贝茨说服约克，这个岗位不能由军种人员来担任，约克后来也同意了。

杰克·P. 瑞纳（Jack P. Ruina，任职时间：1961—1963 年）

瑞纳是高级研究计划局第 3 任局长，他担任局长前后的背景是美国人对科技的崇拜与渴望。当时美国社会认为苏联在技术上超越了他们，美国必须要迎头赶上，普通中小学加大了数学教育，大学增加了科学和技术教育，一些国会议员甚至认为，美国有很好的科学家，只要提出概念，只要保障经费，武器就可以被研制出来。在这种背景下，科学技术发展经费能够得到很好的保障。

瑞纳最初是伊利诺斯大学电子工程学教授，在一个实验室里负责雷达研究，后在空军研究与开发助理部长办公室担任电子方面的助理部长帮办。对于他到政府任职，瑞纳在大学的同事对此不以为然，他们觉得在华盛顿是浪费时间。瑞纳在空军工作了一年半时间，期间只是处理一些日常事务，并没有什么实质性的工作，也没有什么技术挑战。瑞纳觉得这不是他想要的，于是准备回到大学去。由于工作关系，他认识了约克，刚好约克邀请他做国防研究与工程署助理署长。国防研究与工程署署长有 4 个助理，瑞纳负责防空事务，包括弹道导弹防御项目。没有多长时间，瑞纳又兼任高级研究计划局局长。由于同时做好两份工作让他筋疲力尽、不堪重负，他后来就放弃助理署长的职位，专门负责高级研究计划局事务。

在当时背景下，高级研究计划局被人们寄予厚望，不断提出各种新的概念想法，那时的观点就是，只要你有想法，又有经费支持，你就能够做。当时有一个防空领域辐射武器的例子，大量的地面发射天线可以为悬停在

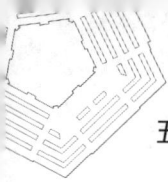

10 000英尺①高空中的直升飞机提供能量，而不需要汽油，而这些直升飞机可以用来发现入侵的敌机。当时的一句名言是，如果你不能用物理原理来证明它不可能，那就意味着它是可能的。

　　瑞纳任局长期间，与军种关系尚可，重大项目也很多，如何发现和使用优秀科学人才成为他考虑的重要工作。高级研究计划局的项目专业涉及极广，任何人都不能说自己是多个领域的专家，必须有一群人，而且是优秀的人，大家能够平等地讨论技术问题，并卓有成效地给出方案。由于工业界关注点在合同上，学术界有时距现实又太远，因此，找到合适的人非常难。当时的弹道导弹项目，也就是后来的卫士导弹项目，由高级研究计划局负责，贝尔实验室是研制合同商，陆军负责使用。高级研究计划局作为中间人，需要协调研制需求与技术监管事务，但是贝尔实验室与陆军一样比较保守，不愿意使用新的技术，也不愿意采用一些新的想法。工作过程中，瑞纳观察到，卫士导弹项目的负责人员不怎么上心，虽有能力，但不负责。这时他发现了在国家标准局工作的赫茨菲尔德（Herzfeld），赫茨菲尔德不仅懂科学，而且与科学界联系甚广，于是瑞纳就请赫茨菲尔德来负责卫士导弹项目，后来，赫茨菲尔德不负所望，在项目管理工作中表现出色，成长为高级研究计划局局长。就这样，瑞纳通过高级研究计划局的项目，认识并发现了一些非常有才华的人，只要有可能，就请他们到高级研究计划局来工作。

　　瑞纳自己作为一个学者出身的专家技术型领导，对一些项目有着深刻的理解，对科学发展也有深切的认同感。他认为，长期项目对美国的科学技术发展具有基础作用，不能一味追求能够很快解决当下问题的项目。他任职期间有一个小项目，主要是由康奈尔大学负责建造一个大型雷达，当时，弹道导弹防御办公室和局长办公室的人都说，这个项目对高级研究计划局没有什

---

①　1英尺=0.0003048千米。

么用，建议砍掉，但瑞纳认为，它对国家的科学发展有用，后来向国防研究与工程署署长布朗报告了这个事，布朗非常尊重他的意见，这个项目就留下来了，项目成果最终形成了一流的研究设备，并在美国科学界发挥了巨大的作用。

瑞纳在后来的国防部专访中认为，高级研究计划局成立之初，包括国防研究与工程署，这些机构的领导都没有官僚习气，喜欢民主作风，在内部营造了非常融洽、对创新非常有利的氛围。约克、布朗这些上司对他也非常友好，他把他们当作朋友，有问题很愿意与他们交流，因此他们都是对技术问题有很好理解的人，他很幸运能够遇到这些人。

罗伯特·L. 斯普劳尔（Robert L. Sproull，任职时间：1963—1965 年）

斯普劳尔是高级研究计划局第 4 任局长。担任局长之前，他是康奈尔大学物理学家、康奈尔大学原子和固态物理实验室主管和材料科学中心主管。当时，总统科学顾问维斯纳正在为一些重要位置寻找合适的人选，其中就包括高级研究计划局，康奈尔大学校长推荐了他，然后维斯纳就带他到五角大楼，见到了布朗，谈完之后，当天布朗就同意了。斯普劳尔之前与高级研究计划局接触不多，仅限于承担高级研究计划局部分项目，与项目主管有些接触，但国家安全方面的研究需要和高级研究计划局的新鲜气象，让他感到强烈的吸引力，使他放弃了当时还可以选择的国家科学基金会的副主席职位。

在斯普劳尔任内，高级研究计划局作为国防部的新生机构，人们对其寄予厚望，很多重要事务都需要高级研究计划局参与，特别是与技术有关的事务，他们经常向参联会、国会不断地提供决策的证据。因此，国家的需求，以及总统和国防部长的关注，就成了高级研究计划局各种项目的重要来源，比如核试验探测项目、灵巧计划项目、弹道导弹防御项目等，都是很大的项目。不仅如此，白宫科技办公室、国防部长、国防研究与工程署长都会给他们提出问题，甚至是做出具体安排。这让高级研究计划局的能动性受到限制，

作为局长的斯普劳尔也感到有些无助，但与此同时，在斯普劳尔的带领下，高级研究计划局也努力强化它的特别之处，创设一些他们认为有挑战性、价值很大的项目，尽管存在诸多风险。斯普劳尔认为，如果一个项目没有风险，那么这个项目就不值得高级研究计划局去做。正是如此，高级研究计划局区别于军种研究机构的独特性也逐渐突出。

斯普劳尔没有专注管理事务，从大学、国家实验室以及军种请来的一些专家也对管理问题不甚上心，于是出现了一些管理漏洞。一个明显的例子是关于越南战争的灵巧计划项目管理问题。灵巧计划项目是国防部为帮助当时的南越打击北越而设立的，在当时的西贡和泰国设立了作战研究和开发中心，研制了许多富有特色的技术装备，包括 M-16 突击步枪。但是，这些项目与国防部其他机构、中情局等共同合作，关系复杂，主管该计划的副局长戈德尔（Bill Godel）在 1964 年底因为挪用公款和阴谋滥用政府资金两罪被判刑，这一事件对高级研究计划局的声誉也造成负面影响。

斯普劳尔离开高级研究计划局后，去了罗切斯特大学当校长，后来，又担任了国防科学委员会主席，很多年都一直很关心国防事务。

查尔斯·M. 赫茨菲尔德（Charles M. Herzfeld，任职时间：1965—1967 年）

赫茨菲尔德是高级研究计划局第 5 任局长。他于 1925 年出生于奥地利维也纳，1945 年在美国天主教大学取得工程学士学位，1951 年在芝加哥大学获得物理化学博士学位。1951—1953 年，在马里兰阿伯丁弹道研究实验室工作。1953—1955 年，在海军研究实验室工作。后来在国家标准局的热力部工作。当时，高级研究计划局局长瑞纳向他伸出橄榄枝时，他并没有接受。后来他到西德旅行时的感受刺激了他，他亲眼目睹了两大冷战集团之间的严峻对峙，双方的坦克仅仅相距几十米，柏林墙的修建也让他对国家的责任感有了很大改变，回到华盛顿，他立即就联系到瑞纳，表示愿意到高级研究计划局工作。

当赫茨菲尔德进入高级研究计划局后，他感觉并不如想象的那样好，弹道导弹防御项目组织比较差。他先是干了两年的项目主任，主管弹道导弹防御项目，后升任为副局长，再两年后又升任局长。作为局长，他需要处理上下左右之间的关系，对与上级国防研究与工程署的关系，赫茨菲尔德认为，国防研究与工程署介于国防部长与高级研究计划局之间，对国防部长安排并重视的问题，国防研究与工程署能够给予有力的支持，但也曾经有涨落不均的时候，关系最好的时候是约克、布朗和福斯特当政的时候，他们都是从利弗莫尔核 武器实验室来的，再之后，就变得差一些了。在与军种的关系上，赫茨菲尔德处理得相当不错，他认为，作为一个独立的机构，要靠自己的成果来说服军种，M–16、激光制导炸弹在越南战争中的应用就是典型的例子。

在赫茨菲尔德任内，越南战争对高级研究计划局的需求显得非常迫切，在灵巧计划项目这个大包下，也产生了一系列技术成果，但对战争的最终走向似乎没有太大影响。作为一个科学家，赫茨菲尔德是反对战争的，他甚至通过国防研究与工程署，向国防部长麦克纳马拉提出，这是一场错误的战争，但是，麦克纳马拉根本就不听他的。不管如何，赫茨菲尔德始终认为，这并不是一场技术的战争，而是一场政治的战争。赫茨菲尔德于 1967 年离开高级研究计划局，担任国际电话电报公司（ITT）技术主管，1985 年担任一家技术公司副首席执行官，1990 年再次进入国防部工作，担任国防研究与工程署署长。

埃伯哈特·里希廷（Eberhardt Rechtin，任职时间：1967—1970 年）

里希廷是高级研究计划局第 6 任局长。从 1943—1946 年，他在美国海军服现役。1950 年获得加州理工学院博士学位，上学期间以及毕业之后很长一段时间他都在该校的喷气推进实验室工作，刚开始，他作为研发工程师设计导弹无线制导系统，后来获得多次提升，先后担任电子研究分部主管、通信研究部主管、负责跟踪与数据采集的实验室助理主任等职。

为了实现载人探月飞行，美国在深空探测上开展了大量研究，里希廷在实验室工作期间被任命为深空探测设施开发与应用项目的主任，由此获得更大的发展平台。深空网是一个先进的测控网，是为对执行月球、行星和行星际探测任务的航天器进行跟踪、导航与通信而建立的地基全球分布测控系统。由于深空探测器升空后与地球之间的唯一联系就是深空测控通信系统，因此其地位非常重要。美国的深空网建于 1958 年，由位于美国加州、澳大利亚和西班牙的 3 个地面终端设施组成，相互之间的经度相隔 120°。里希廷常被称为深空网之父。

1967 年，里希廷离开实验室，进入国防部担任高级研究计划局局长。在他任期内，随着越南战争的反战情绪越来越高，国会通过了《曼斯菲尔德修正案》，禁止国防部使用资金开展与具体军事职能无关的项目或研究，国防部对大学等机构的资助大幅减少，高级研究计划局的预算也受到了很大压缩。高级研究计划局大部分工作着眼于未来 10～25 年，为了获得预算，里希廷多次到国会作证，向国会提供比原来多得多的详细信息。与此同时，高级研究计划局的办公地点从五角大楼被要求搬迁到 2.5 英里[①]以外，也就是现在的弗吉尼亚州阿灵顿，局里的部分人甚至感到末日来临，一切都好像要结束了。他本人压力也非常大，似乎都对局长一职失去信心，甚至觉得，"（国防部长）就算突然决定取消高级研究计划局我也不会意外"。[②]

作为局长，在当时不利的环境下，里希廷对高级研究计划局却有着清醒的认识。他认为，高级研究计划局是一个"前需求"研究机构，从事的是具体军事需求产生前的研究工作，采办系统的工作必须基于具体需要提出正式需求，而且通常要基于已经熟悉的技术，需求与技术的问题类似鸡和蛋的问

---

① 1 英里 =1.609344 千米。

② JACOBSEN A. The Pentagon's brain[M]. New York：Hachette Book Goup，2015：227.

题，"如果没有技术解决当前问题，你就很难提出正式需求；如果没有需求，你也无法研发相关技术。"① 他尽力为高级研究计划局的生存与发展辩护，他提出，就这个机构而言，如果没有在现实需要出现前完成研究工作，等真正需要时，再去研究显然为时已晚。高级研究计划局的存在就是为了确保美国不会再因为苏联先于美国发射人造卫星之类的技术突袭而猝不及防。

里希廷离开高级研究计划局后，担任国防研究与工程署常务副署长，后来成为负责通信事务的助理国防部长。在国防部期间，他专注于国防研究与工程，以及国防通信方面的政策构想与实现。1973 年，里希廷离开政府，到惠普公司任高管。里希廷还是体系结构设计的奠基人，在系统工程领域成就卓著，著述颇丰，著有《系统设计：创建复杂系统》（1991）等。

斯蒂芬·J. 卢卡西克（Stephen J. Lukasik，任职时间：1970—1975 年）

卢卡西克是高级研究计划局第 7 任局长。1951 年，卢卡西克从麻省理工学院毕业后留在声学实验室工作，后来去了斯蒂文斯技术研究所从事水下项目研究工作，期间还担任一个观测苏联核研制项目的顾问，有次他去高级研究计划局开会，碰到原来认识的科学界熟人弗罗施（Bob Frosch），弗罗施负责核试验探测办公室工作，告诉他高级研究计划局正在招人，他也在那个名单上。正好，弗罗施正准备提升为副局长，要找人接替他的位置。1966 年 4 月，卢卡西克到高级研究计划局工作，后来，弗罗施离开高级研究计划局，去了海军任研究与开发助理部长，卢卡西克也先后被提升为副局长、局长。

在卢卡西克担任局长的时候，正是高级研究计划局面临生存危机的时候，越南战争形成的压力非常大，预算受到消减，华盛顿的管理者，包括预算局，都认为新的想法变成现实要花很多钱，而且时间也很长，甚至难以看到效果，有时还会从国防研究与工程署传来取消高级研究计划局的消息。当时高级研

---

① JACOBSEN A. The Pentagon's brain[M]. New York：Hachette Book Goup，2015：228.

究计划局成立十余年，经过十多年的积淀，其文化和模式逐步形成，卢卡西克作为熟悉高级研究计划局管理运作的出色专家，以自己卓越而富有特色的管理能力带领高级研究计划局走出了低谷。

卢卡西克任局长后的一个重要任务是重建人们对高级研究计划局的信心，他首先从内部人员开始。他让每一个人在安排工作之前，都要用一张纸，写一些工作设想：如果你是局长，这件事会如何做。他认为，高级研究计划局的人都是优秀且有个性的人，如何协调并发挥每个人的积极性才是局长最重要的能力之一。他通过这种方式，收集了很多建设性的建议，而且让人们能够凝聚在一起，共同为高级研究计划局这个面临新生且勇于挑战未来的组织担当一份责任。

卢卡西克非常注重团队建设，希望团队之间有一种合理的接续和竞争，时刻让人的潜能能够不断涌出。高级研究计划局的人思想都非常活跃，大家为一个问题的解决可以提出很多不同的见解。他们与军种的人在一起开会，军种的人一般都会受不了他们七嘴八舌的气氛，也正是这样，他们才能提出与众不同的思想。卢卡西克认为，他非常愿意运用这种非线性的碰撞关系，他说，两种思想加和在一起所形成的结果，往往能够比两个单独思想所形成的结果要大。当把这种方式放大，比如把八九个特别有思想的人聚在一起，那么总体效应要远远高于单个不同的头脑所简单相加的结果。卢卡西克尊重不同人的看法，努力把高级研究计划局打造成一个非常有个性却也非常和谐的机构，就像家庭一样，让身在其中的人们关心它，关心它的事业，关心技术发展，关心如何避免技术突袭。

针对外界环境的影响，卢卡西克一直努力做出调整，力求保持高级研究计划局的特色和方向。他对办公室的结构进行了改变，将与越南战争有关的灵巧计划项目办公室与一些项目管理机构合并，把一些很好的思想隐藏其中，

成立了战术技术办公室，重建了 6.1（基础研究）①办公室。虽然《曼斯菲尔德法案》减少了长远的基础性项目预算，但是，卢卡西克积极与美国国家科学基金会协调，对一些重大的项目继续保持不间断的资助，对国家基础科学领域做出了重要贡献。在处理好总统、国防部长关心的弹道导弹防御、核禁试、战略平衡、空间等问题的同时，卢卡西克也提出，高级研究计划局需要能够自己产生问题，核心就是要有新的思想来提出问题，解决国家安全的重大问题，而且是未来的问题，当然这些问题也要与外部的重大系统项目相协调。

卢卡西克还深入思考了越南战争的问题，他认为，解决安全问题，需要考虑政治、经济等多种因素，高级研究计划局成立时，主要有苏联以及冷战的压力，这些问题很多都与技术有关，随着时间的流逝，很多问题并没有如此大的技术因素，它们还有社会、宗教、政治、文化等方面的因素，必须综合与平衡看待。比如与越南战争有关的灵巧计划项目，非技术的因素可能比技术的因素更多。他还强调，对技术人员来说，知道技术不能做什么、不能解决什么问题，是非常重要的。否则，你会浪费时间以及纳税人的钱，而且会产生精良技术不能解决问题所带来的挫败感。这些反映了作为一个技术主义者的宏观视野以及人文情怀。

乔治·H. 海尔迈耶（George H. Heilmeier，任职时间：1975—1977 年）

海尔迈耶是国防高级研究计划局第 8 任局长。海尔迈耶拥有宾夕法尼亚大学电气工程博士学位，毕业后在普林斯顿大学 RCA 实验室从事平板显示领域研究工作，曾发明液晶显示器。由于这个实验室官僚风气比较重，海尔迈耶快速推进液晶显示项目进展不太理想，他当时就想，如果在期望的领域丢

---

① 在美国国防预算分类中，第 6 类是"研究、开发、试验与鉴定"（Research, Development, Test and Evaluation，简称 RDT&E）科目，包括"6.1 基础研究""6.2 应用研究""6.3 先期技术开发""6.4 先期部件开发与原型样机""6.5 系统开发与演示验证""6.6 管理保障""6.7 作战系统开发""6.8 软件与数字化技术试点项目"8 个子类。

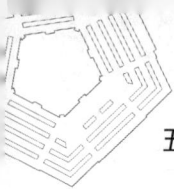

掉热情，那么还不如离开。后来，一个很好的机会，他就到了国防部担任助理部长，当时的国防部长是莱尔德。后又任国防研究与工程署助理署长，主要负责电子、物理学以及计算机方面的工作。

　　1974年下半年，柯里担任国防研究与工程署署长，他认为，一段时间以来，国防高级研究计划局在裁军、地理政治学方面投入了不少研究，为这样的软科学花费了很多时间、经费，这样的所作所为正在偏离它的使命。柯里想让国防高级研究计划局更加注重硬科学研究，就让海尔迈耶去领导国防高级研究计划局，以期能够改变现状，以便更好履行其使命。当时的国防高级研究计划局还有一些官僚作风，缺乏一种使命所要求的责任感。

　　海尔迈耶到任之后，也切身感受到国防高级研究计划局的问题，曾经有人跑到他办公室说，你不要问我们会提供什么样的结果，你只管投钱给我们就行了。有时，个别办公室主任会对他说，你不能对我手下的人交代事情，直接对我说就行。海尔迈耶认为这样的风气与科学家之间的要求格格不入，与国防高级研究计划局使命要求也不适应，他要极力扭转这种风气。他让每一个领导重新宣誓，重新认识自己的使命。他把重点放在改变资助结构上，强调要资助好的想法而不是某一个机构，海尔迈耶认为，只要有需要，只要一个人能够提出好的想法，就可以资助，不必关心他来自什么地方。

　　经过深入的讨论，海尔迈耶带领局内的项目管理人员和技术专家达成一致，把资助项目的判断制度化，形成一种提问手册，而且这些问题非常简洁，没有行话隐语，主要是："你想做什么？""当前其他人已经做了什么？主要局限是什么？""你的方案中真正创新的是什么？为什么你认为它能够成功？""假设获得了成功，它对国家安全与众不同的作用是什么？""其中的风险是什么？是否有降减计划？"后面还有"会花多长时间？""会花多少钱？""中期和结束时如何检验？"这些问题，这就是著名的海尔迈耶之问。

　　海尔迈耶还非常关注人的问题，他认为优秀的人才及优秀的团队是国防

高级研究计划局的关键和核心。他从前任局长那里获得了很好的建议，每天晚上下班回家之后，都进行反思，今天所做的工作能否为国防高级研究计划局带来更优秀的人。他从大学寻找那些需要改变的人，也从防务企业寻找那些想实现自己梦想的人。他提出，国防高级研究计划局的人在这里更多的是寻求乐趣，而不是金钱，其实，与其说是乐趣，不如说是效力、奉献、热情更确切。为了寻找到合适的人选，他动用了各种关系，甚至国防部长。国防高级研究计划局当时需要一个海军的人，海军不给，他就借用直接向国防部长施莱辛格汇报的时机，向部长说出他们关于人的事情，施莱辛格很支持，说我来解决，过了几天，海军就打来电话，说同意这个人到国防高级研究计划局来。

离开国防高级研究计划局后，海尔迈耶去了德州仪器公司。

罗伯特·佛森（Robert Fossum，任职时间：1977—1981 年）

佛森是国防高级研究计划局第 9 任局长。佛森到国防高级研究计划局是因为时任国防部研究与工程副部长佩里。佛森上大学时佩里是数学教授，毕业后他还在佩里创立的 ESL 公司国防电子实验室工作。佩里当上副部长后曾问过佛森是否愿意到他那里工作，佛森拒绝了，但佛森提出如果国防高级研究计划局局长的位子能空出来，他就愿意去干。1977 年 8 月，海尔梅耶想去工业部门，后来因为他负责的一个项目直到年底才离开，他走后，佛森就接替他了。以前，佛森的工作与国防高级研究计划局很多项目有关，对国防高级研究计划局了解甚多，觉得它是一个不一样的特殊机构，当时就设想，如果能够到政府部门工作，国防高级研究计划局无疑是首要的选择，没想到后来美梦成真。

初到国防高级研究计划局，佛森印象最深的是人，优秀的科学家和管理人员来来往往，非常忙碌，佛森很高兴能与这些人共事，觉得这是一群优秀的人的舞台。作为局长，佛森知道，在这里，每个人都是各行各业的专家，

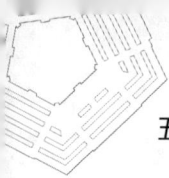

而不是通才。一个人再优秀，也不可能多方面都非常专长，只不过在一两个方面是专家，国防高级研究计划局局长是这样，局里的其他人也是这样，关键是如何尊重他们，让每一个人都能够发挥自己的专长，在这个平台上尽情展示。

国防高级研究计划局的人员很少，当时只有 75 名科学官员和 75 名管理人员，不可能四面开花，必须集中力量做一些重要事情。他举例说，国防高级研究计划局不应在硅集成电路上投入过多，因为工业部门自然会做这样的事情，而且他们甚至投入超过我们 20 倍，另一方面，我们需要重点关注砷化镓集成电路，因为这具有很强的军事特色，就必须投资。为了更好地展现他的思想，佛森把国防研究工作根据军事任务和技术情况分为 4 类，也可以说 4 个象限：一是现有的任务和现有的技术，需求清晰，容易识别，军种机构可以干得很好，国防高级研究计划局不应介入。二是为现有的技术发现新的军事用途或任务，国防高级研究计划局有军事人员一直在跟踪现有技术的最新发展，并为其寻找新的用处，由于没有明确的需求，在军种的范围内要找到新的实现想法非常困难。三是对现有的任务，要改造技术去实现它。四是新的任务和新的技术。国防高级研究计划局应该根据自己的定位去做自己应该做的事情，要敢于突破，不怕失败，如果国防高级研究计划局没有失败，那么它的工作就并没有触及技术的边界。

在佛森领导国防高级研究计划局期间，他很注意放权，通过放权处理好与军种之间的关系，调动手下人的积极性。每年，国防高级研究计划局都会和军种负责研究的助理部长签署一份简明协议，花 3 亿美元请军种机构代为监督国防高级研究计划局的项目，国防高级研究计划局只是确定来源选择、技术方向和节点控制。有些事情，军种也可以做，但是最后都是国防高级研究计划局在做，经常有人会问，为什么是国防高级研究计划局而不是军种，佛森认为，主要是国会不相信他们，因为国防高级研究计划局成功的关键是人，

特别是项目主管，他们注重放权，让权力分散化，那些项目主管都有很大的管理权。

上述 9 名局长作为国防高级研究计划局的开创者、建设者，他们始终面临着与军种的关系、短期研究与长期研究的关系、优秀人才的发现和激励等这些至关重要的问题，由于这些局长的卓越表现，在国防高级研究计划局前 20 年的发展中，它才能在不断的摇晃中逐步站稳脚跟、形成特色、产生巨大影响。比如，在越南战争期间，前线应急需求成为他们工作的直接来源，一度非常关注近期项目，但是总体来说，数位局长们也一直意识到这样的问题，一直在扭转发展方向，最终还是坚持了形成技术突袭的鲜明导向，始终走在国防科技的前沿地带。国防高级研究计划局也非常重视人的问题，甚至把优秀的人才作为国防高级研究计划局存在的灵魂，人的问题也是一个影响长远的问题，多任局长都为之不断努力，以致能够形成一个优秀人才和新鲜思想的旋涡，不断地发现更多的人才、吸引到更多志同道合的人。

第五节　军种典型科技官员

军种科研机构是美军军内科研的主体，每个军种从上到下都有非常庞大的科研组织体系，一般来说，在军种领导层面，每个军种都有一位助理部长负责研发工作，名称不尽相同，陆军是负责采办、后勤与技术的助理部长，海军是负责研究、开发与采办的助理部长，空军是负责采办、技术与后勤的助理部长。每个军种各有一个管理研究资助的机构，陆军和空军的机构一般翻译为研究办公室，海军的一般翻译为海军研究局，主要是考虑海军研究局成立时间早，在美国、美军科技发展史上影响大，陆军和空军研究办公室都是各自研究实验室的下属机构，而海军恰恰相反，海军研究局是海军研究实验室的上级管理机构。每个军种都有一系列研发实验机构，根据美国国防部第 3201.01 号指令《国防部研发实验室的管理》，这些实验室主要开展研究、开发或工程活动，包括作战中心、研发与工程中心、系统中心及其他类似实体。考虑军种代表性、机构差异性和机构影响力等因素，在这些众多的机构和科技官员中，每个军种选取一类典型科技官员进行研究，主要是陆军采办、后勤与技术助理部长，海军研究局局长，空军研究实验室主任。

一、陆军采办、后勤与技术助理部长

陆军负责采办、后勤与技术的助理部长担任陆军采办主管，也是陆军部长的科学顾问、陆军高级研发官员，负责执行陆军的采办职能，包括陆军武器系统的生命周期管理和维护以及研发计划，并管理陆军采办队伍。该助理部长一般从文职人员中任命，要求有扎实的科学（工程）背景，熟悉军事事务和军民关系，具有丰富的领导和管理经验，有联邦预算、采办和专业人员管理的背景或经验。从设立以来，共有 7 人担任过这一职位（受官员主动离职、任命程序复杂等因素影响，个别时间段未正式任命负责采办、后勤与技术的助理部长，由代理官员负责相关工作，本书未将这些代理官员纳入统计，故表中任职时间不连续）（表 2.3）。

表 2.3 陆军采办、后勤与技术助理部长基本情况

序号	任职时间	姓名	主要经历
1	1998—2001 年	保罗·J. 霍珀（Paul J. Hoeper）	美国海军导弹和反潜系统采办顾问、金融公司总裁、国防部负责国际和商业项目官员
2	2002—2008 年	小克劳德·M. 博尔顿（Claude M. Bolton Jr.）	美国空军服役，F-22 项目办公室项目主任，F-16、B-2 项目管理人员，国防系统管理学院院长，空军采办计划执行官

续表

序号	任职时间	姓名	主要经历
3	2010—2011 年	马尔科姆·罗斯·奥尼尔（Malcolm Ross O'Neill）	美国陆军服役、美国陆军支援司令部助理参谋长、DARPA 项目管理人员、国防部长办公厅动能武器主任、弹道导弹防御组织主任、洛克希德·马丁公司首席技术官
4	2011—2016 年	徐若冰（Heidi Shyu）	休斯飞机公司工程师，雷声公司技术和研究副总裁、空间和机载系统技术战略副总裁，△国防部研究与工程副部长
5	2016 年 2—11 月	卡特里娜·麦克法兰（Katrina McFarland，代理）	海军陆战队工程师、国防采办大学校长、导弹防御局采办总监
6	2018—2021 年	布鲁斯·D. 杰特（Rruce D. Jette）	美国陆军服役、陆军参谋长科学顾问、陆地战士计划项目主任、陆军快速装备部队小组创始主任
7	2021 年至今	道格拉斯·R. 布什（Douglas R. Bush）	美国陆军军官，国会议员办公室工作人员，众议院军事委员会副参谋长，陆军采办、后勤与技术助理部长首席帮办

注：△代表担任陆军采办、后勤与技术助理部长以后的任职经历。
数据来源：美国陆军官方网站、美国国会官方网站、Wikipedia 等。

2021 年 8 月，曾担任过陆军采办、后勤与技术助理部长的徐若冰宣誓就任美国国防部研究与工程副部长。徐若冰 1953 年出生于中国台北，祖籍浙江安吉，11 岁移民美国，先后就读于加拿大新不伦瑞克大学、多伦多大学和美国加州大学，拥有数学专业学士和硕士学位、电气工程硕士学位、荣誉理学博士学位。因在创新性雷达、光电和红外系统等领域的突出成就，2019 年当选美国国家工程院院士。

徐若冰先后在休斯飞机公司、格鲁曼公司、利顿工业公司任职，担任项目主任、首席工程师等职务。之后在雷声公司工作 20 余年，专注于太空、电

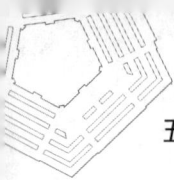

子战及无人驾驶技术等领域，先后担任电磁系统实验室经理、联合攻击战斗机天线技术总监、联合攻击战斗机综合雷达／电子战传感器主任、联合攻击战斗机项目高级总监、无人战车项目高级总监、无人和侦察系统副总裁、航天和机载系统副总裁兼技术总监、技术和研究副总裁（负责确定公司研究方向）、太空和机载系统技术战略副总裁等职务，曾被誉为 F-35 战斗机雷达之母。曾在多家小型初创公司董事会任职，深刻了解小型创新公司与国防部开展业务时面临的困境。还为十余家公司提供咨询服务，并在多个董事会任职。如担任 ROBOTEAM（机器人公司）北美子公司和普拉桑公司（汽车防护公司）北美子公司董事会主席；航空航天公司（联邦资助的研发中心）、VK 集成系统公司（手持武器系统软硬件制造商）等公司董事会成员；升空资本公司（专注于下一代空中交通的风险投资公司）、林思资本公司（专注于交通、能源等的股权投资公司）顾问委员会委员等。

徐若冰深度参与美军科技咨询与管理工作。2000—2010 年，徐若冰在美空军科学顾问委员会任职近 10 年，并于 2005—2008 年担任委员会主席，专业能力得到美国政府、军方、学术界的高度认可和重视。该委员会由美顶级科学家组成，职责是为美空军技术装备发展提供独立咨询，直接向空军部长和参谋长报告。奥巴马任内，徐若冰于 2010 年担任美陆军负责采办、后勤与技术的首席助理部长帮办，2011—2016 年担任美陆军负责采办、后勤与技术的助理部长职务，被称为美陆军装备研究与采办"第一人"，其间曾获得国防部杰出公共服务奖章、陆军杰出文职服务勋章等荣誉。

二、海军研究局局长

海军研究局成立于 1946 年 8 月，主要职责是协调和实施美国海军和海军陆战队的先进科学技术项目，为海军部长和海军作战部长提供技术建议或技

术咨询，并维持政府、学术界和工业界的伙伴关系，支持美国海军和海军陆战队的未来军事行动。海军研究局之所以与其他军种的研究办公室地位有所不同，很大程度上源于其在历史上的重要作用。在美国科学研究基金会成立之前，海军研究局几乎是全美支持基础研究的最大科研管理机构。第二次世界大战后，原子能委员会兴盛之前，海军研究局是美国国内新物理学研究项目的第一赞助人，资助了大学校园内的大部分粒子加速器项目。至 1949 年早期，"海军研究局在大约 200 家机构中开展了 1131 个项目，3/4 的项目着眼于物理科学，包括低温物理、宇宙射线、白矮星相关研究，回旋加速器项目，以及关于粒子加速器的其他研究。此外，海军研究局还为癌症诊断和蛋白质结构研究提供资金支持。总的来说，海军研究局保障了全国 40% 的基础科学研究，并因此而备受称赞。"[①]。

由于海军研究局在第二次世界大战后资助研究工作成效卓著，在国防领域甚至全国研究界影响很大，在多次国防部和海军的机构调整改革中都得以保存，在冷战后美军大幅度科研机构调整中，海军研究局不仅没有被调整合并，而且还吸收了海军技术局、海军高级技术局等机构，把业务范围从原来的基础研究扩展到应用研究以及先期技术开发等阶段。在长期发展过程中，海军研究局经历了 26 任局长，这些官员在海军科研工作中发挥了富有特色的引领作用（表 2.4）。

表 2.4　历任海军研究局局长基本情况

序号	任职时间	姓名	主要经历
1	1946—1947 年	哈罗德·加德纳·鲍恩（Harold Gardiner Bowen）	舰队军官，"霍普金斯"号工程军官，马雷岛海军造船厂工程师，海军工程局助理局长、局长，海军研究实验室主任

① 罗伯特·布德瑞. 21 世纪海军创新：冷战后的美国海军研究局 [M]. 黄林，刘小妹，译. 北京：海潮出版社，2016：32.

序号	任职时间	姓名	主要经历
2	1947—1949 年	保罗·F. 李（Paul F. Lee）	美国驻伦敦海军助理武官、海军舰艇局工作人员、驱逐舰任务军官
3	1949—1951 年	索瓦尔德·A. 索尔伯格（Thorvald A. Solberg）	"塔科马"号巡洋舰服役、美国船舶管理局任职、海军舰艇局研究与标准部主任
4	1951—1953 年	卡尔文·马修斯·博尔斯特（Calvin Matthews Bolster）	海军飞行员、海军研究副主任助理、海军部航空局助理首席研发官、△通用公司工业研发总监
5	1953—1956 年	弗雷德里克·R. 福思（Frederick R. Furth）	海军作战部副部长，△法恩斯沃思电子公司总裁助理、负责研发的副总裁
6	1956—1961 年	罗森·贝内特二世（Rawson Bennett II）	航空母舰军官、第九驱逐舰中队指挥官、海军舰艇局无线电分部水声设计部门主任、海军电子实验室主任、海军舰艇局助理局长
7	1961—1964 年	小列奥尼达·迪克森·科茨（Leonidas Dixon Coates Jr.）	航空母舰飞行员，道格拉斯飞机公司海军航空局代表，太平洋舰队空军司令部飞机材料官，海军航空局飞机处副处长、导弹处处长，大西洋舰队空军司令部维修和器材军官，海军航空局负责研究与开发的助理局长、副局长，海军作战部长办公室发展规划部门负责人
8	1964—1968 年	约翰·莱顿（John Leydon）	海军飞行员、海军舰艇指挥官、特伦顿空气涡轮试验站主管、海军器材司令部副司令
9	1968—1970 年	托马斯·巴伦·欧文（Thomas Barron Owen）	海军太平洋舰队军官，海军人事局军官，长滩海军造船厂船体维修助理主管，海军舰艇局应用科学处处长、研发与计划处处长，海军研究与发展办公室助理主任，海军研究实验室主任，△美国国家科学基金会国家和国际项目助理主任，仙童航天电子公司项目规划经理

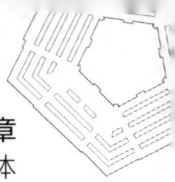

序号	任职时间	姓名	主要经历
10	1970—1973 年	卡尔·O.霍尔姆奎斯特（Carl O. Holmquist）	马里兰州海军航空测试中心飞行测试首席工程师、中国湖海军武器试验基地实验官、海军训练设备中心指挥官、海军航空系统司令部执行主任、海军研究局副局长
11	1973—1975 年	迪克·范·奥登（M. Dick Van Orden）	航空母舰炮手、"塔纳格尔"号扫雷舰炮手、领航员、工程师，中央情报局军官，海军电子实验室项目主任，国防通信局电子研发主管，海军船舶局和海军电子系统司令部卫星通信项目主任，海军电子实验室指挥官，海军电子系统司令部副司令
12	1975—1978 年	罗伯特·基思·盖革（Robert Keith Geiger）	海军飞行中队飞行员、海军空间项目主任、海军作战部长办公室太空与指挥支援分部负责人、△科学应用公司经理
13	1978—1981 年	阿尔伯特·巴乔科（Albert Baciocco）	海军多个舰艇工程师，第 42 潜艇支队指挥官，第 6 潜艇大队指挥官，查尔斯顿海军基地司令，潜艇作战局参谋长、局长，△海军装备司令部副司令，海军作战部长办公室研究、开发、试验与鉴定主任
14	1981—1983 年	L. S. 科尔莫根（L. S. Kollmorgen）	"小鹰"号航空母舰服役、"游骑兵"号航空母舰任职
15	1983—1987 年	布拉德·穆尼（Brad Mooney）	"门哈登"号攻击型潜艇指挥官、海军特遣部队战术指挥官、奥兰多海军训练中心指挥官
16	1987—1990 年	小约翰·R.威尔逊（John R. Wilson Jr.）	海军飞行员、第 14 航空联队指挥官
17	1991—1993 年	威廉·C.米勒（William C. Miller）	护卫舰、驱逐舰指挥官，海军研究实验室指挥官

序号	任职时间	姓名	主要经历
18	1993—1996 年	马克·佩莱斯 （Marc Y. E. Pelaez）	"图尼"号潜艇工程军官、海上系统司令部潜艇研发助理、"太阳鱼"号攻击型核潜艇指挥官、先进潜艇技术项目主任、△纽波特纽斯航运公司工程副总裁
19	1996—2000 年	保罗·G. 加夫尼二世 （Paul G. Gaffney II）	海军研究实验室任职、海军气象与海洋司令部司令、△国防大学校长
20	2000—2006 年	杰伊·M. 科恩 （Jay M. Cohen）	常规潜艇和核潜艇服役、海军立法事务局副局长、△国土安全部科学技术部副部长
21	2006—2008 年	威廉·E. 兰戴三世 （William E. Landay III）	美国运输司令部指挥、控制、通信、计算、情报（C4I）项目官员、"宙斯盾"项目办公室项目主任、近海与水雷战项目执行官员、△国防安全合作局局长
22	2008—2011 年	小内文·P. 卡尔 （Nevin P. Carr Jr.）	"宙斯盾"项目需求官、海军水面作战系统和武器处副处长、海军负责国际项目的助理部长帮办、△雷多斯（Leidos）公司副总裁兼海军战略客户主管
23	2011—2014 年	马修·L. 克朗德 （Matthew L. Klunder）	海军飞行员，联合参谋部 J–3/ 国家军事指挥中心官员，联合参谋部派驻国务院的联络官，第二舰载机联队指挥官，海军负责作战、规划和战略的副部长所属信息、计划和安全处副处长
24	2014—2016 年	马蒂亚斯·W. 温特 （Mathias W. Winter）	海军飞行军官，F-35 综合飞行和推进控制系统总工程师，战术飞机项目执行官办公室主任，海军空战中心武器处指挥官，△ F-35 联合项目办公室副项目执行官、执行官
25	2016—2020 年	大卫·J. 哈恩 （David J. Hahn）	第 12 潜艇中队工程师、美国参议员约翰·华纳的工作人员和立法研究员、先进潜艇研发与联合试验鉴定负责人和项目主任

序号	任职时间	姓名	主要经历
26	2020 年 5 月 至今	洛林·C.塞尔比 （Lorin C. Selby）	多个舰艇担任部门指挥官，美国众议院海军联络办公室副主任，潜艇成像和电子战系统项目办公室和先进海底系统项目办公室的项目主任，海上系统司令部负责船舶设计、集成和工程的副司令

注：△代表担任海军研究局局长以后的任职经历。

数据来源：美国海军官方网站、美国海军研究局官方网站等。

  海军研究局的发展与科技官员的作用密不可分。从酝酿奠基开始，到冷战后的大幅度调整，不同的人员都在关键的时期起到了关键的作用。在酝酿阶段，一群外号为"猎鸟犬"的青年军官功不可没。第二次世界大战期间，美国海军为了协调与科学研究与发展局的工作，更好更快地将民间科学家的建议和成果引入海军，海军部长弗兰克·诺克斯在海军内部建立了一个与之平行的机构——研发协调局。该局的具体任务是在科学研究与发展局及其他民间机构、海军的相关职能局之间担当沟通的桥梁，并就与海军相关的研究事务为海军部长提供咨询。当时的研发协调局聚集了一群富有激情的年轻军官，这些人大多数具有技术领域博士学位，战争期间在海军部长办公厅工作过，能够在复杂的官僚机构周旋协调、推动解决问题，该局局长、曾任麻省理工学院教授的杰罗姆·C.亨塞克给他们起了"猎鸟犬"的形象绰号。战争快结束时，海军研发协调局的这些"猎鸟犬"们就开始酝酿战后的工作，他们考虑科学研究与发展局将在战后解散，为了保持海军与广泛研究机构和科学家之间的联系，计划成立海军研究局，并构想出组织结构图。但是，新任海军部长福莱斯特对这一构想进行了调整，成立了研究发明局，1945 年 5 月，研发协调局、海军研究实验室等机构一并划入。在海军各方的努力下，1946 年 8 月，根据国会通过的第 588 号公法，成立海军研究局，法案用语几乎全部采

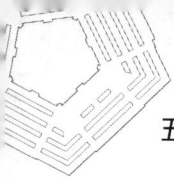

用了"猎鸟犬"们在 1945 年起草的方案内容。成立章程中写道："鉴于认识到科学研究对于保有和发展未来海军实力、保护国家安全的至高重要性，从而计划、促进、鼓励科学研究。"[①] 海军研究局成立初期，吸引和培养了一批具有很高声望的科学家，1950 年 5 月国家科学基金会正式成立，出任第 1 任主席的是海军研究局首席科学家沃特曼，国家科学基金会 10 位高层中有 7 位具有海军研究局或海军背景。

　　冷战结束后，美军科研机构迎来整合潮，海军科研管理机构也面临着合并的问题，海军研究局局长的角色非常关键。1990 年夏，威廉·C. 米勒少将担任海军研究局局长。米勒从海军军官学校毕业后赴部队任职，在驱逐舰上服役，后来又争取机会攻读更高层次的学位，先后获得斯坦福大学电机工程学硕士与博士学位。米勒在海上与陆上担任过许多不同职位，他指挥过两艘水面舰艇，还在母校海军军官学校任过教。他从事过科技管理工作，曾任海军隐形技术办公室主任，出任过海军研究实验室领导。当时，海军研究局偏基础研究，项目对应的预算类别主要为 6.1，海军技术局负责应用研究，项目对应的预算类别主要为 6.2，海军高级技术局负责先进技术开发，项目对应的预算类别主要为 6.3，在这 3 个单位基础上，合并成立新的海军研究局。在新的海军研究局重组问题上，米勒认为按照预算类别划分组织并不是确保海军能够尽快获得新技术的最佳方法，不同组织互不联系，反而会降低新技术的交付速度，同时亦有损海军研究局在海军中的形象，于是，他大胆改革，按照研究领域或学科划设部门，这样，团队或个人就可以从初始到交付阶段对概念进行全程管理，这样的组织结构不仅会提高效率、节约资金，也会促使技术更快速、更顺利地向实际应用转化。同时，人员总数要从近 400 人缩减

---

① 罗伯特·布德瑞. 21 世纪海军创新：冷战后的美国海军研究局 [M]. 黄林，刘小妹，译. 北京：海潮出版社，2016：31.

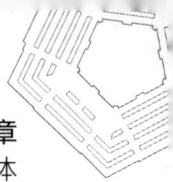

至近 300 人。根据调整结果，当时所有的科技类项目经整合后划入五大新设立的技术部门，或归入相应代号序列，调整结果如下：

代号 31：信息、电子、警戒部；

代号 32：海洋、大气、太空部；

代号 33：工程、材料、物理科学部；

代号 34：人类系统部；

代号 35：特种作战部；

代号 36：工业和企业项目部。

第六大部门为非科学类部门，专事海军研究局与学术界、企业界之间的关系发展。除了代号 36，每个业务部都由一位文职科学家领导，为强调与舰艇部队密切联系的必要性，每个科技部门还配备了海军上校军衔的副部长。

杰伊·M. 科恩将军于 2000 年 5 月担任海军研究局局长，并在这一岗位上任职近 6 年，几乎相当于任何一位前任局长的两倍任期，同时也在海军研究局大刀阔斧搞改革，开创了新世纪海军研究局发展的新面貌。科恩从海军军官学校毕业后，成为一名潜艇军官，工作后不久，重返校园继续学习，取得麻省理工学院的联合海洋工程学学位、轮机与船舶工程理科硕士学位。20 世纪 80 年代后期，科恩荣升为 USS "海曼 G. 里科弗" 号（SSN–709）核潜艇艇长，后来担任 "L.Y. 斯皮尔" 号（AS–36）的舰长，带领该舰参加了 "沙漠风暴" 行动。除了舰艇指挥经历，科恩曾在五角大楼为海军情报局长担任过一段时间的作战支援主任，还在海军部长办公室任过海军首席法律顾问。1997 年，科恩晋升为海军少将，出任联合参谋部作战部副部长，两年之后，任海军 "千年虫" （Y2K）项目办公室主任，之后被任命为海军研究局局长。

科恩在海军研究局局长任上推行大刀阔斧的改革，参照大名鼎鼎的 "臭鼬工厂" 模式，打破传统按部就班的方式，实施 "沼泽工厂" 计划，他的目标是要利用 "沼泽工厂" 团队开展高风险高回报的项目，这些项目往往具有

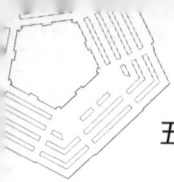

突出的非传统特点，不能采用传统方式来组织管理。起初每年划拨给"沼泽工厂"的经费只有几百万美元，很快就上升到了约 2000 万美元，该计划所有经费均来自 6.3 先进技术开发预算，要求快速创造出样机，甚至将试验产品交付给作战部队进行试验与评估，从而加速采办过程。无论是从风险性还是从大幅缩短项目周期来看，"沼泽工厂"运作方式与海军研究局的项目管理现状大相径庭，被很多人称为"特赦区"，"沼泽工厂"的开山之作叫"蜂群"，该项目以"群体智能"理念为基础，旨在创造批量小型机器人装置，通过相互合作完成各种任务，例如拆除燃料舱从而减少人员伤亡。科恩还打造形成了具有颠覆性意义的"海军创新型样机计划"，这个计划旨在发现突破性技术和项目，并开展相关研发工作，最早的两个项目分别是电磁轨道炮和战术卫星，其中，电磁轨道炮是舰载发射的超高速投射武器，由海军研究局与陆军、国防部高级研究计划局联合投资；战术卫星是一种造价不足 2000 万美元的战术卫星，可在 24 小时内完成发射，3 颗卫星可组成一个星群，向指定区域提供 24 小时电子情报和通信覆盖。为了使海军研究局能够适应新的反恐时代的需要，科恩对研究局的组织架构进行了改革，突出了对海军任务的响应能力。

代号 30：远征作战与抗击恐怖主义部；

代号 31：指挥、控制、通信、计算、情报、警戒及侦察部；

代号 32：海洋战场感知部；

代号 33：海战与武器部；

代号 34：战士表现部；

代号 35：空战与武器部。

增加了一个业务部，代号 30 部，主要是考虑加强对海军陆战队任务需求的响应。科恩这么做的意图在于使海军与海军陆战队（从高级军官到入伍人员）、大学教授或者工业领域中的人，只要看海军研究局的部门名称就可以

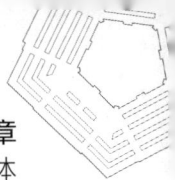

很容易地知道哪个部可能与自己关心的领域相关。同样重要的是，这一新架构也与海军未来能力及海军创新型样机项目一样，在设计上与《21世纪海上力量》的支柱及核心内容相适应，例如，指挥、控制、通信、计算、情报、警戒及侦察部，海洋战场感知部，空战与武器部即分别对应支持部队网、海上盾牌与海上打击。[①]

三、空军研究实验室主任

冷战后，在美国国防部管理改革中，空军科研管理组织体系也经历了一系列变革。1990年12月，空军14个实验室调整合并为4个实验室，即：①赖特实验室，由赖特–帕特森空军基地原有5个研究所和埃格林空军基地的空军军械研究所合并而成；②菲利普斯实验室，由柯特兰空军基地的武器研究所、汉斯科姆空军基地的地球物理研究所和爱德华兹空军基地的航天学研究所合并而成；③罗姆实验室，由原设在格里菲斯空军基地的罗姆航空发展中心改组而成；④阿姆斯特朗实验室，由军人资源研究所、毒品试验研究所、职业与环境卫生研究所和阿姆斯特朗航天医学研究所合并而成。1992年，空军系统司令部和空军后勤司令部合并成立空军装备司令部，1997年10月，上述4个实验室与空军装备司令部的空军科学研究局一起，重组为一个超级研究实验室——空军研究实验室（Air Force Research Laboratory），空军科学研究办公室成为其中的一个重要机构。空军研究实验室的主要领导有指挥官、执行主任和首席技术官，截至2024年9月，共有8任执行主任（表2.5）。

① 罗伯特·布德瑞. 21世纪海军创新：冷战后的美国海军研究局 [M]. 黄林，刘小妹，译. 北京：海潮出版社，2016：144.

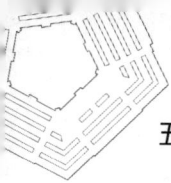

表 2.5 空军研究实验室历任执行主任基本情况

序号	任职时间	姓名	主要经历
1	1997—2000 年	唐纳德·C. 丹尼尔（Donald C. Daniel）	国防大学技术与国家安全政策中心教授，空军负责科学、技术和工程的助理部长帮办
2	2000—2003 年	——	——
3	2003—2008 年	莱斯特·麦克福恩（Lester McFawn）	俄亥俄州赖特－帕特森空军基地航空电子实验室高级工程师、项目主任、系统集成部主任，空军研究实验室传感器研究部主任、空军装备中心计划与项目主任
4	2008—2013 年	乔·希亚比卡（Joe Sciabica）	加利福尼亚州爱德华兹空军基地空军火箭推进实验室机械工程师兼项目主任、空军宇航实验室空间技术计划官、德克萨斯州圣安东尼奥－拉克兰联合空军基地空军土木工程中心主任、空军研究实验室传感器研究部主任
5	2013—2015 年	里奇·L. 彼得斯（Ricky L. Peters）	俄亥俄州赖特－帕特森空军基地飞行动力学实验室飞机生存能力测试工程师、项目主任，空军装备司令部空中、太空与信息作战副主任，空军研究实验室集成和运营部副主任、航空科学部主任，田纳西州阿诺德空军基地阿诺德工程发展中心执行主任
6	2015—2017 年	道格拉斯·埃伯索尔（Doug Ebersole）	空军装备司令部作战部特种试验任务处处长、航空系统中心第 478 航空系统联队 F-22 工程主任、联合攻击战斗机项目办公室工程主任、空军研究实验室航空航天系统部主任
7	2017—2021 年	杰克·布莱克赫斯特（Jack Blackhurst）	空军研究实验室规划计划部空间部门主管，布鲁克斯空军基地人类系统中心培训系统处处长、皮斯空军基地第 509 轰炸机联队战术通信主管，空军负责采办、技术与后勤的助理部长帮办，空军研究实验室人类效能部主任，空军研究实验室规划计划部主任

续表

序号	任职时间	姓名	主要经历
8	2021 年至今	蒂莫西·萨库利奇（Timothy Sakulich）	美国空军服役、空军研究实验室 711 人员效能部战略规划和转型办公室主任、711 人员效能部副主任、空军研究实验室材料与制造部主任

注：——代表姓名或主要经历不详，未在公开渠道获得信息。
数据来源：美国空军官方网站、美国空军研究实验室官方网站等。

空军研究实验室首席技术官是空军研究实验室指挥官的首席科学和技术顾问，负责规划和执行空军科学技术项目、进行人才管理等。蒂莫西·J.邦宁（Timothy J. Bunning）于 2020 年 3 月就任空军研究实验室首席技术官，拥有康涅狄格大学化工专业博士学位，自博士生阶段就参与空军研究实验室材料与制造部的研究工作，曾以合同人员身份在材料与制造部工作 6 年，后转为文职，长期供职于该研究部，担任过研究室科学家、各级主管及研究领导职位，2015 年升任材料与制造部首席技术官。

希瑟·L.普林格尔（Heather L. Pringle）准将于 2020 年 6 月就任空军研究实验室指挥官，拥有美国空军学院理学学士学位，伊利诺伊大学厄巴纳香槟分校工程心理学硕士学位、哲学和工程心理学博士学位，空军指挥与参谋学院军事作战艺术与科学硕士学位，历任空军研究实验室作战人员训练研究处副处长、阿富汗国际安全援助部队政治顾问办公室主任、空军国际事务秘书、第 555 国际装备中队指挥官、联合参谋部 J–8 项目和预算分析办公室副主任和分析处处长、第 377 联队副指挥官、空军参谋长执行军官、第 502 空军基地联队和联合基地指挥官、空军装备司令部战略规划计划需求和分析主任、空军负责规划计划的副参谋长。

第三章

美军典型科技官员的任职来源

一

以文职人员为主体的美军科技官员具有很强的流动性，大学、企业研发机构和国家科研机构为这些官员任用提供了主要来源和选择。在科技官员遴选和任用过程中，科技管理职位、项目管理经验、国防领域经历及重点技术发展变化，都是科技官员任职来源的重要影响因素。同时，在国家安全和国家利益的导引语境下，爱国主义和社会责任感为科学家进入国防领域提供了情感驱动，国防任务中的机缘巧合提供了工作机遇，联邦层面为跨机构人员流动提供了政策保障。

第一节　美军典型科技官员主要来源机构

"科学变成一种专门职业和科学家角色的逐渐形成，是和高等教育的发展（主要是大学和大学教师的岗位）、工业的发展（工业中研究室的出现）及政府、国家事业的发展（国家直属的科研机构的兴起）分不开的，正是大学教育、工业研究和国家事业研究为科学家职业活动提供了广阔的天地，使科学这种体制成为社会中的重要体制，使科学家角色成为社会中举足轻重的角色。"[1] 国防科学体制是美国社会科学体制的重要组成部分，作为事关国家安全的领域，国防科学体制需要从大学、企业和其他政府机构吸引精英人才，科技官员就是其中的典型代表。

一、历史背景

第二次世界大战以前，战争部（相当于陆军部）和海军部都在自己的管理体系内建立了众多的制造机构，如战争部的春田兵工厂（1794 年建立）、华特弗里特兵工厂（1813 年建立）、沃特顿兵工厂（1816 年建立）、弗兰克福兵工厂（1816 年建立）等[2]，海军部的海军造船厂（1800 年建立）、海军飞机制造厂（1917 年建立）等。随着技术的发展，这些制造机构慢慢建立了从事试验、测试等工作的内部研究部门，这种研究、开发和生产的密切合作是一段时期军种技术创新的一个标志性特点。后来，这些内部研究部门纷纷

---

[1]　刘珺珺. 科学社会学 [M]. 上海：上海科技教育出版社，2009：90.

[2]　LASSMAN T C. Sources of weapon systems innovation in the Department of Defense：the role of in-house research and development，1945-2000[M]. Washington：DIANE Publishing Company，2008：11.

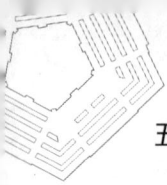

独立出来，成为专门的研发机构，为军种的科技创新提供主要支持，军种内部也形成了一支科技管理队伍。

第二次世界大战期间，美国的兵工厂、造船厂和军队内部的实验室系统没有足够的资源支持战时动员，由于战争的需要，联邦政府通过科学研究与发展局，依靠民间企业、大学开发了大量技术和武器。冷战期间，大量企业和大学参与到国防研究与开发之中，包括研制了原子弹的洛斯阿拉莫斯实验室，像芝加哥大学、哈佛大学、加州大学伯克利分校这样的 300 所大学，350 个非营利组织，1400 家防务承包商，以及像私人基金会这样的组织。到 1964 年，超过 30 000 名政府部门的科学技术人员，以及超过 120 000 名工业界科学技术人员参与到国防研究与开发工作中，使用着国防部接近 15% 的预算数额。到 1966 年，几乎美国三分之一的科学家和工程师都参与到导弹和飞行器的研究与开发工作中[①]。

战争的需要扩大了国防科学家队伍，冷战的发展进一步巩固了科学界参与国防研发的制度，科学家不仅可以在自己熟悉的大学、企业通过承担任务为国防服务，也可以进入国防部门，成为政府管理人员，在更高层次、更大范围为国防服务。另外，国防科技管理也是整个美国国家科技活动的一部分，本质上是对科技活动的管理，虽然美军内部也有科研机构和研发队伍，但规模、领域都局限在军队有限范围内，从内部产生科技官员，要受到选择基数、专业多样性、研发经验等因素限制，因此，为了提高国防部科技管理的能力水平，就需要从全国范围内寻找和选择合适的科学家来担任科技官员。

科学活动本身的发展也为国防部科技官员的选任提供了来源。由于现代科学变为大科学，其结构也变得复杂起来。在现代，科学家分布于大学的教

---

① JONES W D. Arming the eagle: a history of U.S. weapons acquisition since 1775[M]. Virginia: Defense Systems Management College Press, 1999: 363.

学与研究单位——系及相关的研究所、工业系统和政府所属实验室以及进行纯学术研究的独立研究所，这些研究机构都是科学家从事科学研究活动的实体组织，科学家居于其中不同的职业岗位。[①] 美国科学社会学家巴伯根据科学家任职单位和组织的不同，将科学家分为 3 种：一是在大学与学院中任职的科学家，以研究和教学为主要内容，偶尔也有科学家兼任研究所所长、系主任等教学管理职位。二是在工业和商业企业中任职的科学家，隶属于企业，获得企业的科研资助，完成企业交予的科学任务，双方之间的关系是雇佣关系。三是在政府中任职的科学家，主要担任科学顾问，为政府提供决策参考，也直接参与政府交予的研究课题，但自由选择的余地不大。[②] 大学、工业研发部门、国家所属科研机构为科学家职业活动提供了广阔的天地，它们既是科学体制的重要组成部分，也是科技官员的重要来源机构。

从总体上看，美军科技官员主要来源于大学、工业研发部门、政府科研机构。以国防高级研究计划局为例，截至 2024 年的 23 任局长中，每个局长的任职经历都比较复杂，有的涵盖上述 3 类机构，从担任局长前的来源机构看，也主要从上述 3 类机构选任，其中，9 任局长直接来自于企业，4 任局长直接来自于大学，10 任局长从政府（国防）部门相关机构选任，这些来自政府机构的局长的任职经历也包括大学和企业（表 3.1）。

表 3.1　国防高级研究计划局局长来源机构统计表

来源分类	任次	姓名	来源机构及担任职务
企业	第 1 任	罗伊·W. 约翰逊（Roy W. Johnson）	通用电气公司总经理、执行副总裁

---

① 刘珺珺. 科学社会学 [M]. 上海：上海科技教育出版社，2009：114.

② 伯纳德·巴伯. 科学与社会秩序 [M]. 顾昕，郑斌祥，赵雷进，译. 上海：生活·读书·新知三联书店出版社，1991：120.

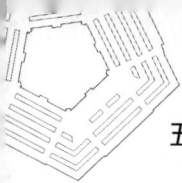

续表

来源分类	任次	姓名	来源机构及担任职务
企业	第10任	罗伯特·库伯（Robert Cooper）	卫星业务系统公司工程副总裁
	第11任	罗伯特·C.邓肯（Robert C. Duncan）	宝丽来公司工程副总裁
	第14任	维克多·H.里斯（Victor H. Reis）	科学应用国际公司战略规划副总裁
	第17任	弗兰克·费尔南德斯（Frank Fernandez）	艾依提克环境监测（AETC）公司创始人兼总监
	第18任	安东尼·J.特瑟（Anthony J. Tether）	红杉集团首席执行官兼总裁
	第19任	里贾纳·E.杜甘（Regina E. Dugan）	红十字国防公司（RedXdefense）创始人
	第20任	阿尔提·普拉巴卡尔（Arati Prabhakar）	英特沃尔研究公司（Interval Research）总裁
	第22任	维多利亚·科尔曼（Victoria Coleman）	阿特拉斯人工智能公司（Atals AI）首席执行官
大学	第4任	罗伯特·L.斯普劳尔（Robert L. Sproull）	康奈尔大学原子和固态物理实验室主任和材料科学中心首任主任
	第7任	斯蒂芬·J.卢卡西克（Stephen J. Lukasik）	史蒂文斯理工学院计算机中心主任
	第9任	罗伯特·R.福萨姆（Robert R. Fossum）	海军研究生院科学与工程学院院长
	第23任	史蒂芬妮·汤普金斯（Stefanie Tompkins）	科罗拉多矿业学院负责研究与技术转化业务的副院长
政府（国防）部门	第2任	奥斯丁·W.贝茨（Austin W. Betts）	国防部长导弹问题特别助理的军事顾问
	第3任	杰克·P.瑞纳（Jack P. Ruina）	国防研究与工程署副署长
	第5任	查尔斯·M.赫茨菲尔德（Charles M. Herzfeld）	高级研究计划局助理局长

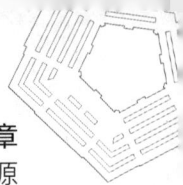

续表

来源分类	任次	姓名	来源机构及担任职务
政府（国防）部门	第6任	埃伯哈特·里希廷 （Eberhardt Rechtin）	国家航空航天局喷气推进实验室研究员
	第8任	乔治·H.海尔迈耶 （George H. Heilmeier）	国防研究与工程署助理署长
	第12任	雷蒙德·S.克拉戴（Ray S. Colladay）	国家航空航天局副局长
	第13任	克雷格·I.菲尔茨（Craig I. Fields）	高级研究计划局副局长
	第15任	加里·L.丹曼（Gary L. Denman）	国防高级研究计划局副局长
	第16任	拉里·林（Larry Lynn）	国防部负责先进技术的助理部长帮办
	第21任	彼得·沃克（Peter Walker）	国防高级研究计划局副局长

二、大学

大学是美国高水平人才的主要培养机构，也是美国基础研究的主要承担机构，在20世纪上半叶得到快速发展，从第二次世界大战以来大规模参与国防科研活动，不仅为国防领域提供了大量智力和人才支持，也成为美军科技官员的重要来源。比如，1955年担任国防部研究与开发助理部长的克利福德·C.福纳斯（Clifford C. Furnas）任前是布法罗大学校长，1993年担任国防部采办与技术副部长的约翰·多伊奇（John Deutch）任前是麻省理工学院教务长，同样在1993年担任国防研究与工程署署长的安妮塔·K.琼斯（Anita K. Jones）任前是弗吉尼亚大学计算机科学系主任。

19世纪中后期，美国一大批杰出大学校长在学习借鉴德国大学办学模式的基础上，通过重新创建或对原有大学进行改造的方式，建立起了一批研究型大学。1876年，约翰斯·霍普金斯大学建立，开启了美国研究型大学的发展历程。随后，哈佛大学、耶鲁大学、哥伦比亚大学、普林斯顿大学、宾夕

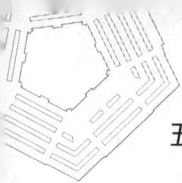

法尼亚大学、康奈尔大学、威斯康星大学等著名大学都实现了从传统大学模式向现代研究型大学模式的转变。1900年，美国大学联合会的建立标志着美国已形成了一个研究型大学的群体。这些研究型大学为美国社会提供了大量人才和研究成果，"1876年，25所院校授予44个博士学位。1930年，获得博士学位的人数超过了2000人。到1939年，16所顶尖院校授予的博士学位年均达到100个。"[①] "到20世纪40年代，美国大学已经跃居世界领先地位。特别是在1920年之后，美国的物理和自然科学研究超过了一度领先的欧洲大学。"[②] 正是有了这样的积淀，第二次世界大战中，一大批高水平的人才方能应时而出，在曼哈顿工程、雷达研发等领域做出重要贡献。

第二次世界大战以后，核武器一度成为美国赖以保障国家安全、树立领导地位的支柱，原子能委员会将大笔资金投向了加州大学的洛斯阿拉莫斯实验室、芝加哥大学的阿贡实验室、普林斯顿大学的物理实验室等研究机构。在国防研制任务的驱动下，一批著名学者由基础物理研究方向转向国防应用研究，劳伦斯、拉比、阿尔瓦雷斯、津恩等都是杰出的代表，同时，他们还带出了一大批出色的研究人员，比如后来成为美军科技管理高层领导的科学家约克、布朗、福斯特等。

在国防部、原子能委员会等机构的资助下，麻省理工学院、哥伦比亚大学、约翰斯·霍普金斯大学、加州理工学院、宾夕法尼亚大学以及芝加哥大学等一大批研究型大学参与了大量武器系统的研究活动，自身也得到了快速发展。仪器实验室是麻省理工学院航空工程系下属机构，1956年，海军让仪器实验室研发北极星导航系统，后来又安排了潜艇的导航系统和火控系统研发，

---

① 亚瑟·科恩，卡丽·基斯克. 美国高等教育的历程（第2版）[M]. 梁燕玲，译. 北京：高等教育出版社，2012：69.

② 亚瑟·科恩，卡丽·基斯克. 美国高等教育的历程（第2版）[M]. 梁燕玲，译. 北京：高等教育出版社，2012：72.

1957 年苏联卫星事件后，空军以每年 900 万美元资助其进行弹道导弹导航系统的研究与开发，另外，它还承担着阿波罗工程的相关任务，大约有 25% 的研究合同是保密的。在 1964 年，麻省理工学院 192 名核工程专业的毕业生中，46 名来自于军队，115 名来自于海军的合同商。斯坦福大学借助冷战契机，发展迅猛，1967 年，斯坦福大学在所有与军方签订防务合同的学校中跃升至第 3 位，从第二次世界大战时军事技术研究的边缘者一跃而成了西部的"五角大楼"，并迅速跻身一流研究型大学的行列，更被后人冠之以"冷战"大学的名号。

在苏联卫星事件的影响下，联邦政府增加了对大学科研活动和研究生教育的资助，1958 年美国出台《国防教育法》，该法明确规定，资助高等教育是联邦政府履行国防义务的一部分，联邦政府负责筹集并发放"国防奖学金"，以缓解本科教育中的师资缺乏现状，推动研究生教育结构合理稳步发展，为维护国家安全贡献力量。《国防教育法》提供了数以亿计的资金用于美国高校的科学研究及研究生教育，大量的科研资助合同从政府流出，转入到大学及其研究人员手中，对美国研究生教育的跨越式发展发挥了非常重要的作用。在《国防教育法》颁布前的 1954—1958 年间，联邦政府对大学科研的支出增长了 60%。在《国防教育法》颁布后的十年间，联邦政府对大学基础研究的资助增长了 7 倍，从 1958 年的 1.78 亿美元增加到 1968 年的 12.51 亿美元。

越南战争期间，美国民众反战运动不断升级，大学校园成为反战运动的主要阵地，学生们对校园中存在的军事研究极为不满，承担军事科学研究任务的实验室成为这场抗议与抵制活动的靶子。1968 年 3 月，普林斯顿大学的学生们得知校园里运营着一个"绝密智库"，工作地点在冯·诺依曼讲堂，经他们调查，讲堂的窗户安装的是防弹玻璃，在那里，数学家使用最先进的计算机为美国国防安全部门解决复杂的密码问题，同时开展其他战争研究工作，该校的校长以及其他有关知名教授都在为作战和武器研究项目工作。学

生们群情激愤，锁上讲堂的前门，在校园内组织示威，并与警察发生冲突。当校园不满的情绪在全国范围内蔓延时，1969 年，参议员迈克尔·曼斯菲尔德提出一项修正案，并经国会通过，称为《曼斯菲尔德修正案》，要求联邦政府减少基础研究对军事资助的依赖程度，禁止国防部使用资金开展任何与具体军事职能无关的项目或研究。经过一系列反战事件和国会法案的影响，国防部与很多大学都弱化甚至取消了资助联系，其中包括哥伦比亚大学的电子学研究实验室、哈德逊实验室、麻省理工学院的仪器实验室、斯坦福大学的斯坦福研究院等。

尽管《曼斯菲尔德修正案》减少了国防部对大学的资助，冷战后的安全形势对军事研究需求降低，但长期以来大学一直是国防部门科学研究活动的重要参与者。21 世纪以来，随着美国政府对国家安全威胁的宣传和扩大，大学与国防部门的联系不断加强，有超过 200 所美国大学参与国防科研，不少大学都形成了自己的国防特色，麻省理工学院的林肯实验室、约翰斯·霍普金斯大学的应用物理实验室、犹他州大学的航天动力学实验室、卡内基梅隆大学的软件工程实验室等成为美国军事研究项目的重要承担者，在防空反导、核武器、航空航天等多个国防领域引领了技术发展方向。同时，也有很多学者从大学到国防部门任职，他们利用自己的学术技术能力，使用国家的资源和权力，让国防科学研究工作不断在大学、研究机构里扩散，这有些像滚雪球一样，不断增强美军技术基础，在保持美军技术优势中发挥了重要作用。

三、企业研发部门

军事研发最终要形成能够在战争中使用的武器和装备，军队研发与企业研发在性质和目的上高度一致，这就形成了两类机构之间科技管理人员流动的基础条件。从美军典型科技官员的任职来源可以看出，大部分科技官员或者直接来自于企业研发部门，或者在企业研发部门有过较长时间任职经历，

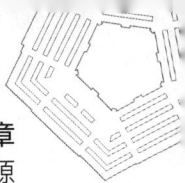

特别是构成军工复合体的军工企业，成为科技官员的重要来源机构。

企业研发对美国科技进步的推动作用巨大，在 20 世纪初期，大型企业开始建立自己的研发机构，1900 年，通用电气公司建立了自己的工业研究实验室，这是一个与生产和经营部门相对独立、专门从事科技研发的创新机构，而且，与早期工业实验室不同的是，工业研究实验室不再是依靠单个天才的发明创造或技术发现，而是依靠组织内的科学家和工程师，并由他们专门负责将科学知识转化为公司的技术和产品，体现了这一时期科学技术活动的组织性和复杂性，这是美国第一个现代意义上的工业研究机构。这种科学家之间、技术领域之间，以及技术研发与生产销售之间的合作创造，成为科学技术发展的新路径。紧随通用电气公司之后，"如柯达公司、杜邦公司、美国钢铁公司、威斯汀豪斯公司等也开始聘请由英德留学回来的应用科学家和工程师，建立研究实验室。"[1] "1920 年，美国有 296 个工业研究实验室，雇用了约 9300 个科学家和工程师，主要进行基础研究和技术发展工作。"[2] "1940 年，美国有 2350 家公司开办了 3480 个工业实验室，雇员高达 70 033 人，其中，半数多受到专业训练；化学家占 22.4%，工程师占 21.4%。"[3] 这些工业企业研发机构在市场应用牵引下，取得了一大批研究成果。1925 年成立的贝尔电话实验室在通信科学和信息技术领域做出了巨大贡献，晶体管就是由该实验室发明，该实验室第 1 任总裁朱厄特（Frank B. Jewett）后来担任了美国国家科学院院长，还兼任战争时期国防研究委员会的主要成员。

第二次世界大战以后，冷战的需要造就了大量的军工企业，这些军工企业为了赢得国防部的任务，都成立了自己的研发部门，开展先进军事技术和武器系统开发。如洛克希德·马丁公司设有从事先进项目研发的臭鼬工厂（Lockheed

---

① 李明传. 美国技术创新的历史考察 [M]. 武汉：武汉大学出版社，2013：98.

② 阎康年. 贝尔实验室：现代高科技的摇篮 [M]. 保定：河北大学出版社，1999：32.

③ 吴必康. 权力与知识：英美科技政策史 [M]. 福州：福建人民出版社，1998：329.

Martin Skunk Works），波音公司设有专门进行先进技术研究与开发的鬼怪工厂（Boeing Phantom Works），雷声公司设有综合防御系统公司研发部、导弹系统公司研发部、空间与机载系统公司研发部等。大名鼎鼎的臭鼬工厂是洛克希德·马丁公司航空业务部门下属的机构，官方正式名称为"高级开发项目部"（Advanced Development Programs，ADP），创建于 1943 年，总部位于加利福尼亚州的帕姆代尔，有近 4000 名员工，主要承担来自美空军、美海军、DARPA、NASA 及其他政府机构的国防领域机密项目，研制了 U–2 高空侦察机、F–117 隐身战斗机、F–22 战斗机、C–130 多用途运输机、SR–71 黑鸟侦察机等大量先进航空装备。波音公司鬼怪工厂由麦道公司成立，早期主要关注先进防务产品和技术研发。波音收购麦道后，鬼怪工厂成为波音重要的创新研发部门，隶属于波音公司的防务、航天与安全事业部，是 X–45 无人作战飞机、X–37 轨道试验飞行器、X–51A 吸气式高超声速飞行器、"鬼怪鳐"无人验证机、MQ–25 无人验证机等先进装备的研发基地。

科技官员大都来自于军工企业负责研发的高管，这些科学家型高管一般都是从企业研发部门的基层开始，从技术岗位逐步上升到研发领导层，从参与技术研发到领导工程项目，从单纯的技术管理到参与企业综合决策，领导管理能力不断提升。"在大多数大的工业组织，尤其是在一些主要依赖于科学发现的新工业组织中，研究部主任不只是一位科学家或其他科学家的管理者。他通常还是公司的副总裁、公司最高层计划小组的成员，他成了经理级行政管理人员，他必须提出大量关于公司的目标和状况的观点，而这些观点是从总的科学潜力的角度加以阐发的。"[①] 国防部第 1 任研究与开发助理部长——唐纳德·A. 夸尔斯（Donald A. Quarles，任职时间：1953—1955 年）从

---

① 伯纳德·巴伯. 科学与社会秩序 [M]. 顾昕，郑斌祥，赵雷进，译. 上海：生活·读书·新知三联书店出版社，1991：185.

欧洲学成归国后，进入西部电子公司（1924 年西部电子成为贝尔电话实验室的一部分），从工程师做起，先后在检验工程部门、外部设备开发部门工作，1940 年担任贝尔电话实验室传输发展部主任，该部主要研究雷达等军事电子系统。1948 年，他被任命为贝尔电话实验室副总裁。1952 年，他成为桑迪亚公司总裁，该公司负责运营和管理位于新墨西哥州阿尔伯克基的桑迪亚国家实验室。曾经担任国防部负责采办、技术与后勤代理副部长的米切尔·W. 韦恩（Michael W. Wynne，代理时间：2003—2005 年）长期在军工企业工作，在1975 年 7 月至 1994 年 5 月，近 20 年的时间都在通用动力公司工作，担任过包括研制飞机（F-16s）、主战坦克（M1A2）等多个部门的高级职位，先后在洛克希德·马丁公司、通用动力公司、麦克莱恩集团担任高管。2001 年 7月至 2005 年 10 月，担任国防部负责采办、技术与后勤的副部长首席帮办。

有时多名科技官员会来自同一个企业或者曾经在同一个企业担任过高级职务。以科学应用国际公司（SAIC）为例，国防高级研究计划局的 3 任局长都在该公司担任过高级职务：第 14 任局长维克多·H. 里斯（Victor H. Reis）1983—1989 年担任该公司战略规划高级副总裁；第 18 任局长安东尼·J. 特瑟（Anthony J. Tether）1992—1994 年在该公司先进技术研发部门担任副总裁，后来担任该公司副总裁兼总经理；第 23 任局长史蒂芬妮·汤普金斯（Stefanie Tompkins）1996—2007 年在该公司先后担任助理副总裁、部门经理、高级研究员等职务。该公司是一个老牌军工企业，成立于 1969 年，创始人贝斯特曾是洛斯阿拉莫斯国家实验室的科学家，该公司最初的任务主要是为美国政府提供与核电有关的项目及武器效应研究计划。随着业务的扩展，公司逐步成为国防部指挥、控制、通信、计算、网络、情报、监视和侦察（C5ISR）项目关键系统的首选集成商，还承担情报和国家安全领域大量数据和情报分析项目。公司与国防领域关系密切，不仅多名高管进入国防部任职，其管理层和董事会中也有许多知名的前政府要员，包括尼克松政府时期的国防部长梅尔

文·莱尔德，克林顿政府时期的国防部长威廉·J.佩里、中央情报局局长约翰·多伊。2013 年，科学应用国际公司分拆为两家上市公司，规模较小的公司保留了原来的名称，专注于政府服务，包括系统工程、技术援助、财务分析和项目支持。规模较大的公司，专注于国家安全、卫生和工程领域的技术方案提供，名称改为 Leidos。2016 年，Leidos 合并了洛克希德·马丁公司的 IT 部门信息系统和全球解决方案公司（Lockheed Martin IS&GS）业务，成为国防工业最大的 IT 服务提供商。

四、政府科研机构

美国建国之初，政府相关部门就曾雇用科学家开展实用技术研究，如农业部建立伊始，就雇用了一位化学家、一位植物学家和一位昆虫学家，进行一项农业课题的研究。但在自由主义导向下，政府认为科学研究是公民个人的选择，并没有把科学作为政府事业进行大规模资助，对科学的支持和利用仅限于少数公共领域。随着科学的价值和作用不断凸显，特别是第二次世界大战中科学技术在武器研发和战争胜利中的重大作用得到验证，联邦政府开始大力支持科学发展，并陆续建立了大量科研机构，包括万尼瓦尔·布什领导的科学研究与发展局。

美国政府科研机构研究领域广泛、数量众多，主要分布在能源部、国防部、健康与人类服务部、国土安全部、国家航空航天局、国家环境保护局等联邦政府部门或机构，包括 600 多个大型联邦实验室和近 700 个小型联邦实验设施，拥有科学家和工程师 20 余万人，研发支出经费占全国研发投入的 11% 左右，占联邦政府科技投入的 40% 左右，成为美国在世界上保持科技、经济领先地位的强大支撑。[①] 这些政府科研机构的很多研究领域都与国防相关，按照美国政府的支持政策，政府科研机构之间的科学家可以相互流动，这就为美军科

---

① 白春礼. 世界主要国立科研机构概况 [M]. 北京：科学出版社，2013：46.

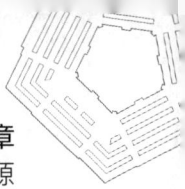

技官员提供了更为丰富的来源选择。

国家航空航天局是美国"非军事"太空项目研究和管理机构，成立于1958 年，先后实施了阿波罗计划、航天飞机计划这样众所周知的重大工程，一度成为美国科技发展的高峰和标志。国家航空航天局设有大量研发机构，如兰利研究中心、艾姆斯研究中心、喷气推进实验室、国家太空技术实验室等，机构庞大，设施先进，是世界航空航天领域最为知名的技术研发机构。同时，它还依托大学和企业研发机构开展研发工作。国家航空航天局从成立起一直与军方有密切关系。刚成立时，根据艾森豪威尔总统的命令，非特殊或者非主要军事用途的太空项目都由国家航空航天局统一管理，原属于国防部掌管的科学卫星、月球无人探测器，海军的先锋计划、加州理工学院的喷气动力实验室及陆军的弹道导弹设计局等先后纳入国家航空航天局管理之下。"由于宇宙航行所涉及的火箭发射系统、通信、导航、监视、探测及后来发展的陆地卫星遥感等新技术都与军事有着密不可分的关系。因此，国家航空航天局一直与国防部进行密切合作。"[①] 这种合作也体现在人员流动上，美军不少科技官员都来自于国家航空航天局。国防高级研究计划局第 12 任局长雷蒙德·S. 克拉戴（Ray S. Colladay）长期在国家航空航天局工作，从格伦研究中心开始职业生涯，先后担任多个航空和空间技术项目的高级执行官，后来被任命为副局长。国防高级研究计划局第 14 任局长维克多·H. 里斯（Victor H. Reis）的职业生涯开始于艾姆斯研究中心，后续在林肯实验室、总统行政办公室、科学应用国际公司任职，1990 年，担任国防高级研究计划局局长。1998—2001 年担任国防研究与工程署署长的汉斯·M. 马克（Hans M. Mark）也在国家航空航天局工作多年，1969 年就担任艾姆斯研究中心的主任，负责航天科学、生命科学和航天技术方面的研究和应用工作，1981 年被任命为国

---

① 李明德. 美国科学技术的政策、组织和管理 [M]. 北京：轻工业出版社，1986：213.

家航空航天局副局长。汉斯·M.马克之后担任国防研究与工程署署长的罗纳德·M.世嘉（Ronald M. Sega）同样来自于国家航空航天局，他原来在空军服役，1990年被选为航天员，1994年在发现号航天飞机上首次执行飞行任务，多次参加航天飞行。

　　能源部业务上与军方联系紧密，人员上也多有交流。能源部由成立于1946年的原子能委员会改组而来，拥有综合性强、覆盖面广、多学科交叉的国家实验室体系，下设17个国家实验室和4个技术中心，它们是高能物理和核物理、等离子科学、高分子化学、金属与冶金学、纳米科学等领域全球规模最大、综合性最强的科研机构群体之一，拥有世界一流的大科学装置。以劳伦斯利弗莫尔国家实验室（Lawrence Livermore National Laboratory，LLNL）为例，该实验室成立于1952年，由加利福尼亚大学伯克利分校物理学教授欧内斯特·劳伦斯、爱德华·泰勒（氢弹之父）在美国加州利弗莫尔（Livermore）共同建立，由美国能源部国家核安全管理局直接领导，由劳伦斯利弗莫尔国家安全公司负责运行，是美国研发核武器的三大国家实验室之一和负责核武器设计的两大国家实验室之一，通过开展核武器设计，高能量密度物理科学，高性能计算、模拟和数据科学，激光与光学科学技术，核化学与同位素科学等方面的研究，确保美国核武器的安全、可靠。根据国家核安全管理局向国会提交的《2020财年核库存管理计划》，截至2018年9月，该实验室共有6227名雇员，从事科学技术工作的雇员大约占雇员总数的74%，其中包括616名工程师、2453名科学家及1532名技术人员。国防研究与工程署成立初期，前3任署长都来自这个实验室。1993年担任国防部负责采办与技术副部长的约翰·多伊奇（John Deutch）曾任能源部副部长。

第二节　美军典型科技官员任职经历分析

美军科技官员大都有非常丰富的任职经历，除了军职官员外，文职官员普遍经历了跨军民、跨机构、多岗位的职位流动和角色变化。从众多科技官员的任职经历中，可以解析发现美军科技官员来源与任职的相关要求，科技管理岗位管理幅度不同，是否具有项目管理资历，有无在国防领域任职经历，新兴技术发展的需求，都能够成为科技官员任职的权变因素，而且这些因素对遴选和塑造科技官员队伍具有重要作用。

一、职位管理幅度与任职来源

不管是国防部还是军种的科技官员，总体上可以分为两类，一类是负责包括科技管理在内的综合型职位，2018 年以前国防部负责采办、技术与后勤的副部长就是此类，军种负责技术的助理部长与国防部设置类似，几块关联业务一起管，比如陆军负责采办、后勤与技术的助理部长。采办是美国联邦政府为满足管理运行需要而组织开展的科研、生产、采购和使用与保障等活动的统称，政府专门制定了《联邦采办条例》来规范采办活动。国防采办（Defense Acquisition）是指军方为满足军事任务或保障军事任务的需要，就武器和其他系统、物品或劳务（包括建造）提出方案、计划、设计、研制、试验、签订合同、生产、部署、后勤保障、改进以及处理的过程。其中，武器系统的采办最为复杂，投入经费量也最大。根据国防部第 5134.01 号指令《国防部采办、技术与后勤副部长》，采办、技术与后勤副部长负责研究与开发（R&D）、先期技术、建模与仿真（M&S）、系统工程、研制试验与鉴定、生产、采购、系统集成、后勤等事务管理，业务领域多，综合性强。这一类

113

官员可以称之为综合型科技官员。另一类是专门负责管理研发事务的职位，比如国防部研究与工程副部长、国防高级研究计划局局长、军种研究实验室主任等。这一类官员可称为专管型科技官员。综合型科技官员管理幅度大，不仅包括前端的研发，还包括项目立项之后的部分，如研制、生产以及武器配发部队之后的维修保障，专门型科技管理主要负责研发链条上的基础研究、应用研究以及先期技术开发工作。

职位管理幅度对典型科技官员任职来源具有重要约束作用。由于采办事务涉及研制生产等工作，最终要形成能够装备部队的武器系统，要求官员要对整个研发、制造、销售、使用、维护等业务比较了解。就像企业一样，企业管理追求效益，要求技术能够转化成产品，可以带来商业利益，这一点与负责采办、技术与后勤的副部长极为相似，因此，这类官员大都来自于企业。专管型科技官员由于主要负责研发事务，一般从大学和研究机构来到国防部，也包括在企业的实验室或研发部门，因为研发追求的是新技术及其验证性，而大学和实验室关注的正是知识的前沿及其应用价值研究。

从国防部科技管理职位的设置变化及其官员的任用情况可以看出任职来源的不同。1953年国防部开始设立研究与发展助理部长职位，第1任助理部长唐纳德·A.夸尔斯（Donald A. Quarles）于第一次世界大战时在美国陆军服役，在法国和德国参加了第一次世界大战，退役后加入贝尔电话实验室，第二次世界大战时担任贝尔电话实验室主要负责研究雷达等军事电子系统的传输发展部主任，后来又被任命为实验室仪器开发总监。夸尔斯后续又任空军部长和国防部副部长。第2任研究与发展助理部长克利福德·C.福纳斯（Clifford C. Furnas）1943年2月被任命为布法罗航空研究实验室主任，该实验室移交给康奈尔大学后，他又成为康奈尔大学航空实验室主任兼执行副总裁。1954年任布法罗大学校长，担任校长时，遵从国家的召唤，到国防部任负责研究与发展的助理部长，任期结束后，又回到布法罗大学继续校长工作。1958年，

国防研究工程署成立,前两任署长哈罗德·布朗(Harold Brown)、小约翰·S.福斯特(John S. Foster Jr.)都来自于利弗莫尔国家实验室,他们都是著名核物理学家。随着国防研究与工程署逐步承担国防部采办管理任务,后续的领导官员相继都有企业工作背景。

1986年美国国防部进行了重大改革,设立了负责采办的副部长职位,该职位后改名为负责采办、技术与后勤的副部长,第1任采办副部长理查德·戈德温(Richard Godwin)曾在原子能委员会担任反应堆工程师、项目总监等职务,后成为柏克德(Bechtel)核工业公司副总裁、董事、执行副总裁兼执行委员会成员。第2任采办副部长罗伯特·科斯特洛(Robert Costello)有过海军服役经历,然后在通用汽车公司、德尔克电子公司等企业任职,其中在通用汽车公司担任执行董事,负责采购活动,1987年,到国防部任采办副部长。第3任采办副部长约翰·贝蒂(John Betti)从伊利诺斯理工学院学士毕业后,先在克莱斯勒公司任工程师,后来转到福特汽车公司工作,担任福特公司的执行副总裁,1989年,担任负责采办事务的副部长。第4任采办副部长唐纳德·约克(Donald Yockey)任职前,长期在罗克韦尔国际公司任职,一直到高级副总裁。国防部最后一任负责采办、技术与后勤的副部长弗兰克·肯德尔(Frank Kendall)在部队服役多年,退役后又在国防部任高级文职人员,离开政府后,任雷声公司(Raytheon Company)工程副总裁,负责整个公司的工程职能管理以及内部研发管理,后来又回到国防部,先后任负责采办、技术与后勤的副部长首席帮办,以及负责采办、技术与后勤的副部长,2021年担任美国空军部部长。

国防部管理工作与企业管理有大量相似之处,其实,专管型科技官员也有很多来自企业,整体上看,美军典型科技官员中有企业背景的人数占大多数。正如美国国防部原部长佩里所说,"国防部就好比世界上最大的公司,雇员有300多万人,'持股人'——美国人民——有2亿多。这个公司每年预算

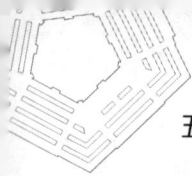

达 2500 亿美元。'董事会'——国会——有 535 人。"① 不仅大量科技官员来自企业，美国国防部长很多都出身于企业高管。比如，第 5 任国防部长查尔斯·威尔逊担任国防部长之前，是通用汽车公司总裁，第 6 任国防部长尼尔·麦克尔罗伊任职前是宝洁公司总裁，在其任上成立了著名的国防部高级研究计划局（ARPA），该局第 1 任局长是其从公司邀请担任。第 8 任国防部长罗伯特·麦克纳马拉曾担任福特汽车公司总经理。还有多位国防部长具有企业任职经历。

二、项目管理经历与任职条件

研发项目管理经历是典型科技官员任职的基础条件。从第二次世界大战开始，整个科学界进入了大科学时代，发源于"曼哈顿计划"的项目管理制度陆续被工业界和国防领域普遍采用，还被称为美军对世界管理理论与实践的 13 项重大贡献之一。国防科学活动组织性强，往往需要统筹大范围的资源和力量，重大项目必须寻求具有出色管理才能的人来领导。"在（项目负责人）任职期间，管理一支由千余名独立科学家组成的队伍，相互协调追求一个单一的科学目标，并不是一件容易的事。科学家的本性是爱提问题和独立自主。此外，只有少数人接受过管理或商业的培训。因此，必须高度重视确定项目负责人，从政治、个人、管理和科学技能等多方面综合素质选择项目负责人。"②无论是文职科技官员还是军职科技官员，任职前在企业或者军队，大都从事过不同层次研发项目的组织管理，特别是在大型军工企业，组织管理美军武器系统研制任务，这些任务从需求设计、论证立项，到工作分解、节点控制，都是一个大的系统工程，可以培养积淀工程技术领导能力。在美军内部，武

① 艾什顿·卡特，威廉·佩里. 预防性防御：一项美国新安全战略 [M]. 胡利平，杨韵琴，译. 上海：上海人民出版社，2000：184.
② 荷马·A. 尼尔，托宾·L. 史密斯，珍妮弗·B. 麦考密克. 超越斯普尼克：21 世纪美国的科学政策 [M]. 樊春良，李思敏，译. 北京：北京大学出版社，2017：337.

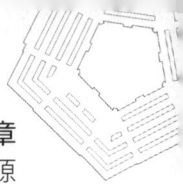

器系统也是按项目进行采办和管理，而且形成了一套完整的管理制度和体系，科技官员基本都有项目管理经历。

美军国防采办人员按照专业可分为 14 个领域，具体包括系统工程，合同签订，全寿命后勤，项目管理，生产、质量与制造，试验鉴定，商务，设施工程，信息技术，审计，现货采购，科学与技术管理，资产管理，其他（含教育、培训与职业发展）。根据美国国防部 2016 年的统计数据，美军国防采办人员总人数大约 14 万人，其中，项目管理人员约 1.6 万人，主要负责国防项目全寿命管理，对项目实施成本、进度、性能进行综合管控，人员主要包括各部门采办执行官、计划执行官、项目主任及项目办公室核心管理人员。系统工程人员数量最多，高达 3.97 万人，主要负责领导与管理武器系统设计、研制、制造、采购、改进的工程活动，人员多为工程技术或工程管理人员。合同签订人员数量次之，总数约 3 万人，负责承包商的选择与招标，合同的准备、谈判与签订，合同全过程管理，终止合同，人员包括合同谈判员、采购分析员、采购合同签订官、合同定价或费用分析员等。生产、质量与制造人员约 9000 人，主要负责合同履行监督管理工作。信息技术人员约 5816 人，主要负责信息系统建设与管理工作，人员主要为信息技术专家、计算机工程师、信息管理人员等。

国防采办实行国防部集中统管、军种分散实施的管理体制，从采办领域专业指挥管理角度，自上而下形成 4 级。一是国防采办执行官，由国防部采办与保障副部长担任，负责制定国防采办政策，监督和指导各军种的国防采办工作，对国防部重大项目实施里程碑审查。二是军种采办执行官，由军种负责采办的助理部长担任，陆军是负责采办、后勤与技术的助理部长，海军是负责研究、开发与采办的助理部长，空军是负责采办、技术与后勤的助理部长，负责制定本军种采办政策，监管本军种采办工作的运行，并对军种重大项目实施里程碑审查。军种采办执行官接受双重领导，既向国防采办执行

官报告项目采办事宜,又向军种部长报告行政管理及本军种国防采办情况。三是计划执行官,由将级官员或相当职级的文职官员担任,负责某一类武器系统的采办管理工作,领导并监管其下属项目管理办公室的工作,并对采办项目实施节点审查。截至 2023 年底,各军种共设 40 个计划执行官(其中陆军 11 个、海军 14 个、空军 15 个),计划执行官通常设在军种装备司令部(或系统司令部),每个计划执行官下设数个至数十个项目管理办公室。四是项目主任,由中校 / 上校或相当文职官员担任,负责领导项目管理办公室开展采办管理工作。项目管理办公室是国防项目采办的管理主体,80% 的项目管理办公室都设在军种层面,项目管理办公室下设计划、合同、质量、财务、系统工程、成本价格、试验鉴定、维修保障、系统集成等机构,人员主要来自各军种装备(系统)司令部,并在采办各个阶段吸收相关部门人员参加,形成矩阵式的组织管理模式。有些重大项目办公室主任可以直接向军种采办执行官汇报工作(图 3.1)。

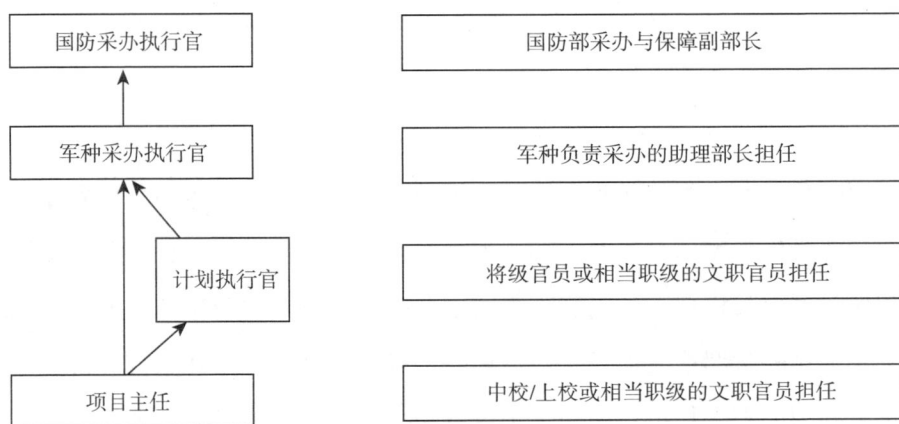

图 3.1　美国国防部对各军种的采办业务指挥线

美军采办实行基于能力的资格认证制度,将每个采办职业领域都分为初、

中、高 3 个等级，即第一级（level I）、第二级（level II）、第三级（level III）。整体呈"橄榄形"分布结构，第二级采办人员人数最多，约占整个采办队伍的 70%。美军规定，从一个等级晋升上一个等级时，必须具备教育、经历和培训 3 个方面的强制性标准，经过国防采办大学培训、实际工作锻炼、学位教育及专业团体专职培训 3 种途径。比如，满足高级（第三级）资格需要具备 3 个强制性标准：一是具备 4 年采办工作经验，其中 2 年必须为项目管理经验；二是在会计学、企业财务、法律、合同法、购置、经济学、工业管理、营销学、计量方法、组织和管理等学科中，至少修满 24 个学分；三是完成国防采办大学系统采办管理方面的高级课程。各军种与国防部各部局的采办执行官负责组织对本部门国防采办人员的任职资格进行评定，只要参评人员满足相应职种、职级各项要求，即可就任相应岗位。美军以国防采办人员所在领域的任职资格标准为牵引，实现对其整个职业生涯发展的规划和管理。

海军研究局局长为军职科技官员，他们在部队的早期任职经历基本都是在舰上或岸上从事初级指挥工作，由于有较好的科技基础和技术能力，后面逐步进入采办领域，成为不同武器系统项目的管理人员，有的在计划执行官办公室，有的在项目管理办公室，一层一层逐步提升。从最近的 3 任局长来看，2014 年担任海军研究局局长的马蒂亚斯·W. 温特（Mathias W. Winter）海军少将，机械工程专业毕业，曾在美国号航空母舰、艾森豪威尔号航空母舰和乔治·华盛顿号航空母舰等海上舰艇服役，后来担任联合防区外武器系统的项目主任帮办、F-35 综合飞行和推进控制系统总工程师、战术飞机计划执行官办公室主任等职务，从海军研究局调离后，又担任 F-35 闪电 II 联合项目办公室副主任。2016 年担任海军研究局局长的大卫·J. 哈恩（David J. Hahn）海军少将，曾在多艘潜艇服役，后从海军部队到美国国会任参议员约翰·华纳的工作人员和立法研究员，从国会回部队后，担任先进潜艇研发与联合试验鉴定负责人和项目主任，潜艇作战和武器控制系统项目主任等职务。2020

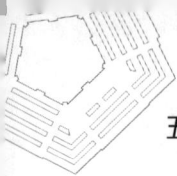

年担任海军研究局局长的洛林·C. 塞尔比（Lorin C. Selby）海军少将，长期在舰上工作，也担任过美国众议院海军联络办公室副主任，回到海军部队后任潜艇成像和电子战系统项目办公室和先进海底系统项目办公室的项目主任，之后担任海上系统司令部负责船舶设计、集成和工程的副司令。

由于武器项目的管理办公室基本上都在军种，不仅海军科技官员，其他军种科技官员也大都有项目管理经历。曾经于 2017—2018 年代理过国防部研究与工程助理部长的玛丽·J. 米勒（Mary J. Miller）长期在陆军工作，曾任陆军研究实验室电子工程师，担任过多个光学研究团队负责人，2005—2010 年，米勒在陆军负责采办、后勤与技术的助理部长办公室担任技术主任。2010—2013 年期间，担任士兵项目副采办计划执行官，之后任陆军负责采办、后勤与技术的助理部长帮办，负责制定政策并监督陆军的研究和技术项目，监管业务横跨 16 个实验室、工程中心。2016 年，调入国防部负责采办、技术和后勤的副部长办公室，成为负责研究与工程的助理部长首席帮办。

三、国防领域经历与任职优势

对文职科技官员来说，在企业、大学等机构承担过军事研究项目，或者有国防部工作经历，或者有过军队服役经历，无疑会对军事需求、军事用户、应用环境的理解更为深入，这也是很多科学家进入官员岗位的任职优势。在企业或大学任职期间承担和管理过军事研究项目，对于在军队任职有能力和经验的迁移优势；在国防部不同层级岗位工作，最后到科技管理岗位任职，熟悉国防部工作程序和工作环境，有助于形成能力积累和人脉关系。这两种情况在科技官员来源机构中有相关分析，这里主要介绍军队服役经历情况。

第二次世界大战中，全球战场以及大规模战争的需要，让很多美国人都加入军队，战后很快进入冷战环境，巨大的战争压力也让美军长期保持庞大的数量和规模，冷战中越南战争又加剧了美军的人员需求，直到冷战结束，

美军的规模才大量缩减。此后美军又经历了海湾战争、阿富汗战争、伊拉克战争等重大战事。在这样的战争背景下，很多美国人都有军队服役经历。比如，第二次世界大战期间，大量美国大学生参军入伍，战后又重新回到大学继续学业，学成之后进入科技领域，后来成为科技官员。1973—1977 年任国防研究与工程署署长的马尔科姆·R.柯里（Malcolm R. Currie）1944年进入海军服役，在海军飞行部队参加飞行训练，1947 年退役后回到加州大学伯克利分校物理系学习，1949 年获得物理学学士学位，之后一直到 1954 年获得该校工程物理博士学位，博士毕业后进入休斯公司，先后在休斯导弹系统部、研究实验室、研发工程部等担任领导。1981 年到 1984 年担任国防部研究与工程副部长的理查德·D.德劳尔（Richard D. Delauer），1940 年在斯坦福大学获得机械工程学士学位，1943 年进入军队，成为一名海军航空工程军官，服役期间，在加州理工学院获得航空与数学博士学位。1958 年从海军退役，加入了刚刚成立的 TRW 太空技术实验室，担任实验室助理主任，参与了美国首批卫星和太空探测器的设计和开发。德劳尔之后担任研究与工程副部长的是唐纳德·A.希克斯（Donald A. Hicks），第二次世界大战期间，希克斯在美国陆军服役，战后攻读博士学位，毕业后先在劳伦斯辐射实验室从事与裂变物理学相关的基础研究，后来加入诺斯罗普公司，1984 年担任国防部研究与工程副部长。20世纪 90 年代的几任国防部负责采办的副部长也大都有此类军队服役经历。这种服役经历有第二次世界大战这个特殊背景，当时号召适龄人员尽可能服役参战，战后很多人又离开军队，在美国很多行业都成为精英，包括在军工企业成为高管，这些人后来能够进入军队任职，服役经历产生了重要影响。

在军队服役过程中，如果在军官岗位长时间从事科研工作，即使离开军队，后续也可能再次进入国防领域，担任科技官员，继续从事专业领域研发管理工作，这样，前后衔接的科技工作就把科技官员的职业生涯贯穿起来，而原来在军队服役的经历就会成为整个职业发展的起点和基础。有两位官员的经

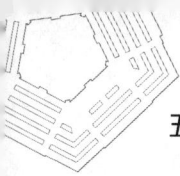

历颇为典型，一位是 1994 年担任国防部负责采办和技术副部长的保罗·卡明斯基（Paul Kaminski），他 1964 年从空军学院获得理学学士学位，之后在麻省理工学院获得航空航天和电气工程硕士学位，1971 年获得斯坦福大学航空航天博士学位。卡明斯基在美国空军服役 20 年，大部分时间在空军系统司令部工作，期间负责测试和评估 LGM-30 民兵导弹的惯性制导部件以及美国第一批精确制导弹药的末制导系统。后来被派往国家侦察局，领导空间系统和相关"非常规成像"技术研究工作。1977 年成为国防部副部长威廉·J. 佩里的特别助理，支持了隐身技术前期研究工作，在他的建议下，隐身原型机"拥蓝"开始立项研制。1984 年，离开服役 20 年的空军，在私营部门工作了 10 年后又重返政府，在国防部长威廉·J. 佩里麾下任负责采办与技术的副部长。另一位是担任过国防部负责采办、技术与后勤的副部长弗兰克·肯德尔（Frank Kendall），肯德尔 1971 年毕业于西点军校，先后在美军驻西德陆军防空炮兵营、西点军校、陆军弹道导弹防御系统司令部（BMDSCOM）等机构工作，曾担任弹道导弹防御系统相关组件的项目官员，1982 年，在服现役 11 年后，肯德尔离开军队，转为联邦政府高级行政文职人员，但仍然在国防部导弹防御系统研发领域工作。1994 年，肯德尔离开政府，担任雷声公司工程副总裁，负责整个公司的工程职能管理以及内部研发。2010 年，重返政府，先是担任国防部负责采办、技术与后勤的副部长首席帮办，然后担任采办、技术与后勤副部长。在担任副部长期间，肯德尔有效改善了国防部武器采办计划的成本、进度和性能，在 F-35 联合攻击战斗机、B-21 远程轰炸机等重大武器系统研制生产中发挥了重要监管作用。2021 年，肯德尔担任美国空军部长。

四、新兴技术发展与专业变化

每一个时代都有标志性和主导性的新兴技术，这类技术往往能够引领科技发展的方向和趋势，而处于这些新兴技术前端的科学家就会被时代需要推

向科技管理岗位，不断加快技术的进步。国防领域这种效应非常明显，新兴技术的出现会在军事应用上形成研发热点，客观上，在科技官员的专业要求上也相应会产生变化。

第二次世界大战中，原子弹横空出世，核技术成为大国追逐的热点，战后美军3个军种都极力发展自己的核技术及武器装备，1958年，国防部成立研究与工程署，前3任署长都是核物理学家，而且都是研制核武器的著名实验室主任，第1任署长赫伯特·F.约克（Herbert F. York）1943年在罗切斯特大学获得物理学硕士学位后，进入加州大学放射实验室，参加了曼哈顿工程，在国防部高级研究计划局短暂工作后，成为国防研究与工程署第1任署长。第2任署长哈罗德·布朗（Harold Brown）1949年从哥伦比亚大学获得物理学专业博士学位，专攻原子物理学，毕业后一直在利弗莫尔国家实验室工作，后来从实验室主任直接到研究与工程署任署长，后面又任空军部长、国防部部长。第3任署长小约翰·S.福斯特（John S. Foster Jr.）1952年在加州大学伯克利分校获得物理学博士学位，随后进入利弗莫尔国家实验室，后来逐步成为实验室主任，1965年10月，被任命为国防研究与工程署署长。不仅是研究与工程署，不少国防高级研究计划局、海军研究局等重要科研机构的科技官员都是工程物理专业出身。1957年10月，苏联卫星事件后，航天技术成为军事领域的巨大研究热点，太空成为冷战中新"边疆"和新"战场"，航天科技出身的科学家自然就有机会走上科技管理岗位。尽管国家航空航天局属于民用航天研究管理机构，但由于航天技术上的通用性，国防部门与其在科技官员交流上较为频繁，不少科技官员在两个部门之间交叉任职，不仅冷战期间是这样，即使现在，美军对太空还是相当重视，将其作为军事优势保持与提升的关键领域，国防部重新设立研究与工程副部长职位后，曾担任过国家航空航天局局长的格里芬担任该副部长。随着信息技术快速发展及其在军事领域的重要作用日益凸显，并逐步成为引领性技术，一批从事信息技术专

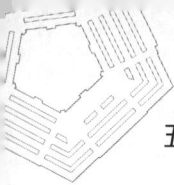

业研究与管理的科学家也就逐步进入国防部门，像佩里这样的电子信息领域的科学家成为研究与工程副部长也就不足为奇，后来佩里还担任了国防部长。

近些年来，大数据、人工智能、移动互联等新兴技术风起云涌，商业领域在研发与应用上引领发展，远远走在军方前面。面对军事领域对这些新兴技术的迫切需求，国防部发展新兴技术的一个重要途径就是从商业领域引入科技人才，让他们成为科技官员，推进军事领域技术突破和应用创新。国防高级研究计划局第 22 任局长维多利亚·科尔曼（Victoria Coleman）相当典型，1988 年，科尔曼在英国曼彻斯特大学获得计算机科学博士学位，毕业后在伦敦大学任教，从 2004 年开始，科尔曼先后在英特尔、三星电子、惠普、诺基亚、雅虎等公司研究或工程部门任高管，2019 年，任美国旧金山湾区阿特拉斯人工智能公司（Atals AI）首席执行官。2020 年担任国防高级研究计划局局长，虽然时间比较短，但一定程度上反映了科技官员任职的专业背景和技术方向。近年来美军还成立了国防创新小组、联合人工智能中心等新型创新机构，这些机构成立初衷就是把新兴技术和管理经验引入国防领域，其官员一般需要具有相应的商业领域专业经验与经历。如国防创新小组前任主管迈克尔·A.布朗（Michael A. Brown），曾担任世界领先的网络安全公司赛门铁克（Symantec）的总裁兼首席执行官。之前任职回音之巢（Echo Nest）公司董事会，该公司拥有世界最大的音乐数据库，为世界上最广泛使用的音乐服务平台提供支持。布朗还在量子公司担任首席执行官兼董事会主席，任职期间，量子公司实现了创纪录的 60 亿美元收入。

第三节　美军典型科技官员入职选择

美国科学家进入国防领域，涉及职业环境和社会角色的转变，由多因素

所致，有国家安全需要而激发的爱国热情影响，也有国防科技管理提供的职业发展空间吸引，还有一些因人因事而产生的机缘巧合原因，甚至还有作为军工复合体某一方的代理人而被动进入。从本质上说，国防部所属科研管理与美国其他政府科研机构并无二致，从个人角度看，担任科技官员也只是科学家职业选择的一个结果，只不过这种选择在个人理性权衡的基础上叠加了许多外在的影响。

一、为国家服务的责任驱动

20 世纪初期，英国科学家波兰特提出，科学的基础是自由，科学的探索及进步在自由的环境中才能得到保障。这是大科学出现之前，小科学发展的重要状态。实践中，科学家也秉持着自由的精神，按照自己的兴趣和追求从事科学研究，不愿意参与政府领导的科学活动，很多科学家也反对科学被政治所驾驭和影响。但第二次世界大战以后，特别是随着冷战全面而激烈的对抗，科学家对于从事以国家安全为主要内容的研究工作已经不再那么嗤之以鼻，一些科学家反而把为国家安全利益服务作为己任，为国防科技发展奉献自己的才华，美军科技官员就是其中典型的代表。

1957 年 10 月 4 日，苏联成功发射世界上第一颗人造卫星。这一活动显示了苏联导弹科学的水平，表明苏联有能力把一种强大的武器以很高的速度发射到 4000 英里范围内的目标，在美国上下形成巨大震动，引起极大关注和不安。美国人认为，苏联正在赢得军事技术和科学研究的竞赛。美国氢弹之父泰勒和参议院民主党多数派领袖约翰逊甚至认为，苏联卫星事件对美国的打击，要比珍珠港事件更严重。当时，还出现了描述美国与苏联"导弹差距"的《盖瑟报告》，报告对美苏的战略力量进行评估，得出了令人沮丧的结果，最终向总统进行了呈报，"国防部长麦克尔罗伊估计苏联导弹可能以 3∶1 领

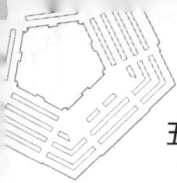

先于美国"。① 尽管多年后证明报告夸大其词，但美国社会对技术优势丧失的担忧，一时形成了浓烈的恐惧感。

在这些非常严峻的安全压力下，艾森豪威尔政府随后于 1958 年成立了国防部高级研究计划局、国防研究与工程署、国家航空航天局。国防研究与工程署署长作为国防部长的顾问，监督国防部内研究和工程技术活动，并领导需要集中管理的研究和开发部门，以加强国防部长对它的控制。同年，美国国会通过《国防教育法》，该法总则提出"国防有赖于掌握由复杂的科学原理发展起来的现代技术，也有赖于发现和发展新原理、新技术和新知识"，联邦政府以空前的规模对高等教育、初中等教育和职业教育给予巨大的资助，加强数学、自然科学以及外语等学科的教育教学。

国家安全所产生的需求，激发了美国人的爱国主义热情。爱国主义与平等、自由、民主、个人价值一样，都是美国主导价值观的一部分，"爱国主义价值强调对美国制度的忠诚与热爱。这些情感的产生有许多不同的原因：为生活在一个民主国家而感激；为有一个较高的生活水平而感激；对自由的热爱，等等。"② 当美国的安全受到威胁，甚至美国人认为自己所坚持的民主与自由制度受到威胁时，美国人就会被激发而承担自己的社会责任，科学家可能会放弃研究兴趣而从事国家需要的军事科研任务，也可能向国防领域流动，直接响应安全问题的技术需求，用科学上的优势来为国家安全做贡献。

查尔斯·M. 赫茨菲尔德（Charles M. Herzfeld）进入国防部门，担任高级研究计划局局长就来源于他的国家责任感。赫茨菲尔德在芝加哥大学攻读物理化学博士学位期间，曾在詹姆斯·弗兰克、哈罗德·乌里、恩里科·费米、克莱德·哈奇森等知名科学家的带领下学习。博士毕业后，曾在陆军马里兰

---

① 吴必康. 权力与知识：英美科技政策史 [M]. 福州：福建人民出版社，1998：384.

② 查尔斯·H. 科茨，罗兰·J. 佩里格林. 军事社会学 [M]. 北京大学国防学会，译. 北京：国防大学出版社，1986：33.

阿伯丁弹道研究实验室、海军研究实验室、国家标准局等政府科研机构工作，在国家标准局任热能部门主管，是该局历史上最年轻的部门主管之一。当时，高级研究计划局局长瑞纳邀请他去工作，他并没有接受。1961 年 8 月，他到欧洲参加标准实验室研讨会议，在西德近距离感受到冷战的严峻和残酷，让他产生了强烈的国家责任感。"这是冷战中最为紧张的时刻……美国的 M48 巴顿坦克和苏联的 T-72 坦克对峙着，相隔着扔一颗石子即可击中的距离。对峙双方各有 10 辆坦克，另有 20 余辆在附近待命。"[①] 回到美国后，赫茨菲尔德认为在高级研究计划局可以直接为国家安全服务，就主动联系了瑞纳局长。在高级研究计划局，赫茨菲尔德先后担任弹道导弹防御主管、助理局长和局长。任职期间，他认识到计算机的重要性，并监督了创建 ARPANET（最终成为 Internet）的决定。

安妮塔·K. 琼斯（Anita K. Jones）1993 年担任国防研究与工程署署长，之前是弗吉尼亚大学计算机科学系教授兼系主任，从大学教授到国防部科技官员，也源于琼斯的社会责任感。琼斯 1973 年从卡内基梅隆大学获得计算机科学博士学位，之后留校任教。1981 年，她与丈夫创办了 Tartan Laboratories 软件公司，她任副总裁。后来这个公司出售给德州仪器（Texas Instruments）公司。1988 年加入弗吉尼亚大学，1993 年 6 月成为美国国防部国防研究与工程署署长，任职结束后又回到弗吉尼亚大学。琼斯长期从事计算机软件系统和网络安全领域研究，是美国国家工程院院士，美国哲学学会、电气和电子工程师协会（IEEE）等著名学会会员，国家科学委员会、国防科学委员会等高层次咨询组织成员。琼斯在接受访谈时说，自己虽然对国家层面的科技问题有兴趣，并认为这是为国家服务，而且也为国家和军队科学咨询机构提供

---

① 弗雷德里克·肯普. 柏林 1961：肯尼迪、赫鲁晓夫和世界上最危险的地方 [M]. 武凤君，汪小英，译. 北京：中国青年出版社，2013：4.

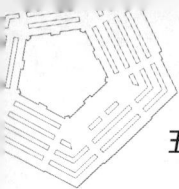

无偿服务，但她没有兴趣也没有想过进入政府。琼斯和当时美国国防部负责采办与技术的副部长约翰·多伊奇（John Deutch）都曾经是承担国防任务的科学应用国际公司（SAIC）董事会成员，约翰·多伊奇于1993年4月担任副部长不久，就邀请琼斯担任国防研究与工程署署长，琼斯后来就答应了。实际上，琼斯长期从事国家安全相关的研究和咨询工作，当为国家服务的责任大过了自己的兴趣，加之志同道合的人邀请时，自然就选择加入其中[①]。在国防部工作期间，琼斯推动了无人机开发，组织制造了第一架用于战场监视的"捕食者"无人机。她在接受美国科学促进会（AAAS）会员中心采访时说："我最珍惜的经历之一是有机会与由世界上最有才华、最有经验的人组成的工作团队和咨询委员会合作。这种情况发生过很多次——我很幸运！在我们国家和世界上有许多有成就的人，他们把时间和精力投入到解决社会和国家的问题上。能与他们坐在同一张桌子上是一种荣幸，但真正的乐趣来自于通过相互交流来解决重要问题。"[②]

二、人际网络中的推荐与机缘

美军典型科技官员大部分是通过横向流动进入国防部的，这是美国政府官员任职的一个重要特点。与很多科学家通过社会竞聘方式进入到联邦雇员队伍不同，典型科技官员大都以政治任命方式获得职位，先是通过主管官员在科研领域搜寻、高层知名人士推荐、主管官员定向邀请等途径形成人选，再按照程序任命。在这个过程中，不同范围的人际圈子、理念观点相近官员

---

① YOST J R. An interview with ANITA K. JONES on 24 June 2015（OH 476）[R]. Charles Babbage Institute Center for the History of Information Technology University of Minnesota, Computer Security History Project，2015.

② BOROWSKI S，JONES A K. Pioneer in computer science[EB/OL].（2013-02-28）[2024-09-12]. https://www.aaas.org/taxonomy/term/4/anita-k-jones-pioneer-computer-science.

推荐提携，甚至更高领导层的好恶，都可能成为影响科技官员任职的重要因素，其中，机缘巧合的因素就非常大。特别是政府换届时期，新一届政府要形成自己的领导班底，就会寻找自己圈子里的志同道合者，总统找能够实现自己竞选想法的国防部长，这个国防部长再推荐常务副部长和分管不同事务的副部长，副部长再找自己分管领域的助理部长，一级一级去构建管理的架构和链条。

美军科技官员在任职前，不管是在企业或大学，大都承担过与国家安全和国防研发有关的任务，在工作中积累了技术开发与管理经验，也与国防部门建立了联系，熟悉了国防技术管理事务，为以后担任科技官员奠定了基础。美国第 25 任国防部长阿什顿·B. 卡特（Ashton B. Carter）的经历非常具有代表性，他年轻时在国会下属的技术评估办公室工作期间，参加了"国际安全和商业项目"研究，研究内容涉及导弹防御、核武器与核战略。工作期间，凭借出色的专业才能被时任国家安全事务助理斯考克罗夫特相中，由此承担了大量国防研究项目，并与国防部建立了长期合作关系。在哈佛大学期间，先后任科学与国际事务中心副主任、主任，还是哈佛大学和斯坦福大学预防性防御项目的联合主任。1993 年，经威廉·J. 佩里等人推荐，进入国防部，担任负责国际安全政策的助理国防部长，工作涉及应对世界其他地区的大规模毁灭性武器威胁、核武器政策、核态势评估、全面禁止核试验条约谈判，以及耗资数十亿美元的努恩－卢格合作减少威胁计划和蓝宝石项目，该项目清除了乌克兰、哈萨克斯坦和白俄罗斯的所有核武器。卡特以出色的能力在国会和国防领域留下良好印象，后来担任国防部负责采办、技术与后勤事务的副部长，常务副部长、部长。

人际关系机缘与科技官员任用有很强的关联关系，同样是曾经担任国防部长的威廉·J. 佩里，在一个普通空军军官保罗·卡明斯基的职业生涯中具有重要影响。卡明斯基在美国空军服役 20 年，主要是在空军系统司令部任职，

负责测试和评估民兵导弹的惯性制导组件及美国第一批精确制导弹药的终端制导系统。1976 年，卡明斯基被安排到武装部队工业学院学习，在此期间，他遇到了当时任国防研究与工程署署长、后来任国防部研究与工程副部长的佩里，并于 1977 年成为佩里的特别军事助理，协助评估管理隐形技术的早期研发工作。佩里于 1981 年离开国防部，卡明斯基则留在军队，负责监督隐身飞机研发、生产和部署。1984 年，卡明斯基从空军退役，进入私营部门工作。1994 年佩里担任国防部长后，卡明斯基被推荐担任国防部负责采办与技术的副部长，积极配合佩里的采办改革计划，大力推行商业经验。

三、跨机构流动的政策保障

美军科技官员大都是跨机构任职，军职官员按照轮换要求，在一个岗位工作一定年限后根据规定进行流动，文职官员如果属于政治任命人员，无论任前是否在国防部门，由总统提名并经过一定程序即可任命，如果不属于政治任命人员，从非国防部门到国防部门，还要遵守联邦人事流动法律规定。《政府间人事法》（IPA）是这方面的典型法律，为科技人员流动提供了政策保障，这一交流通道是传统政治任命和公务员聘用之外的重要的第三条公共服务途径。

《政府间人事法》于 1970 年制定，旨在加强联邦和州等地方政府之间的伙伴关系，根据这一法律，联邦政府与州和地方政府、高等教育机构、印第安部落政府及其他有符合条件的组织（包括非营利组织、联邦资助的研究和发展中心、医院、学校、研究机构和科学协会）之间可以临时交流指派人员。这种交流是双向的，其他组织人员可以到联邦政府部门交流工作，联邦政府人员也可以到其他组织交流工作。符合条件的人员从非政府部门到政府部门工作，其行为要符合政府部门的行为标准和利益冲突规定，工资由前后任职

的两个机构协商分摊，流动交换时间一般长达两年，根据需要可以再延长两年。任期结束后，非联邦部门雇员都可返回其任职前的非联邦职位，或者具有同等薪酬、职责和资历的职位[①]。

国防部、能源部、国家航空航天局等机构经常面临着与私营部门、大学和非营利研究中心之间的人才竞争，《政府间人事法》提供的人员流动计划可以帮助这些机构通过临时派任解决其任务关键技能缺口问题，将顶尖科学家、研究人员和教授引入联邦政府，领导复杂的高技术项目。根据美国政府问责办公室（GAO）的一份人事流动计划评估报告显示，上述每个机构的官员都认为，人员流动计划帮助他们引进了一些本来难以获得技术技能的参与者，特别是那些在各自领域属于顶尖专业人员的人（表 3.2）。

表 3.2　2016—2020 财年 3 个机构人员流动计划非联邦参与者数量[②]

机构		2016	2017	2018	2019	2020	总计
国防部	空军	——	1	1	8	2	12
	陆军	37	44	27	30	36	174
	海军	16	19	15	15	19	84
	国防高级研究计划局	12	5	5	4	7	33
能源部		14	13	13	13	17	70
国家航空航天局		13	13	8	10	10	54

1991 年担任国防研究与工程署署长的维克多·H. 里斯（Victor H. Reis）

① The Partnership for Public Service. IPA agency and candidate guidebook[R]. Washington, D.C.: The Partnership for Public Service，2021：13.

② United States Government Accountability Office. Personnel mobility program improved guidance could help federal agencies address skills gaps and maximize other benefits（GAO-22-104414）[R]. Washington, D.C.：United States Government Accountability Office，2022：23.

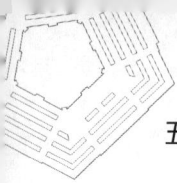

最初就是通过《政府间人事法》进入国防部的。当时，里斯在科学应用国际公司担任负责战略规划的高级副总裁，经常承担国防高级研究计划局的项目，与国防高级研究计划局项目主任、局领导相当熟悉，有一天，局长克雷格·I.菲尔茨（Craig I. Fields）给他打电话，请他担任国防高级研究计划局副局长，但是从营利性企业无法到国防部任职，菲尔茨就动用关系安排里斯先回到林肯实验室工作，再从林肯实验室通过《政府间人事法》到国防高级研究计划局任副局长。里斯后来在菲尔茨离职后代理了一段时间局长职务，后被任命为局长。由于管理能力突出，在担任局长时间不长后被提升为国防研究与工程署署长。

第四章

美军典型科技官员与技术创新

源源不断的技术创新是美军获得军事技术优势的重要基础。第二次世界大战后，科技革命大潮涌动，美苏竞争日趋激烈，众多典型科技官员依凭卓越的技术认知力和判断力，敏锐抓住技术机遇，在互联网络、高空长航时无人机、隐身飞机、全球卫星导航系统等领域关键技术发展上前瞻决策，大力推动和组织技术创新，并且极力克服传统习惯、保守文化和军种利益的羁绊，形成大量突破性、颠覆性成果，在美军军事技术革命形成发展中作用巨大。新一轮世界科技革命背景下，美军典型科技官员正在布局技术创新的关键领域，并对军事技术创新的组织方式进行调整，以期获得新的领先优势。

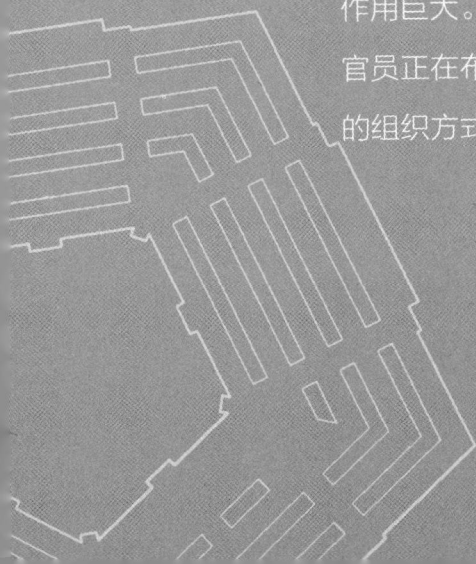

第一节　美军典型科技官员与技术认知决策

技术认知决策是对重大技术动向触发信号敏锐捕捉、理解并决策开发的活动，是典型科技官员推进技术创新的标志性能力。典型科技官员通常具备丰富的科技知识和素养，经过企业研发部门、政府实验室等技术管理职位历练，具有前瞻性的技术规划和创新能力。在科技革命时代技术萌芽不断迸发的背景下，他们往往能够快速感知新出现技术的军事价值和应用潜力，及时抓住技术机遇并做出决策，助力美军形成先发技术优势和强大军事能力。

ARPANET

国防高级研究计划局（DARPA）是美国科技界的明珠，互联网的前身ARPANET 就是它的成果，而这一成果直接得益于其第 5 任局长查尔斯·M. 赫茨菲尔德（Charles M. Herzfeld）的超前认知与精明决断。赫茨菲尔德于1951 年获芝加哥大学物理化学博士学位，在芝大期间，他参加了约翰·冯·诺依曼（John von Neumann）关于早期计算机研究工作的讲座，该讲座对他产生了深远的影响。博士毕业后，他先后在阿伯丁弹道研究实验室、海军研究实验室、国家标准局等机构工作，1961 年 9 月，他进入国防部高级研究计划局（ARPA）工作，并于 1965 年 6 月到 1967 年 3 月担任局长。当时，在计算机技术尚处于起步阶段、网络技术还在萌芽之中的重要历史时期，ARPA 信息处理技术办公室已经能够远程监督分布在全美的一系列计算机。时任信息处理技术办公室主任泰勒发现，他办公室里的每台计算机都有自己的机器语言，需要使用不同的终端和登录程序，而计算机之间却无法连接和通信。因此，泰勒认为需要一种能够使计算机之间互相连接的方式。他向局长赫兹菲尔德讲述了构想，想要申请足够的资金在 4 台位于不同大学的计算机或节点之间

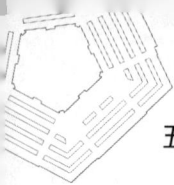

建立网络连接。赫兹菲尔德凭借自己的直觉，认为这是一个好主意，但是他担心在相互连接之后如果一台机器出现问题，会导致四台计算机同时崩溃。泰勒做出快速回应，他打算在系统中植入网络冗余的概念，如果一台操作失灵，在计算机之间游走的信息就会另择通道。泰勒为此申请一百万美元资金。赫兹菲尔德问："做起来很有难度吗？""哦，不会。我们已经知道怎么做了。"泰勒回答。整个过程只有约二十分钟时间。赫兹菲尔德敏锐地觉察到这个项目的重要价值，从其他办公室的研究经费中挪出了一百万美元资助这项研究，这为日后互联网的形成奠定了重要基础。赫兹菲尔德具有很强的技术认知力，离开 ARPA 后，他曾在多家技术公司和科技风险投资公司工作，后来又进入国防部，于 1990 年 3 月至 1991 年 5 月担任国防研究与工程署署长。赫茨菲尔德在其职业生涯中获得了很多奖项，其中，最具标志意义的是他对互联网形成的贡献，2012 年，赫兹菲尔德入选互联网协会互联网名人堂，并被称为互联网先驱。

无人机

无人机是美军武器装备系列的重要组成部分，早在越南战争时期，美国空军与瑞安航空航天公司合作开发了一种名为"火蜂"（Firebee）的无人侦察机，用于在越南北部和中国南部进行侦察，特别是在防守严密的地区替代载人的 U-2 侦察机。随着越南冲突的结束和随后的部队缩编，美空军对无人机的兴趣便减弱了。[①]

20 世纪 70 年代，随着通信、成像等技术的发展，无人机的功能开发和军事应用面临新的机遇。1978 年，一家名为领先系统公司的开发人员亚伯拉罕·卡里姆（Abraham Karem）向国防高级研究计划局（DARPA）提出一个侦

---

① BONVILLIAN W B, ATTA R V, WINDHAM P. The DARPA model for transformative technologies [M]. UK Cambridge：Open Book Publishers, 2019：250.

察无人机项目申请，当时 DARPA 局长罗伯特·R. 福萨姆（Robert R. Fossum）听到陈述后，前瞻认识到这一项目的军事价值，并决定专门安排资金给予支持。基于这一支持，卡里姆成功开发并演示了一种叫作"信天翁"的无人机。福萨姆长期在美国海军服役，虽然在大学和博士期间他主攻的都是数学、统计学这类专业，但他对电子领域却极富热情并拥有丰富的专业经验，先后担任西尔瓦尼亚电子防御实验室主任、电磁系统实验公司副总裁，主管电子系统；1974—1977 年，任美国海军研究生院科学与工程部主任；1977—1981 年，担任 DARPA 局长。DARPA 后来在"信天翁"的基础上，新设"琥珀"项目，作为"信天翁"的放大版本，继续安排资金支持。在这一过程中，当时的项目主任对"琥珀"项目不感兴趣，但福萨姆相信自己对无人机技术的判断力，极力支持才使项目顺利继续。最后，"琥珀"在 DARPA 的计划下被改造成"捕食者"，成为一种非常成功的情报、监视和侦察系统，广泛用于伊拉克战争和阿富汗战争。

"琥珀"到"捕食者"的发展之路并不顺利。由于各个军种都在发展无人系统，国会在国防部建立了一个无人机联合项目办公室，整合所有的军事研发力量和资源。当时由于各个军种的无人机都能够满足自身要求，更先进的"琥珀"没有被选中获得继续支持。其研发企业领先系统公司没能挺过这次不幸，先卖给了休斯公司，然后又卖给了通用原子公司。开发者卡里姆不甘放弃，沿用和保持"琥珀"的概念和技术，开发了一个针对国际市场的低性能版本，称为"蚊蚋 750"，该产品一部分被卖给土耳其，一部分被美国中情局收购。"捕食者"最初是"蚊蚋 750"的增量改进型，具有伸展的机身和更长的机翼，带有与卫星通信系统相连的情报、监视和侦察（ISR）传感器。最初的系统包括一架拥有传感器、通信能力的无人机和一个用于飞机控制的地面站，随后，增加了激光目标指示能力和海尔法导弹发射能力。1991 年的海湾战争凸显了机载战术级情报侦察能力的严重不足，尤其是在广域覆盖方

面。经美国国防部领导层在性能、经济可承受等方面的综合考虑，"捕食者"纳入先期概念技术演示项目（ACTD），1995 年 7 月，被部署在波斯尼亚，在真实作战环境中进行监视并提供全天候侦察和图像采集，最初预计将在战区停留 60 天，但来自作战人员的请求使该系统部署延长至 120 天。

"捕食者"由美国国防部组织研发，但由于军种势力强大、以自我发展为主，因此，要转移技术和配发装备到军种，还要受到利益和文化的挑战。研发机构往往是做出成果并进行演示，让军方看到实际效果。比如，第二次世界大战时，科学研究与发展局针对海军的抵制和反对，在推广技术装备时，常常进行小批量的生产或者演示验证，让海军看到效果，这样，他就没有什么理由拒绝。琼斯于 1993—1997 年担任国防研究与工程署署长，正好见证了"捕食者"的采办过程，她在访谈中谈到，"捕食者"是在没有任何与空军合作的情况下研制的，因为当时的空军有一种坚持飞行员在飞机内飞行的文化。原型系统完成后，空军并不想要，于是，他们就安排了一些"捕食者"到波斯尼亚的作战部队，结果部队评价其非常有用。后来，一些开明的空军军官认为，天空是他们的领域，这些东西很有用，如果他们不采纳，那么地面部队将进入他们的领域。没过多少年，空军就开始采用无人机，直到今天，他们仍在训练更多的人成为无人机飞行员。

GPS

20 世纪 50 年代，美国和苏联都依托火箭技术发展空间项目，包括利用卫星开展定位导航。1959 年，约翰斯·霍普金斯大学应用物理实验室与美国海军签约研制的第一颗被称为"子午仪"（Transit）导航卫星原型未能成功到达轨道。1960 年成功发射了第二颗"子午仪"1B 卫星，并于 1964 年交付美国海军。最终，由 6 颗卫星组成的子午仪卫星导航系统开始运行，但只能对行驶速度较慢的舰艇提供导航。与此同时，美国空军联合新成立的航空航天公司，发起了名为 57 号项目的卫星导航计划，然后提出了神秘的 621B 计划。

另外，陆军也开展了自己的卫星导航项目研发。1973年，在国防研究与工程署的决策下，不同军种的计划以"国防部导航卫星系统"为主题结合在一起，这就是后来的授时与测距导航系统（NAVSTAR）。1983年9月，在合并了系统分辨率控制能力之后，普通大众都可使用这一系统，即大家熟知的全球定位系统（GPS）。

美军不同军种由分散研发到国防部统一组织，国防研究与工程署署长马尔科姆·R.柯里（Malcolm R. Currie）发挥了非常重要的作用。柯里在第二次世界大战期间曾在美国海军服役，战后在加州大学伯克利分校获得工程物理博士，1954年开始在休斯公司工作，担任研发工程部门副总裁，从事行波管、毫米波、激光、噪声理论和降噪、参量放大器、电力推进和离子束半导体植入等领域的研究，负责第一台数字机载雷达、红外成像系统、激光系统和早期卫星通信电子系统的开发。之后，到贝克曼仪器公司负责科学和医疗仪器的开发。1973—1977年担任国防研究与工程署署长，发起并指导了诸如全球定位系统、隐身、巡航导弹、F–18战斗机、M–1坦克和早期智能武器等项目。从国防部离开后，他又回到了休斯公司，最终成为董事长兼首席执行官。

柯里长期在休斯公司工作，对技术的应用价值具有很强的职业敏感，在国防研究与工程署上任不久，就碰巧遇到了负责空军开发卫星导航系统的一位上校，并听取了上校有关此项目的汇报。虽然柯里对这件事知之甚少，但他很快就掌握了要点。后来，当空军到国防系统采购审查委员会申请获准进行全面开发时，柯里尖锐地批评了他在空军提案中看到的缺陷，并指示空军去寻求其他军种的意见，尤其是海军的意见。项目主任立即调整了该项目，满足了柯里的需求，重新获得国防系统采购审查委员会的批准。在美军军种较为强势的背景下，柯里的意见能够被采纳，不仅是因为柯里的管理职权，从一个方面也反映出军种对柯里这些科技官员出色的技术认知能力的认同和尊敬。

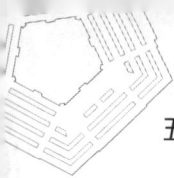

GPS 系统的成功研发，与国防部第 1 任研究与工程副部长威廉·J. 佩里的支持不无关系。佩里在担任国防研究与工程署署长时，该职位提升为国防部研究与工程副部长，佩里的背景也是国防电子，对利用信息技术的监视系统、导航系统等赋能项目非常重视，认为利用这些技术可以大大提高北约部队的战斗力。1978 年，佩里担任国防部副部长第二年，GPS 系统的预算将被取消，准备把原有的预算投向飞机和坦克，国防部长和预算局已经同意，正准备向国会提交。佩里认为 GPS 系统非常重要，他还去空军基地，与负责这个项目的空军军官进行了讨论，并实地察看了系统演示，这次演示进一步坚定了他的信心。后来，佩里说服了国防部长布朗，布朗又去协调预算局，然后把 GPS 系统的预算保留下来。

第二节　美军典型科技官员与技术发展接力

技术发展过程是一个连续的创新过程，也是一个不断迭代的创新过程，一项颠覆性技术的萌芽、突破和应用，更是一个漫长的过程。受科技官员任期限制影响，关键技术创新应用往往需要众多具有很强技术认知力的科技官员协同支持和接力推动，其中包括同时期不同级别的科技官员，也包括不同时期同一职位和不同级别的科技官员。这些科技官员基于对技术机遇和军事价值的理解和认同，相互之间长期进行支持，是技术创新的重要保障。

隐身飞机

自第二次世界大战以来，空中优势一直是美国军事发展的重点之一。然而，越南战争后期的苏联防空系统使美国飞机变得更加脆弱，渗透苏联领空变得更加困难，这给美军带来一个根本性的战略挑战，如果美国或北约要威慑或打击苏联集团，在不诉诸核战争的情况下，就需要开发新的替代方案。1974 年，

正是在这样的大背景下，国防研究与工程署空战项目主任查克·迈尔斯向当时的 DARPA 战术技术办公室副主任罗伯特·摩尔提出了一个他称之为"哈维"的构想，"哈维"名称来自于一部同名电影，描述的是一只有六只脚的隐形兔子的故事。这个概念指的是一种战术战斗机，它很难被雷达或红外、声学或视觉手段探测到。[①]

"哈维"的构想得到 DARPA 的支持，在战术技术办公室建立战术空军项目，莱特帕特森空军基地空军系统司令部的肯·佩尔科被聘为项目主任。佩尔科曾在空军工作，参与 DARPA 资助的无人机和遥控飞行器"低可观测性"研究，并对该领域有所了解。通过征寻建议书，大多数供应商提交了稍有改进的雷达截面缩减方案，但没有一个达到 DARPA 所寻求的数量级目标。基于这些初步提交的资料，DARPA 最终资助了格鲁曼公司、麦道公司和诺斯罗普公司的小型初步研究。洛克希德公司最初没有被邀请参与，后来申请参与并被批准。DARPA 隐形飞机计划的第二阶段"拥蓝"（Have Blue）于 1976 年开始，洛克希德公司赢得了唯一的第二阶段项目，部分原因是其"臭鼬工厂"具备按时完成 SR-71 黑鸟这类高风险、高技术项目的能力。"拥蓝"项目高度机密，国防部长办公厅、DARPA 和空军总共只有十几个人知道。

1977 年，威廉·J. 佩里担任国防部研究与工程副部长，亲自监管这一项目，上任后到 DARPA 指导工作，明确了 3 个优先事项，隐身排在第一位，而且还指定自己的军事助理保罗·卡明斯基专门协助管理隐形项目。佩里还多次与空军高层进行项目讨论，刚开始讨论的时候，还有一些反对意见，都被佩里一一否定，后来，超出他的权力范围时，他就向国防部长布朗求救，布朗也很支持他，正是这样，这个隐身项目才能顺利进行。从众多官员支持可以看

---

① BONVILLIAN W B，ATTA R V，WINDHAM P. The DARPA model for transformative technologies [M]. UK Cambridge：Open Book Publishers，2019：177.

出，颠覆性技术的发展不仅需要科技官员具有卓越的技术识别力和突破常规、敢于冒险的精神，由于其研发和应用过程还会遇到很多否定因素，还需要众多志同道合的高层官员给它的风险背书，并且能够力排众议，鼎力相助。

"拥蓝"是由洛克希德公司为概念论证而建造的隐身验证机，于 1977 年底首飞，由此揭开了 F–117 "夜鹰"（Night hawk）隐身飞机研发的序幕。两年之后"夜鹰"成功完成首飞。DARPA 在"拥蓝"中研究的技术（后融入 F–117 中）包括多面棱表面技术、雷达吸波材料、红外屏蔽技术、热耗散技术、低截获概率雷达、主动特征信号抑制器、遮蔽的入口和尾喷管（包括尾喷管冷却）及挡风玻璃上的特殊涂层等。DARPA 在整个过程中始终坚持一个原则，即如果能够从已有飞机中借用和改造部件，就不再进行任何新的发明，"拥蓝"中使用的飞行控制系统就取自 F–16 战斗机。DARPA 的目标是两年内将低雷达反射截面的飞机送入空中，为此愿意牺牲气动性能。DARPA 认为，相比满足空军关于高性能飞机的所有需求，论证隐身是否可作为一项用于提高生存和任务能力的新参数更为重要。第一架 F–117A 隐形战斗机于 1981 年交付，1991 年，F–117A 在海湾战争中取得了巨大成功。

新技术的应用必然会对军种的传统习惯和利益分配形成冲击，从"拥蓝"到 F–117A 隐形战斗机的过程就是例证。"哈维"构想开始征集初步方案时，DARPA 局长乔治·H. 海尔迈耶（George H. Heilmeier）就坚持认为，没有空军的支持，该计划很难推进，但空军的支持是高度不确定的，因为空军认为隐形攻击机牺牲了一些作战能力，价值有限。空军之所以不太配合，还有一个利益冲突的考虑，空军正在开发 F–16 项目，参与隐身项目可能让他们失去 F–16 项目的资金支持。国防研究与工程署署长柯里与空军参谋长大卫·琼斯将军和空军研发助理部长奥尔顿·斯莱将军多次协调，并和琼斯达成了一项协议，保证隐形项目预算不会挤占空军计划项目资金，才获得空军对 DARPA 隐形计划的支持。为了得到仍持怀疑态度的空军的支持，国防部长哈罗德·布

朗还对隐形飞机的开发给予资金上大力支持。随着时间的推移，空军逐步接受了这项先进技术成果。与这个例子相反的是，洛克希德公司的臭鼬工厂将隐形技术引入海军新船研制，开发隐身功能的"海影"船，后续因为海军的反对而失败，原因与空军的担忧非常相似。

互联网

从 ARPANET 到互联网，包含着一批具有卓越技术认知力的科技官员的接续努力和探索，也说明一项颠覆性技术从提出构想到应用落地需要经历连续不断地推动和支持，这其中，国防高级研究计划局一批项目主任功不可没，约瑟夫·利克莱德是其中的典型代表，他曾获华盛顿大学物理学、数学和心理学 3 个专业的学士学位，心理学硕士学位，以及罗彻斯特大学心理声学博士学位，较早预见到现代交互计算及其各种应用，并为此做了大量工作，资助了包括当今标准图形用户界面及互联网的直接前身阿帕网在内的很多研究，被认为是计算机科学和通用计算机历史上最重要的人物之一。

在麻省理工学院任职期间，利克莱德对计算机如何帮助人们更好地沟通产生了兴趣。他作为人体工学研究小组的组长参与了"半自动地面防空系统"（SAGE）项目。这是一种基于 IBM 公司产品的计算机系统，在建成之后将成为北美防空司令部防空系统的支柱。SAGE 是第一台利用计算机技术集成雷达的系统，它从跟踪雷达接收信息，随后解析数据，最终引导美国导弹防御系统瞄准来袭威胁，可以完成接收、解译、回复 3 项关键工作。SAGE 系统操作员是世界上首批要求多任务处理的计算机用户，他们坐在控制台前，监视显示器、敲击键盘，随着新信息通过电话线持续流入 SAGE 系统而不断切换开关。

利克莱德由 SAGE 系统受到启发。对他来说，这个系统证明计算机不仅可用于收集数据进行演算，还可用于其他更多方面。他想象着未来某个时间人机之间可能会通过更大程度的互动解决问题。他在一篇名为《人机共生》（Man-Computer Symbiosis）的论文中提出这一概念，描述了人类与"电子伙伴"

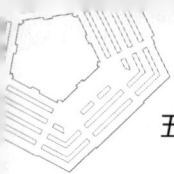

计算机之间的合作关系。利克莱德预想有一天，计算机将成为人类的"助手"，将能够"回答问题、仿真建模、图表演示、举一反三"。和冯·诺依曼一样，利克莱德也看到了计算机和大脑之间的相似之处，此外，他还预见了人机之间的共生关系，人类的"机械性工作"重负可以借助机器得到缓解。如此一来，人类就可以投身于更重要的决策工作。

高级研究计划局（ARPA）感兴趣的正是这种革命性思考方式，也因此注意到利克莱德的工作。在当时核战争阴霾下，总统仅依靠一部红色电话与部署的核武器系统之间进行通联，考虑到微小时间耽误的巨大风险和代价，肯尼迪要求国会尽快拨付资金，迅速对与核武器相关的美国军事指控系统进行现代化升级改造。研发的指令下达到五角大楼后，又被转交给 ARPA。为更新指控系统，计算机的计算能力有待提高，而利克莱德正是这项工作的合适人选。ARPA 局长杰克·P. 瑞纳（Jack P. Ruina）给利克莱德打电话，让他来华盛顿为国防部官员举办一系列计算机研讨会，后来又为利克莱德提供了一份工作。利克莱德抵达五角大楼 15 天后，古巴导弹危机爆发。U-2 侦察机拍摄的照片显示，苏联秘密将核导弹部署在古巴，距佛罗里达海岸仅 90 英里。肯尼迪总统要求苏联撤走导弹，但遭到赫鲁晓夫拒绝。自 10 月 16 日起，美苏攻讦、对峙前后持续 13 天。10 月 24 日，危机达到顶点，美国对古巴全岛实施军事封锁，随后美苏开始海上对峙。各方均称这 13 天是世界距离核战争最近的时刻，空前绝后。[①]

古巴导弹危机表明指控系统不仅需要升级，而且必须重新构想。1962 年 10 月，利克莱德被任命为信息处理技术办公室主任。他首次向 ARPA 同僚发出挑战，重新思考计算机除工资和会计之类的传统数学工作，还能发挥哪些作用。利克莱德提议开发一个庞大的多用户系统，即计算机"网络"，它可

---

① JACOBSEN A. The Pentagon's brain[M]. New York: Hachette Book Goup，2015：145–151.

以跨多种平台信息并进行整合，其内容来源涵盖雷达、卫星、情报报告、通信电缆甚至天气预报。利克莱德说，我们需要在人机及军队内外之间建立密切的合作关系。利克莱德称这种网络为"星形拓扑网络"，并说服同事认同这一观点：计算网络是一个非常重要的概念。

利克莱德离开 ARPA 后，伊万·萨瑟兰担任信息处理技术办公室主任。萨瑟兰是首批接受利克莱德人机界面挑战的研究人员之一，进入 ARPA 也是利克莱德的极力推荐。1962 年，他在麻省理工学院的博士项目名为"画板"（Sketchpad），这是有史以来第一个用户可以在屏幕上交互绘制图形的计算机图形程序，被广泛认为是整个计算机图形学领域的开创性程序。"画板"是最早使用定点设备的计算机之一，可以用一支手持的"光笔"来画画，移动笔时可以实时在屏幕上画线条，这支笔还可以用来抓取和拖动图像，以及旋转、扩展或收缩图像。这支"光笔"就是今天的鼠标。"画板"项目还得到了陆军、海军和空军的资助。担任信息处理技术办公室主任后，萨瑟兰在资助计算机图形学项目外，还支持了大量人机交互类项目的研究。

萨瑟兰在结束任期后，罗伯特·泰勒担任信息处理技术办公室主任。泰勒在加入 ARPA 之前就热情支持利克莱德的愿景，在任职第一年，他继承利克莱德的"星形拓扑网络"构想，提出 ARPANET 项目。虽然 ARPANET 的建设是在继任者劳伦斯·罗伯茨领导下开始，但网络的设计是在泰勒的领导下完成的。加入 ARPA 之前，泰勒曾在国家航空航天局承担人机界面研究职务，进入 ARPA 后，他把分布式交互计算作为担任信息处理技术办公室主任的"神圣事业"，通过计算机科学实验室等机构开展了大量设计和研究。

1968 年，ARPA 项目主任劳伦斯·罗伯茨发布了一份关于实验性大规模网络的提案征寻书。这个名为 ARPANET 的项目寻求使用分组交换和分布式通信等新兴技术，以及前所未有的计算机硬件和操作系统的多样性技术。ARPANET 的主干由一组通过分组交换机连接的长途电话线组成。BBN 公司

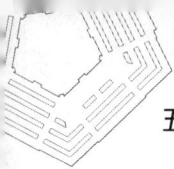

赢得合同，主要任务是为这些交换机（称为接口消息处理器或 IMP）提供硬件和软件。BBN 公司的罗伯特·卡恩在提案设计中发挥了关键作用。卡恩在 BBN 公司之前，曾在麻省理工学院电气工程系任教，因为喜欢应用研究，便离开麻省理工学院，前往 BBN 公司，并在那里开发自己的计算机网络理念。因为在 ARPANET 网络建设中的突出表现，卡恩后续担任了 ARPA 信息处理技术办公室项目主任。就任后，卡恩发起了网络安全、数字语音传输和分组无线电等项目。1973 年，卡恩发起了一个名为 PRNET 的地面分组无线电项目，该项目于 1975 年开始试验性运行。卡恩还开始尝试使用国际通信卫星的一号卫星将 ARPANET 连接到英国和挪威的站点（DARPA 在这两个国家进行地震监测，以探测苏联的地下核试验）。这项工作于 1975 年发展成为大西洋分组卫星网络（SATNET），这是一个与英国邮政局和挪威电信管理局联合运营的试验性跨大西洋网络。

1973 年，卡恩找到计算机科学知名专家文顿·瑟夫，提出开发一个网络互联系统的想法——这个系统最终被称为"互联网"。瑟夫最初在加州大学洛杉矶分校工作，承担高级研究计划局项目，主要致力于分组网络互连协议研究，并与卡恩共同设计了国防部 TCP/IP 协议套件。1976 年，瑟夫因其卓越的才能被 DARPA 选任为项目主任，根据自己的理解和军事应用，他安排资助了多个小组开发 TCP/IP、分组无线电（PRNET）、分组卫星（SATNET）和分组安全技术。1977 年，瑟夫和卡恩监督了 TCP 的实施及 ARPANET、PRNET 和 SATNET 的试验性连接，这成为互联网的第一个雏形。

第三节　美军典型科技官员与军事技术革命

从第二次世界大战到现在，在科技革命和重大安全需求的影响下，美军

军事技术发展经历了以不同领域技术为主导的变化过程，在每一次技术变革的背后，科技官员都扮演着重要角色，这些官员往往能够以敏锐的专业判断力，洞见技术的变化，引领和带动军事技术革命性发展。

从 20 世纪 20 年代起，世界科学中心开始向美国转移，与此同时，新的科技革命也开始萌芽。随着第二次世界大战的爆发及冷战的激烈竞争，以军事技术发展为牵引，这次科技革命进入了一个加速发展阶段，原子能、电子计算机、微电子技术、航天技术等领域取得的重大突破，标志着新的科学技术浪潮的到来，这次浪潮以计算机技术、生物工程技术、激光技术、空间技术、新能源技术和新材料技术的应用为特征，把人类社会推进到信息时代。

战争可以说是这次科技革命的助推剂，它不仅促进了科技革命的演进，也让科技革命带上浓重的军事色彩，原子弹的成功研制、第一台电子计算机的产生、导弹和卫星的发射，都是军事需求催生出的革命性技术成果。与此同时，科技革命也为原子能委员会、国防研究与工程署、国家航空航天局、国防部高级研究计划局等研发管理机构的产生提供了技术背景和重要推动力，为一大批科学家走上科技管理职位提供了机遇和平台。

核武器时代，具有核专长的科学家首当其冲成为引领军事技术发展的领导者。第二次世界大战期间，著名物理学家奥本海默被美国政府选任为曼哈顿工程的首席科学家，负责整个原子弹工程的规划、组织和实施。在奥本海默的卓越组织下，费米、玻尔、费曼等著名物理学家都参与了原子弹研发工作。1945 年 8 月，两颗原子弹的使用加速了战争结束的进程，向世界显示了这一新的武器的巨大影响。随着冷战中美苏两大阵营的竞争不断激烈，作为大国战略制胜的关键砝码，核武器的研发进入了你追我赶的状态，1952 年美国首次成功试爆氢弹，1955 年苏联也成功进行了氢弹爆炸试验，后来美国利用核轰炸进行军事威慑，苏联则开始建造核潜艇。1953 年，美国国防部设立研究与开发助理部长职位，唐纳德·A. 夸尔斯（Donald A. Quarles）为第 1 任

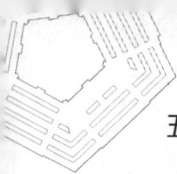

助理部长，他曾担任管理桑迪亚国家实验室的桑迪亚公司总裁。1957 年，美国国防部设立国防研究与工程署，在人员任命上充分突出了核武器时代的技术发展需求，前三任署长都是物理专业出身，而且都来自利弗莫尔国家实验室，都在核武器研制领域很有建树。比如，第 2 任署长哈罗德·布朗在利弗莫尔国家实验室期间，带领多数都比他年长的人员组成科研团队，使用第一批计算机来研究如何减少热核弹头的体积，设计出的核弹头尺寸小、重量轻，足以置入海军的核动力弹道导弹潜艇（SSBN）。

太空竞争时代，多名航空航天领域科学家走上国防科技管理高层职位。1957 年 10 月 4 日，苏联发射世界上第一颗人造地球卫星，宣告了太空时代的到来，标志着航天科技进入一个新的阶段。其实，美国在苏联发射卫星之前，就在导弹领域开展了大量研究，3 个军种分别都在研发自己的导弹武器系统。苏联卫星事件之后，美国不仅成立国家航空航天局，制定"阿波罗"登月计划，而且在军事上也加快了发展步伐，导弹、卫星，包括为全球军事行动提供保障的卫星导航系统都获得大幅支持。为了更加有效地管理军事航天技术发展，一批航空航天领域科学家进入国防部任职。国防高级研究计划局在成立之初，其职能就包括发展航天技术，虽然这项职能不长时间就被剥离，但后续依然有多名局长出身航天领域，第 6 任局长埃伯哈特·里希廷（Eberhardt Rechtin）曾长期在国家航空航天局喷气推进实验室工作，从研究导弹无线电制导、遥测问题转换并扩展到深空飞行器跟踪测控问题，被称为"深空网络之父"。从国防高级研究计划局第 10 任局长开始，连续 3 任局长都与航天领域有直接关系，第 10 任局长罗伯特·库伯（Robert Cooper）曾担任国家航空航天局戈达德太空飞行中心主任、卫星业务系统公司工程副总裁；第 11 任局长罗伯特·C. 邓肯（Robert C. Duncan）曾担任海军飞行员、国家航空航天局林登·约翰逊航天中心制导和控制分部负责人；第 12 任局长雷蒙德·S. 克拉戴（Ray S. Colladay）曾在国家航空航天局格伦研究中心、局总部担任多个领导

职位，后来曾担任副局长。

美军为了保持在太空领域的长期优势，在国防部层面多次任命航天领域科学家和工程技术官员到高层管理岗位任职。1973—1977 年担任国防研究与工程署署长的马尔科姆·R. 柯里（Malcolm R. Currie）曾长期在休斯公司工作，担任过导弹系统公司总裁、休斯研究实验室副总裁、休斯公司等高级职务，领导了数字机载雷达、红外成像系统、全球定位系统、激光系统等研发工作。1981—1984 年担任国防部研究与工程副部长的理查德·D. 德劳尔（Richard D. Delauer）长期在海军工作，负责管理火箭核反应堆实验测试项目，曾领导海军空间技术实验室及"泰坦"导弹计划。从海军退役后，加入 TRW 太空技术实验室，参与美国首批卫星和太空探测器的设计和开发，后来被任命为 TRW 系统工程与集成部副总裁、TRW 副总裁。2001—2003 年担任国防部负责采办、技术和后勤的副部长的小爱德华·C. 奥尔德里奇（Edward C. Aldridge Jr.）曾是一名航空工程师，还被选为准备于 1986 年 7 月发射的航天飞行任务载荷专家，该任务在 1986 年 1 月挑战者号航天飞机遇难后被取消。奥尔德里奇曾担任空军副部长、部长，以及国家侦察局局长，离开政府部门后，长期担任航空航天公司高管。2018 年新的国防部研究与工程副部长设立后，担任该职务的格里芬还曾担任过国家航空航天局局长。

信息化浪潮中，科技官员推动形成军事技术革命，有力促进美军转型发展。冷战在整个持续期间都是一种高科技斗争。军事高科技是整个美国科技发展的重要引擎，推动美国科技走在众多科技领域的前沿地带，进而与科技革命形成同频共振。信息技术作为一种赋能性和泛在性技术，一直在军事需求的牵引下快速发展，其间，科技官员的引领和带动作用突出。第二次世界大战期间，负责军事技术研发组织的科学研究与发展局局长万尼瓦尔·布什曾在麻省理工学院电气工程系任教，还担任过麻省理工学院副校长，在电子电气领域研发与应用方面都有建树，1925 年，他就研究出机械式计算器，1931 年，

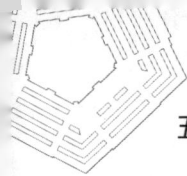

发明微分分析仪，微分分析仪是数学抽象关系的物质模型，把抽象的概念变成生动具体的东西，当时的报纸称这个发明像机械脑、人造脑，美国国家科学院院长称该发明为最复杂、最强大的数学计算工具，这使他在技术界享有盛誉，布什以其卓越的领导能力还组织研发了雷达、青霉素等。1953 年，第 1 任国防部应用工程助理部长纽伯里（Newbury）是电气工程专业出身，曾担任西屋电气公司副总裁，开拓了军事技术成果的应用转化工作。

随着电子信息技术的发展，晶体管和集成电路"成为特殊的技术推动力。在这一方面，美国军方也扮演了决定性的角色。它决定从 1959 年起把民兵导弹建立在这种新技术的基础之上"。[①]1977 年担任国防研究与工程署署长的威廉·J.佩里是推动信息技术发展应用的重要官员，也是第二次"抵消战略"的重要推手，佩里曾在西尔凡尼亚电子国防实验室工作长达十年，之后佩里与其同事共同创办电磁系统实验（ESL）公司，成为该公司的董事长和首席执行官，后来还担任过国防部第 1 任负责研究与工程的副部长、常务副部长、部长。在以佩里为代表的科技官员的支持下，美军优先支持和发展微电子技术和信息技术，在指挥控制、精确导航、通信网络、精确打击、战场侦察、隐身武器等方面均取得了很大突破，军事技术能力实现了巨大跃升，通过 1991 年海湾战争的实战检验，掀起了全球范围的军事技术革命。

美军还认识到，技术方面的革命性成果不足以改造美军，需要在军事理论、编制体制、部队训练等各个方面都要进行革命。1993 年，五角大楼官方文件中的"军事技术革命"一词开始被一个意义更广的新词——"军事革命"所取代。1996 年 3 月，威廉·J.佩里在给总统和国会的年度报告中，用专门的章节总结了"军事革命"的定义、特点和美军的任务，提出军事革命是这样一个时期，

---

① 贝恩德·施特弗尔. 冷战 1947—1991：一个极端时代的历史 [M]. 孟钟捷，译. 桂林：漓江出版社，2017：159.

即新技术与军事系统相结合，而且作战理论得到革新，组织编制进行了相应调整，使军事行动的特点和实施方式都发生了根本变化。军事革命为美军形成全新的军事优势奠定了基础。

军事智能正成为新一轮军事技术革命的启发器，典型科技官员敏锐认识到美国面临的威胁和挑战正在发生重大变化，科技革命正在改变全球军事格局，为应对这些变化，美国需要在信息技术、人工智能、机器学习等领域实现快速创新，提高军队作战效率和战场优势。近年来，美军在人工智能发展上多措推进，2018 年在新成立的负责研究与工程的副部长办公室内，设立了负责机器学习 / 人工智能和负责自主能力的 2 名局长助理，分别主管人工智能领域的基础和应用研究，以及先期技术开发和试验工作。2018 年 6 月，美军成立联合人工智能中心，主要职能是加强国防部人工智能发展总体统筹，加速交付人工智能能力，随后，各军种也相继成立负责协调发展人工智能技术和应用的专门机构，加紧推进人工智能在辅助决策、自主系统、协同作战、情报监视侦察、网电对抗、维修保障等领域的应用，加快形成作战能力。

第五章

美军典型科技官员与组织创新

由于技术扩散和外部环境快速剧烈的变化，美国国防部组织变革已成为一种普遍现象，创新的组织机构及组织方式正在发生重大变化，创新的组织形态正在演进到一个新的阶段。美军科技官员作为组织管理的关键要素之一，对于推动组织创新与发展至关重要。大国竞争背景下，美国国防科技管理领域涌现出众多引领风潮的科技官员，他们不仅具备深厚的科技背景和专业知识，更拥有出色的战略眼光和管理能力，能够准确把握科技发展特点和规律，为组织创新提供有力的支持和引导。

第一节　主导成立新型机构

随着技术快速发展和全球竞争加剧，传统的科技机构组织方式已无法满足当前的需求。新型机构通过引入新的组织方式、管理模式和技术手段，可有效提高研发效率和创新能力。近些年，在阿什顿·B.卡特（Ashton B. Carter）、威尔·罗珀（Will Roper）等具备战略思维科技官员的引导下，美国国防部相继设立多个不同功能的创新型机构，这些机构在反复试错、不断探索中崭露头角，成为推动美国国防科技创新的典范。比较典型的机构包括致力于商业技术快速引入的国防创新小组、致力于现实能力快速生成的战略能力办公室，以及积极谋求数字技术赋能的国防数字服务处等。

一、国防创新小组

近些年，随着现代科技加速发展，部分民用领域技术发展水平已显著领先于国防领域，美国国防部的大门逐渐向初创企业和非传统企业敞开。这一转变始于美国国防部前任部长阿什顿·B.卡特。卡特曾担任五角大楼最高采办主管，领导并推动了多项重大改革和采办项目，如国防部采办改革、KC-46加油机采购及防地雷反伏击车的开发和生产等。这段经历让他深刻意识到国防部采办系统的烦琐和低效。早在2000年，卡特就在其文章"保持技术优势"中敏锐地预见到，商业领域的创新将很快超越国防实验室，出于保护美国全球利益的考量，国防部需要与私营部门建立崭新的合作关系。随后，他在2001年出版的著作《保持优势：管理未来的国防》中，再次呼吁五角大楼重启与硅谷的沟通与合作。卡特就任国防部长后，多次表达了加强与硅谷等地的高科技企业和新兴企业合作的愿望。2015年，卡特成为美国历史上首位

访问硅谷的国防部长，同时宣布在硅谷成立国防创新试验小组（DIUx，国防创新小组的前身），旨在加强国防部与硅谷高科技企业之间的合作，这标志着国防部开始加强与商业领域的联系。

尽管国防创新试验小组得到了部分国防部高层的支持，但其在第一年的运营中却几乎走到了破产的边缘，卡特当时并没有完全意识到这类非常规项目必须以非常规的方式运行。他任命曾是国防高级研究计划局（DARPA）项目主任的乔治·杜查克担任国防创新试验小组的主任。杜查克不仅是一位高科技企业家，还曾担任过空军研究实验室信息部的主任，军地工作经验丰富。就组织架构而言，杜查克需要向负责采办、技术与后勤的国防部副部长汇报工作，但时任国防部负责采办、技术与后勤的副部长弗兰克·肯德尔对国防创新试验小组的理念并不热衷，因此将监督职责转移给了其下属的负责研究与工程的助理国防部长。从官僚体系看，杜查克与卡特之间隔了三级，交流链条较长，无法摆脱传统管理体制的桎梏。

最早预见到国防创新试验小组将陷入困境的是前谷歌工程师艾萨克·泰勒（Issac Taylor）。泰勒在谷歌工作了 13 年，期间设计和制造了谷歌首辆自动驾驶汽车，并逐步晋升为 Google X 的运营总监，期间还参与了多个机器人和增强现实相关的研发项目。泰勒一直渴望能效力于"对国家安全至关重要的大型项目"，并始终在寻找能够改变的机遇。起初，泰勒在谷歌内部推销国防创新试验小组的理念，但他很快意识到，按照当时的组织架构，国防创新试验小组必然会遭遇失败。作为一个旁观者，泰勒也亲眼目睹了创新公司与国防创新试验小组之间存在的矛盾与冲突。因为硅谷文化强调的是快速决策和行动，通常在会议结束后便能迅速达成是否合作的明确结果，然而在国防部，需要经过多次会议反复讨论才能做出决策，合同签订后还需经历烦琐的测试和审批流程，样机开发更是需要耗费数年时间。这种"拖沓"在硅谷是无法被接受的。最终，正如泰勒所预料的那样，国防创新试验小组初步选

定的两个项目均未能取得任何进展，最终不了了之。这一结果揭示了国防部传统体制与创新理念之间的深刻矛盾。

经过充分调研与分析，卡特总结了先前的经验教训，对国防创新试验小组的工作模式进行了大刀阔斧的调整，推出了国防创新试验小组 2.0 版本，并组建了一个由艾萨克·泰勒、克里斯·基尔霍夫、维肖·哈里普拉萨德和拉什·沙阿组成的管理团队。该团队被特别赋予了多项重要权力，包括人员雇佣和解雇、预算管理及承担风险和失败的责任等。2018 年 8 月，国防创新试验小组更名为国防创新小组，正式成为美国国防部常设机构。近些年，国防创新小组建立起灵活的项目生成机制、开放的方案征集机制、紧密的协同合作机制等一套独特的运行机制。如首创"商业领域方案开放征集"竞争性招标流程，并运用"其他交易"①特殊合同签订方式，更灵活、快速地与企业达成合作协议，实现商业领域解决方案的快速试验和交付。截至 2022 年底，国防创新小组共启动 157 个原型项目，52 项成功转化为产品或服务，授出原型合同总价值约 12 亿美元，带动私营部门投资超过 300 亿美元，约为自身投入的 25 倍，成效显著②。

为推动国防创新小组更加有效地完成"加速商业技术快速和大规模应用"的使命，2023 年 4 月，美国国防部长劳埃德·奥斯汀签署《国防创新小组的调整和管理》备忘录，将国防创新小组由研究与工程副部长领导变更为国防部长直接领导，同时任命前苹果公司高级副总裁道格·贝克（Dollg Beck）担任国防创新小组新任主任。贝克拥有丰富的商界和军事领域工作

---

① 其他交易协议是指美国会授权使用的一种非传统交易协议形式，可以对《联邦采办条例》有关规定条款进行豁免，主要采取一事一议的方式由协议双方谈判签订，对承包商资质要求少，签订程序简便灵活。1958 年，美国国会首次授权国家航空航天局（NASA）可采用其他交易协议开展采办活动；1989 年，美国国会授权国防高级研究计划局（DARPA）使用此类协议方式。

② Defense Innovation Unit. Annual report FY 2022[R]. 2022：5.

经验：2009 年进入苹果公司，此前曾在麦肯锡等公司工作，在新兴技术开发和市场推广方面经验十分丰富；拥有近 26 年的部队服役经历，曾在美海军预备役部队任职，参与伊拉克和阿富汗的联合特种作战任务；在国防创新小组工作 5 年，创建了联合预备役分队，并任该部门主管。此外，贝克还曾在日本、中国内地、中国香港、韩国、新加坡和印尼等亚洲国家和地区生活了 15 年，对中国较为了解和熟悉。贝克的从业经历有助于国防创新小组拉近同高科技商业公司的距离，并推动更多高科技商业公司进入国防科技领域。

二、战略能力办公室

战略能力办公室是 2012 年由时任国防部常务副部长卡特主导成立的创新管理机构，致力于以创新方式利用现有武器和商业技术，快速交付"改变游戏规则"的新能力，为颠覆性技术开发争取时间。美国国防部任命威尔·罗珀担任该办公室首任主任，并直接向后来升任国防部长的卡特汇报工作。罗珀是一位兼具系统思维、丰富想象力和深厚情怀的学者型官员，以积极、非传统、前瞻性的工作方法而闻名，被认为是美军近年来最具创新性的领导者之一。

罗珀拥有佐治亚理工学院物理学硕士学位及牛津大学数学博士学位，在其职业生涯曾担任过多个关键职位，包括导弹防御局导弹防御系统架构师、空军采办、技术与后勤助理部长等，主导了欧洲防御架构、先进无人机等项目。除此之外，罗珀还是 2018 年国防战略指导小组的成员、麦肯锡的高级顾问、7 家科技初创公司和投资公司的董事会成员，以及英国皇家空军的荣誉上尉等。因其在加速高超声速武器开发、简化小企业 / 初创公司合同授予流程、推动空军采办和技术改革等方面的突出贡献，罗珀于 2018—2020 年连续 3 年获得美国政府的 wash100 奖。

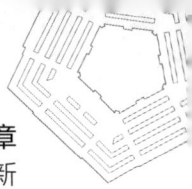

罗珀于 2012 年 8 月至 2018 年 2 月担任战略能力办公室主任。他表示，创建战略能力办公室这一决策是在对国防部进行全面审视后做出的，国防部意识到为了与俄罗斯、中国等强国开展竞争，亟须恢复许多自苏联解体后便蛰伏已久的能力。与国防高级研究计划局（DARPA）谋求远期技术优势相比，战略能力办公室更关注满足近期现实作战需求（2～5 年内实现能力部署），重点在于通过系统集成和作战概念创新，快速发展和部署新的作战能力，以创造针对中俄的"技术突袭"。由于创始人可以自由地根据自己的风格塑造组织，所以罗珀敢为人先的个性对战略能力办公室的组织文化产生了重要影响。

在罗珀的主导下，战略能力办公室塑造了研制新系统的 3 种方式。①致力于改变现有系统的用途，以拓展其作战能力。例如，原本作为海军防空和弹道导弹末段防御导弹的"标准"–6，通过软件升级而非硬件改动，就成功实现了反舰作战能力。②注重将多个系统集成为编队，以协同完成复杂任务。如重拾武库机概念，选择适宜的机型改装为可携带多种型号常规弹药的空中发射平台，与 F–35/F–22 战斗机形成编队，实现高效协同作战。这种编队方式使得前沿战斗机可以持续对目标实施致命监视，无须中途着陆进行武器补给。③快速吸收新兴商业技术。罗珀认为，"商用技术正在改变一切"，按照传统技术引入流程，美国国防部在准备好使用第一代系统时，商用技术可能已进入第三代，因此"必须改变技术引入流程以跟上商业世界的发展步伐"。以先进导航为例，战略能力办公室与空军合作开发升级套件，利用商业智能手机级传感器，为空军超过 37 000 件武器提供智能导航选项。鉴于国防部大多数系统都具备改变用途的潜力，战略能力办公室每年都对国防部现有系统进行全面考察，寻求通过上述 3 种方式实现对敌优势。

在罗珀的任期内，战略能力办公室取得了无数成功和荣誉。其年度预算实现了从 5000 万美元到超过 15 亿美元的惊人增长，成功研发了诸如高速火炮、

多用途导弹、自主快艇、集群微型无人机、防区外武库机等多样化的新概念武器，提出的想法在国防部得到了广泛实施。

2017年8月，美国国防部对科研管理体制进行重大改革，改革初期，战略能力办公室被置于新设立的研究与工程副部长办公室之下，与其他4个机构——战略情报分析室、国防创新小组、导弹防御局及DARPA——共同组成了研究与工程副部长办公室五大直属机构。2018年2月，迈克尔·D.格里芬（Michael D. Griffin）被任命为研究与工程副部长后，一直力推战略能力办公室划归DARPA管理，并于2019年7月任命DARPA高级官员大卫·霍尼担任战略能力办公室（SCO）临时主任。这一举措似乎是为战略能力办公室并入DARPA铺平了道路。然而，由于联合参谋部、特种作战司令部、印太司令部及欧洲司令部等均对此持反对意见，相关的改组安排被搁置。2020年7月，美国国防部发布第5137.02号指令《国防部研究与工程副部长》，以法规形式明确了国防科研管理体系的职责和工作关系，标志着实施了3年的国防科研管理体制改革调整基本完成。战略能力办公室由向国防部研究与工程副部长汇报工作调整为直接向常务副部长汇报工作。

战略能力办公室现任主任为杰伊·德莱尔（Jay Dryer），拥有美国海军学院系统工程学理学学士学位和麻省理工学院海洋工程理学硕士学位。职业生涯早期，德莱尔在美国海军核潜艇部队、深潜部队和第五开发中队服役，专门从事无人机和潜水器的开发和操作。在此期间，他成功指挥无人潜水器定位第二次世界大战中美国"约克镇号"航空母舰的残骸，并于1998年负责指挥美国"长尾鲨"号和"天蝎座"号核潜艇的最后一次调查任务。德莱尔还曾为DARPA提供重要的技术支持，如为直升机静音项目开发旋翼飞机等。在领导战略能力办公室之前，德莱尔曾担任美国国家航空航天局（NASA）航空任务局负责项目的副局长帮办、先进飞行器项目主任、基础航空计划办公室主任、高级技术顾问等职务。在这些职位上，他负责将航空任务局的需求转

化为具体的、可落实的项目，同时监督和跟踪项目需求变化及对预算的影响；监督航空任务局在架构、需求、预算、技术审查和科研活动方面的所有计划和项目。期间，德莱尔还为航空任务局副局长提供了广泛的支持，包括预算制定、战略规划、项目评审及内部协调等。

三、国防数字服务处

随着新一代信息技术的快速发展，运用数字化手段提升国家治理能力成为世界主要国家的战略选择，但各国的数字化政府建设过程并非一帆风顺。以美国为例，2013 年 9 月，美国国家医保网站 HealthCare.gov 在启动过程中遭遇严重的技术故障，暴露出美政府在交付大型 IT 项目方面面临的巨大挑战，如数字服务落后、软件系统老旧、采购政策过时等。为应对此次网站危机，美国政府迅速采取行动，从私营部门招聘顶尖 IT 工程师组成救援小组，成功解决了一系列技术难题。白宫以此为契机组建美国数字服务处（USDS），旨在从私营部门引进顶尖 IT 人才，改善联邦政府数字服务。

作为联邦行政部门的重要组成部分，美国国防部对数字化服务有着更加紧迫和现实的需求。2015 年 11 月，在时任国防部长阿什顿·B. 卡特的推动下，美国国防部以美国数字服务处为蓝本，设立了国防数字服务处（DDS），旨在灵活调动军地人才资源，助力国防部数字现代化进程。其主要任务包括：①从私营部门引入软件开发、互联网技术等方面的最佳实践，例如敏捷开发、"开发运维一体化"（DevOps）等，以改变国防部软件构建和交付方式。②部署拥有各种技能的专业人才，以任务需求为导向精准对接国防部具体项目，实质性改进国防部数字服务，并推动相关规则和政策的发展与改变。③识别和评估国防部数字服务中的网络安全漏洞和缺陷，迅速响应军事系统中的技术问题，加强国防部数字防御能力。此外，国防数字服务处的技术人

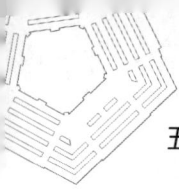

员还会被部署到全球作战指挥部以支持作战人员及作战系统。

国防数字服务处的总部位于五角大楼，并在佐治亚州奥古斯塔的陆军网络卓越中心和陆军网络司令部附近设有办事处，旨在充分利用驻地良好的技术资源及人才生态系统。国防数字服务处始终坚持"购买技术并不能创造一家科技公司，拥有技术专家才可以"的理念，不断从私营部门/政府部门公开招聘软件开发人员、工程师、数据科学家、设计师、产品经理和数字专家等，任期一般为两年。截至2024年6月，国防数字服务处已建立起80人左右的核心团队，其运作方式类似于"旋转门"机制，使外部创新人才有机会任职国防部，通过有针对性的人才调遣，为国防数字现代化注入必要的创新力量。

克里斯·林奇（Chris Lynch）凭借其卓越的领导能力和技术背景被任命为国防数字服务处首任主管。他是一名连续创业者，曾于2010年1月至2015年10月创立FlyPaper、Lynchseattle等5家初创公司，涉及企业大数据分析、游戏平台、工程流程等方面业务。此外，他还曾担任哈佛大学肯尼迪学院贝尔弗中心研究员、斯坦福大学计算机科学系讲师、微软开发经理、美国数字服务处顾问等职务。林奇坚信"小而强的团队可以创造历史"，鼓励私营部门顶尖技术专家到政府部门任职。担任国防数字服务处主管期间，他主导了"黑掉国防部"漏洞奖励计划、GPS系统现代化改造、重建阿富汗民主系统等一系列影响力巨大的项目。例如，"黑掉国防部"作为联邦政府首个漏洞奖励计划，允许"白帽黑客"对国防部特定高优先级的网络和系统进行攻击，从而识别和修复安全漏洞。该活动吸引了1400余名"白帽黑客"参与，共披露有效漏洞138项，活动效果远超预期。之后，美国国防部针对特定军用系统不定期开展了"黑掉陆军""黑掉空军""黑掉卫星"等40多次漏洞奖励计划，实施范围扩大至整个国防部，成为其网络安全防御体系的重要组成部分。林奇掌管国防数字服务处近4年时间，使其从一个边缘机构发展成为广受各军种欢迎的新型组织。时任代理国防部长帕特里克·沙纳汉对林奇的工作高

度认可，认为"克里斯·林奇为国防数字服务处创造了不同于国防部的独特组织文化，推动了国防部最具变革性的数字化转型工作"。

2021年，美国国防部设立首席数字和人工智能办公室，旨在加快数据管理、数据分析及人工智能等先进技术在国防部的开发应用。国防数字服务处被更名为数字服务理事会，并与国防部首席数据官、联合人工智能中心、先进分析办公室一起纳入首席数字和人工智能办公室统一管理。首席数字和人工智能办公室现任主任詹妮弗·海（Jennifer Hay）拥有佩珀代因大学政治学学士学位及乔治·华盛顿大学国际关系与事务专业硕士学位。自2002年起，詹妮弗在国防部担任过多个职务，包括国防情报局高级情报分析师、国防部副部长高级顾问、情报副部长办公室情报和安全项目副主任，以及国家安全委员会国防政策和战略主任等，在人工智能/机器学习、情报方面具有丰厚的专业知识，在战略政策、公共事务等方面拥有丰富的行政经验。

上述3个创新型组织机构的产生，既是美军对新兴领域技术快速发展和商业领域高活跃度创新的灵活反应，也是国防部长卡特创新设计、主导推动的结果。卡特拥有牛津大学理论物理学博士学位，曾在国会技术评估办公室、哈佛大学科学与国际事务研究中心、国防部长办公厅等机构任职。其中，在国防部先后担任助理部长，主管技术的副部长、常务副部长、部长，视野开阔，思维前瞻，对技术组织创新情有独钟。卡特在多个场合提出，他开始职业生涯时，大多数技术起源于美国，且许多技术由政府部门尤其是国防部资助，而现在越来越多的新技术出现在商业领域。阿富汗战争和伊拉克战争的经验对长周期研发过程提出严重挑战，五角大楼内部的创新文化与科技领域的商业化、全球化创新文化之间严重脱节，仅凭五角大楼一己之力难以确保美国的军事技术优势。他认为，国防创新的组织范围要由传统的科研机构向全美特别是商业领域新兴创新机构扩展，极力改变按部就班的烦琐冗长过程，缩短创新触发信号与创新响应周期，适应快速变化创新态势。自己作为国防

部长的核心目标之一，就是恢复五角大楼与企业、大学以及社会优秀人才所构成的技术社区之间的信任关系。他在 2019 年 6 月由美国达顿出版公司出版的新书《在五角大楼》中提到，为进一步加强五角大楼与商业科技界的联系，在五角大楼 E 区为国防数字服务处专门开辟办公室，允许网络攻防等专业领域才华横溢的人才带着硅谷文化融入这片特定区域，看到梳马尾辫、穿灰帽衫的年轻人与身穿笔挺制服的军官并排行走在五角大楼的走廊，真是件有趣的事。不仅如此，他还要求国防部内部的科研机构形成开放创新格局，比如，在 2015 年 9 月 9 日国防高级研究计划局（DARPA）举办的未来技术论坛上，他鼓励 DARPA 这样富有卓越历史的机构加强与商业技术公司的交流和合作，认为这也是五角大楼融入美国创新生态系统的一部分。

第二节　推动创新网络构建

国防领域的创新不同于一般的自由探索，它是需求牵引和目标导向下有目的的创新活动，但同时，它也体现前沿科技创新特点规律，运行于多主体、多层级、网络化的现代科技创新治理结构中。在体现特定目标意志的创新活动中，创新过程的复杂性无法让管理机构对所有事项实现有效管理，需要设计和引导各类创新主体在"学研产用"之间协同互动、深度链接，构建多主体软性、自主和自组织发展的治理网络。

美国国防部明确将政府机构、非营利研究机构和大学纳入国防工业基础范畴，以吸引、扶植、调动并整合一切可用的科技创新资源，吸纳全美、盟国甚至全球可为美所用的创新力量，构建广泛高效、协同一致的国防科技创新生态网络体系。在这一过程中，科技官员以其深刻的见解和积极的行动，发挥了至关重要的思想引领和推动作用。本节选取了美国政府层面的制造业

创新网络、国防部层面的国家安全创新网络，以及军种层面的海军技术桥网络作为典型案例，进行详细介绍和分析。

一、美国制造业计划

美国制造业计划前身为国家制造业创新网络（NNMI），旨在通过工业界、大学和联邦政府之间的公私合作开发制造技术，推动美国先进制造业复兴。作为先进制造领域政、产、学、研协同创新平台，截至 2024 年 7 月，美国制造业计划已经建成 17 个制造业创新研究中心（图 5.1），每个研究中心都有独特的制造主题或技术重点，如增材制造、生物制造、人工智能、先进复合材料等，形成了遍布全美的研发中心网络，涉及企业、大学、咨询等各类机构 2500 余家[①]。

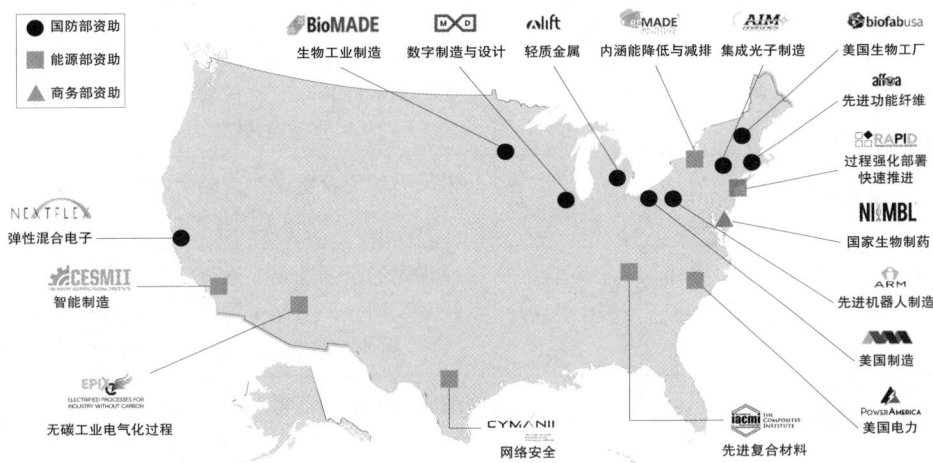

图 5.1　制造业创新研究所遍布全美各地（根据美国制造业计划官方网站信息绘制）

---

① 朱焕焕，陈志. 从"国家制造业创新网络"到"美制造"——美制造业战略的延续与变化 [J]. 全球科技经济瞭望，2019，34（2）：1-6.

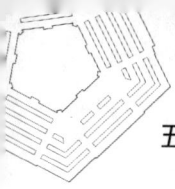

该计划由美国商务部国家标准与技术研究院下属的先进制造国家项目办公室（AMNPO）协调管理，美国国防部、能源部、商务部等联邦部门参与资助。美国国防部通过国防制造技术项目资助了9个制造业创新研究中心，这些制造业创新研究中心寻求通过美国国内公私合作关系来振兴美制造能力，从而增强战略竞争力，同时提高未来作战能力（表5.1）。

表 5.1 美国国防部资助的制造业创新研究中心

机构	资助时间	主要职能
国家增材制造创新研究中心	2012 年 8 月	通过召集、协调和促进增材制造行业，加快采用增材制造技术，以帮助提高美国制造业的竞争力和安全性
数字制造研究中心	2014 年 2 月	为美国制造商提供数字化制造工具和专业知识
轻质金属研究中心	2014 年 2 月	通过技术和人才发展推动美国制造业走向未来，并通过将材料、工艺和系统与未来人才需求相联系，推动快速实施智能制造
集成光子制造研究中心	2015 年 7 月	推动集成光子电路制造技术发展，同时为中小企业、学术界和政府提供最先进的制造、封装和测试能力
柔性混合电子制造研究中心	2015 年 8 月	开拓灵活的混合电子制造能力，赋能作战人员和美国经济
先进功能纤维研究中心	2016 年 4 月	通过领先的全国性企业进行先进纤维和织物技术开发及制造，重振美纺织业，为国家安全和商业市场提供革命性系统能力
先进再生制造创新研究中心	2016 年 12 月	使细胞、组织和器官的生产具有可扩展性、一致性和成本效益，并培养训练有素的劳动力
先进机器人制造研究中心	2017 年 1 月	加快机器人技术的开发和采用，利用跨行业、学术界和政府合作伙伴组成的生态系统，使得美国制造商更容易获得机器人、自主和人工智能技术

续表

机构	资助时间	主要职能
生物工业制造创新研究中心	2020 年 10 月	支持美国内各种规模的生物工业制造，开发技术以增强美国生物工业竞争力，降低相关基础设施投资的风险，扩大生物制造劳动力以实现工业生物技术的经济承诺

数据来源：美国国防部制造技术计划官方网站，截至 2023 年 5 月。

国家制造业创新网络的构想由时任总统奥巴马提出。2012 年，奥巴马在 2013 财年预算文件中提议建立国家制造业创新网络，要求提供 10 亿美元资金，支持 15 个制造业创新研究所的建设，推动高校、企业和政府部门形成合力，缩小科研与商业化之间的差距。随后，国家科学技术委员会和先进制造国家项目办公室联合开展了国家制造业创新网络的论证设计工作，向全美范围内的工业界、学术界、州和地方政府、经济发展部门、行业协会和财团、私人公民及其他利益相关方征求意见。2012 年 4—10 月，先进制造国家项目办公室举办 4 次地区研讨会，并在《联邦公报》上发布信息征询书，面向公众征求对拟建国家制造业创新网络的意见。2013 年 1 月，先进制造国家项目办公室汇聚研讨会信息和公众意见，编制形成《国家制造创新网络的初步设计》报告，由美国总统执行办公室、国家科学技术委员会和先进制造国家项目办公室联合发布，进一步明确了这一国家战略计划的宗旨。2014 年 12 月，奥巴马签署《2014 年美国制造和创新振兴法案》，国家制造业创新网络计划正式成为法定计划。2016 年，美国商务部将该计划更名为"美国制造业"。

从先进制造国家项目办公室创立之初，迈克·莫尔纳（Mike Molnar）就一直担任该办公室主任，在国家制造业创新网络论证设计及组织建设方面发挥了关键作用。迈克拥有威斯康星大学机械工程学士学位及制造系统工程硕士学位，以及圣母大学行政工商管理硕士学位。2011 年加入联邦政府前，迈克曾在康明斯公司领导制造和技术开发工作近 25 年。2017 年，因其在制造研

究及工业实践中的长期贡献，迈克被美国机械工程师学会和中小企业协会联合授予尤金·麦钱特商业制造奖章（设立于 1986 年，以纪念世界制造业领域最具影响力的人物之一尤金·麦钱特博士）。

二、国家安全创新网络

国家安全创新网络是美国国防部构建分布式创新人才网络的重要尝试，其任务是将国防部实验室、国防部用户、初创企业、学术界联系起来，以开放式、非传统途径整合利用教育资源、人才资源和技术资源等，形成覆盖全美的超级创新者网络，快速解决国家安全问题。该机构总部位于弗吉尼亚州阿灵顿，在波士顿、华盛顿特区、罗利等 9 个商业创新中心设有办事处（图 5.2），形成了辐射全美的业务运行网络。驻各办事处由一名总监和多名大学项目主管负责运转。作为凝结创新力量的实体枢纽，办事处使命是将国家安全创新网络的项目和活动嵌入属地及高校，推动构建人力交流与合作的创新生态系统，为国家安全问题提供新的解决方案。

国家安全创新网络前身为 MD5 国家安全技术加速器[①]，成立于 2016 年 10 月，其创始主任亚当·杰伊·哈里森（Adam Jay Harrison）拥有孟菲斯大学哲学学士学位、佛罗里达大学核工程和航空航天工程硕士学位、海军战争学院国家安全和战略研究硕士学位。哈里森具备很强的创新创业精神，他职业生涯中不仅创办公司，还担任了多个国防机构的创始人。"9·11"事件发生后，美陆军成立体现公私合作伙伴关系的技术作战支持行动处（TOSA），负责为敏感军事任务在 12 个月内快速寻找和部署商业技术。作为首任领导，哈里森深谙创新网络及开放式协作平台对提高业务效率和产品创新的影响，

---

① 成立初期，MD5 国家安全技术加速器位于华盛顿麦克纳尔堡，该地区曾被主导华盛顿城市规划的皮埃尔·郎方称为"第五军区"（Fifth Military District）。

积极推进人员、需求、技术、资本、专业基础设施等各种资源的整合，将传统国防产品的开发时间从数年大幅缩短至数月甚至数周，在伊拉克和阿富汗战争最动荡的时期向战场交付了数十种独特的产品。例如，通过作战人员、实验室和资源机构之间的合作，该机构开发出无人值守瞬态声学测量和信号情报系统，用于敌方火力地理定位，从概念提出到实战部署用了不到 90 天时间。

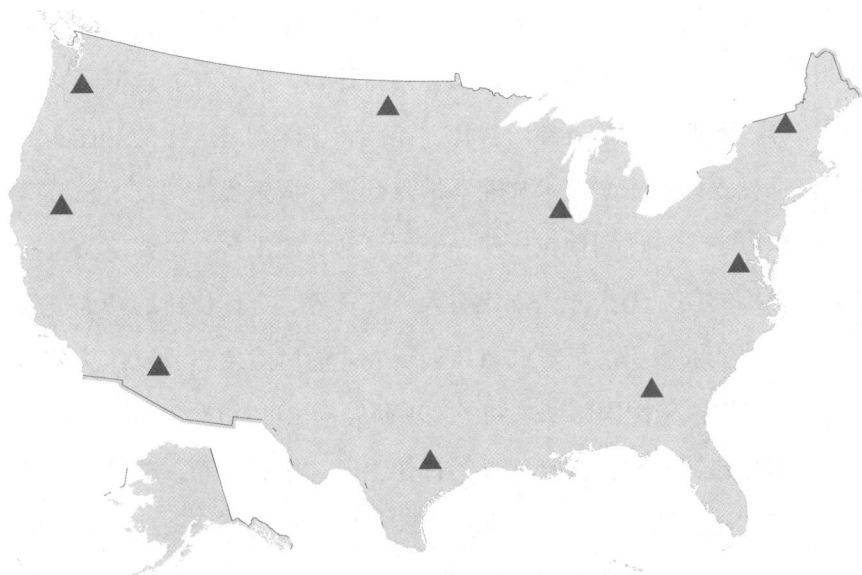

图 5.2　国家安全创新网络在全美部署 9 个地区办事处
（根据国家安全创新网络官方网站信息绘制）

2006 年，年仅 33 岁的哈里森离开军队，创办航空航天和国防技术公司——Mav6。在此期间，他领导开发了史上最大的无人机 M1400 飞艇，被《大众科学》杂志评为 2011 年度 100 项创新产品之一。到 2011 年，Mav6 年收入达到1.2 亿美元，并连续三年被 *Inc.* 杂志评为美国发展最快的国防技术公司之一。

2012 年，安永会计师事务所将哈里森评为墨西哥湾沿岸地区"年度企业家"。2010 年，哈里森在负责研究与工程的助理国防部长办公室担任顾问，参与启动了"技术领域感知"（TDA）计划，任务是将商业界、学术界甚至全球的研发社区纳入美国国防部，建设强大的国防创新基础，使非国防研发市场与新兴的国防能力需求协调一致。

　　哈里森对创业、创新的执着，以及推动公私合作方面的实践经验，为其创立 MD5 国家安全技术加速器奠定了坚实的基础。2015 年夏季，哈里森汇聚了一批学术界、商业界和政府部门的杰出领袖，在纽约大学共同开展了一项名为"国家安全技术加速器：军民工业创新计划"的研究。这项研究重点调查了学术界、商业界及政府部门教育、连接和培养创新人才的最佳实践，提出在国防部设立国家安全技术加速器试点计划，探索实施"技术领域感知"理念的组织方法。该计划旨在构建一个教育和资源平台，主要使命包括培养具有创新思维的创业型人才，创建引入外部资源、合作伙伴的新渠道等，最终目标是构建能够吸引、培养和留住创新人才的风险生态系统，从而推动国防部的创新发展。美国国防部采纳了该项研究提出的建议，批准创建 MD5 国家安全技术加速器，并任命哈里森为首任主任。任职期间，哈里森推动了军民两用技术初创公司的发展，并率先引入了黑客马拉松和众包等创新方法，为美国国防科技创新发展注入了新的活力。

　　MD5 国家安全技术加速器于 2019 年更名为国家安全创新网络，并纳入国防创新小组管理。时任主任摩根·普卢默（Morgan Plummer）表示，新名称更清晰地表达了该机构的愿景——一个由商业创新中心和顶尖大学组成的全国性创新网络，国防部向其输入最复杂的问题，可以从中获取新概念和解决方案。经过多年发展，国家安全创新网络稳定运行并取得显著成效，2019—2022 年共吸引 8419 名外部人才和 1326 家非传统承包商参与国防创新，在国防部资助下产生 48 项新技术，并利用国防部实验室现有技术启动 15 个军民两用项

目^①。国家安全创新网络得到政府最高层的认可，参谋长联席会议副主席保罗·塞尔瓦将军表示："通过 MD5 等项目，国防部将继续培养创新和创造性解决问题的核心领导能力，并扩大与学术界等合作的机会。"国家安全创新网络还被白宫认可为奥巴马政府的顶级创新成就之一。

随着人工智能技术的快速发展，拥有人工智能相关背景的创新型人才成为美政府和机构在选拔领导人时的重要考量因素。在这一方面，国家安全创新网络现任主任谢丽尔·英斯塔德（Cheryl Ingstad）堪称翘楚。她本科毕业于乔治城大学外交学院，研究生阶段则在约翰斯·霍普金斯大学高级国际研究学院深造，专攻国际关系专业。深厚的文科背景赋予了谢丽尔独特的跨学科视野与思维，以及出色的战略规划与决策能力，使她能够游刃有余地领导人工智能等领域研发工作长达 20 余年。例如，担任 3M 公司人工智能 / 机器学习业务部门主任，负责关键研发成果的商业化工作，为公司带来约 120 亿美元的年收入；担任美国能源部人工智能与技术办公室首任主任，负责协调该部门人工智能技术的开发和应用。鉴于她在推动跨领域、突破性技术研发方面的领导能力，2022 年，谢丽尔被美国国防部任命为国家安全创新网络新任主任。就职仪式上，谢丽尔表示，未来国家安全创新网络将进一步扩大规模、加速增长，广泛吸纳全美各地非传统国防承包商的创新成果，为美军相较于竞争对手的绝对技术优势提供支撑。

三、海军"技术桥"网络

海军"技术桥"（Tech Bridge）概念于 2019 年 9 月提出，使命是通过合作伙伴中介协议、挑战赛等机制，将海军传统科研机构与工业界、学术界及

---

① The National Security Innovation Network.National security innovation network NSIN FY22 Year in Review[R]. 2023：6.

政府部门联系起来，形成可持续发展的开放创新协作网络，帮助海军更快速地寻找、开发和采用创新解决方案。海军"技术桥"由海军敏捷办公室负责管理，并直接向海军负责研究、开发和采办的助理部长汇报工作，在全美乃至世界各地设立实体办公室执行具体任务。

启动初期，美国海军在纽波特、基波特、圣地亚哥等地区建立首批 5 个区域"技术桥"，此后，美国海军接连多次增设新的"技术桥"。截至 2024 年 4 月，美海军已在全美及海外部署了 18 个"技术桥"[①]（表 5.2）。对外而言，这些"技术桥"多位于美国海军各系统司令部作战中心、研究实验室、舰队基地、海军研究生院附近，周边分布着大量的科研机构、技术公司，空间上特别方便需求部门与供应商对接，为有效融入区域创新生态系统提供了保障。对内而言，"技术桥"促进了海军敏捷办公室与海军系统司令部、海军研究局、海军技术转移项目办公室的合作关系，使海军作战中心、政府机构、工业界、学术界共同开展技术研发、评估和转化。此外，海军"技术桥"还服务于美国国防部不断扩大的创新生态系统，为海军敏捷办公室提供与国防创新小组、国家安全创新网络、陆军未来司令部、空军创新工场、特种作战工场等更强的协作能力。

表 5.2　海军各"技术桥"及其专注技术领域

技术桥	所在地	海军主导单位	技术领域
首都技术桥	美国华盛顿地区	海军水面战中心卡德洛克分部	数字制造、数字孪生技术、数据分析、机器学习和高性能计算
中央海岸技术桥	美国加利福尼亚州蒙特雷	海军研究生院	无人机、网络、太空及海洋学

---

① NavalX. Tech bridges[EB/OL]. （2022–05–03）[2023–06–06]. https：//www.secnav.navy. mil/agility/Pages/tech_bridge.aspx.

技术桥	所在地	海军主导单位	技术领域
中佛罗里达州技术桥	美国佛罗里达州奥兰多	海军空战中心训练系统部	建模、仿真与训练
北卡罗来纳州东部技术桥	美国北卡罗来纳州克雷文县	海军东部舰队准备中心	先进制造,增强现实和混合现实,自动化和机器人,大数据,数据分析和可视化,维护、维修和大修(MRO)操作、软而棘手问题解决方案、技术插入
海湾沿岸技术桥	美国佛罗里达州巴拿马城	海军水面战中心巴拿马城分部、海军研究实验室斯坦尼斯实验室、海军气象与海洋司令部	海岸科技、可靠海上进入和作战气象学与海洋学
夏威夷技术桥	美国夏威夷檀香山	海军水下战中心基波特分部太平洋分遣队等	指挥与控制、C4ISR、网络防御、太空系统
内陆帝国技术桥	美国加利福尼亚州诺科	海军水面战中心科罗纳分部	数据分析与可视化、网络数据环境(包括真实虚拟与构造性训练环境)及测量技术
日本技术桥	日本横须贺	美国海军舰艇修理厂日本地区维修中心	人工智能、先进制造、自动化与机器人、数字维持、表面修复、现代化进程
自由技术桥	美国宾夕法尼亚州费城	海军研究局、海军水面战中心费城分部、海军空战中心莱克赫斯特飞机分部、海军信息中心太平洋网络工程与集成部	网络安全,数据采集、交换和处理,数字工程,机械系统和部件,计量与快速原型、系统维持、维护与维修
伦敦技术桥	英国伦敦	海军研究局全球部	人工智能、无人与自主性、生物技术、太空、定向能
中大西洋技术桥	美国弗吉尼亚州诺福克	第2舰队,海军水面战中心达尔格伦分部和卡德洛克分部,海军信息战中心大西洋中心分支机构	网络、无人系统、增材制造、人工智能与机器学习

续表

技术桥	所在地	海军主导单位	技术领域
中西部技术桥	美国印第安纳州克伦	海军水面战中心克伦分部	战略任务、电子战及远征战技术
东北部技术桥	美国罗得岛州纽波特	海军水下战中心纽波特分部	大规模船舶制造等
西北部技术桥	美国华盛顿州基波特	海军水下战中心基波特分部	船舶制造及相关技术
帕尔梅托技术桥	美国南卡罗莱纳州查尔斯顿	海军信息战中心—大西洋中心	不间断预警、自动防故障网络安全、自适应响应和工程卓越性
南加州技术桥	美国加利福尼亚州圣迭戈	海军信息战中心—太平洋中心	安装防护、适应性、移动性、人工智能机器学习、自主系统
南马里兰州技术桥	美国马里兰州帕图森河	海军空战中心飞机部	无人航空、自主系统、建模仿真与真实虚拟构造环境
文图拉技术桥	美国加利福尼亚州文图拉	海军水面战中心怀尼米港分部	先进样机设备、增材制造、先进材料表征和试验、无人系统开发、混合现实环境

数据来源：美国海军研究局官方网站。

海军"技术桥"网络由美海军前任负责研究、开发与采办的助理部长詹姆斯·格尔茨（James Geurts）主导创立。在其任期内，海军"技术桥"网络迅速发展，并取得显著成效。例如，仅 2020 年一年间，海军"技术桥"就与政府部门、行业界、学术界成功建立超过 20 000 个合作伙伴关系；通过挑战赛、小企业创新研究计划授出超过 5000 万美元的合同，签署并资助了 11 项合作伙伴中介协议。此外，它还与联合人工智能中心、数字转型办公室、海军首席人工智能官合作举办"复仇者"人工智能挑战赛，推动 8 项人工智能技术的试验、应用和部署。格尔茨任期结束时，美海军已经成功建立了 15 个"技术桥"，并将成功经验扩展到了海外。例如，2020 年启动伦敦技术桥，由美国海军研究局全球办公室和英国皇家海军首席技术官办公室联合指导，致力

于促进两国海军之间技术共享、联合投资和合作研发，实现英美两国技术和创新方面的连接。

格尔茨拥有理海大学电气工程理学学士学位、空军技术学院电气工程硕士学位。1987 年，格尔茨从理海大学毕业后被任命为空军军官，在空军服役的 22 年期间，负责管理洲际弹道导弹、监视平台、战术战斗机、先进航空电子系统、隐身巡航导弹及有人 / 无人特种作战飞机等项目。2009 年，他以上校身份从空军退役。之后，进入美国特种作战司令部，担任特种作战研究、开发和采办中心副主任，固定翼飞机项目执行官等职位。2017 年 12 月至 2021 年 8 月，格尔茨担任美国海军负责研究、开发与采办的助理部长，以快速应用新兴技术、创建和扩展创新方案、激励团队、培养多元化人才而闻名。

思想观念是行为的本源。格尔茨认为，随着国际形势变化越来越快，敏捷和速度将成为超越竞争对手的决定性因素之一。在特种作战司令部任职期间，他创建了特种作战工场（SOFWERX），通过加强与工业界、学术界和政府精英之间的合作，满足特种作战司令部对敏捷创新和采办的特殊需求，以创造变革性机会并培育创新文化。用他的话来说，他"创造了一个舞厅，有人跳来跳去，有人短暂停留，有人选择离开"，在这个地方，拥有不同背景的人可以分享想法、碰撞创意。在格尔茨的支持和指导下，SOFWERX 成为国防创新的典范，美国空军创新工场（AFWERX）、杜立特协会（DOOLITTLE INSTITUTE）、蒙哥马利工场（MGMWERX）、陆军工程研发中心工场（ERDCWERX）等都是建立在其积极的经验之上，逐渐形成了美国国防创新工场生态体系，成为军队与工业界、学术界、政府创新资源之间高效联系和合作的载体。

任职海军负责研究、开发与采办的助理部长初期，他将"敏捷性"作为任期内专注的主要工作之一，大力推动"海军敏捷作战计划"，旨在通过协调全体海军人员、快速采用商业技术、打造加速变革的文化等，加快技术创

新与能力交付，使海军和海军陆战队做好应对潜在高端冲突的准备。2019 年
2 月，格尔茨推出 SOFWERX 的海军版本——海军敏捷办公室（NavyX），该
办公室的运作集中体现了格尔茨关于"海军敏捷作战计划"快速创新和采办
的理念，核心思想是创建一个劳动力"超级连接者"，将拥有创新想法的个
人与有需求的个人 / 组织联系起来，并允许将经验、教训和专业知识等在军种
甚至整个国防部共享。海军敏捷办公室通过组织研讨会和活动，将海军部、
政府其他部门及外部利益相关方聚集起来，建立关系网络，并围绕共同目标
开展合作。例如，2020 年 9 月 21—25 日，敏捷办公室举行"海军敏捷峰会"，
召集海军各创新主体，就创新、采办和转化问题建立合作伙伴关系，分享最
佳实践并针对海军在技术转让、项目管理等方面面临的问题展开讨论。

第三节　利用风险投资支持创新

风险投资是指把资本投向蕴含有失败风险的高新技术及产品的研发领域，
旨在促进高新技术产品快速商品化、产业化，以取得高资本收益的投资过程。
风险投资无须抵押，也不需偿还，如果投资成功，则可能给投资人带来数十
甚至上百倍的收益。风险投资起源于二十世纪六七十年代的美国，是高新技
术领域普遍采用的一种投资模式，加快了高新技术的发展与更新换代。国防
领域采用风险投资模式，也是一种组织创新，通常会由军方成立专职的投资
管理机构，对高技术企业与产品开展风险投资，推动高新技术的快速发展、
转化应用与大批量生产[1]。

---

① 王磊，詹鸣. 美国国防部尝试风投模式推动国防科技创新 [J]. 卫星应用，2016（3）：
26–28.

一、IQT 公司

1998 年，时任中央情报局局长乔治·特尼特意识到，蓬勃发展的互联网技术使政府所属实验室在信息技术领域的传统优势风光不再，资本和人才不可避免地流向私营企业。组建面向市场的研发管理机构，通过风险投资手段有效借用企业力量，成为中央情报局加强技术开发、有效利用民用技术成果的重要手段。经国会认可，中央情报局于 1999 年组建了美国第一家由政府资助的风险投资公司——In-Q-Tel（以下简称 IQT），并在华盛顿设立办公室，任务是寻找能满足中央情报局任务需求的企业与技术，并开展风险投资，推动相关技术的快速研发与转化应用，以有效获取民用与商用领域的最新技术成果，保障美国在情报科技方面领先于全球。截至 2024 年 2 月，IQT 已投资超过 700 家公司，是迄今为止国防和情报领域最活跃的风险投资公司之一。

IQT 的构想来源于露丝·戴维（Ruth A.David）博士，她是 20 世纪 90 年代中央情报局科学技术部主任，倡导迅速发展信息技术对中央情报局的重要性。戴维生于 1953 年，拥有斯坦福大学电气工程硕士学位及博士学位，因开创性地将数字信息技术应用于测试、模拟、信息处理和电信，于 2002 年当选为美国国家工程院院士。戴维在桑迪亚国家实验室开启了她的职业生涯，同时担任新墨西哥大学的兼职教授。3 年后，戴维调任至联邦航空管理局，负责老化飞机的无损测试、电磁测试等项目。1995 年 9 月至 1998 年 9 月，戴维担任中央情报局科学技术部副主任，作为中央情报总监的技术顾问，负责研究、开发和部署支持情报全过程的技术。在此期间，戴维鼓励该机构与私营部门建立新的合作关系，以应对互联网时代信息快速增长的挑战，并提交了一项从私营部门采购处于开发阶段新技术的革命性提案。1998 年夏天，中央情报局召集了一批具有创业精神的高级雇员，并授权他们对戴维的提案进行论证和充实。该团队用了 4 个月的时间到硅谷等地调研，并积极听取来自风

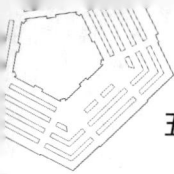

险投资家、企业家、首席技术官及国会议员等各方人士的建议，不断对原始概念进行完善①。根据论证结果，中央情报局正式组建法人实体 In-Q-It 公司，2000 年，该机构更名为 In-Q-Tel。

因为私营企业人员有着创业所需的经验与激情，中央情报局聘用洛克希德·马丁公司前首席执行官诺曼·奥古斯丁（Norm Augustine）担任 IQT 的联合创始人。奥古斯丁为 IQT 的组建立下汗马功劳，作为首席执行官及董事会成员，他负责制定公司的战略政策并监督运营，同时塑造不同于传统政府部门的组织架构和文化，使其能够灵活地连接 IT 社区、行业界和学术界的创新资源。奥古斯丁拥有普林斯顿大学航空工程学士学位和硕士学位，硕士期间完成了 295 页的"超声速教练机的初步设计"论文。因其在航空航天工程领域的突出成就，1983 年奥古斯丁当选为美国国家工程院院士。奥古斯丁有着丰富且亮眼的军地工作履历，1958 年，加入道格拉斯飞机公司，担任研究工程师、项目主任、总工程师等职务；1965 年，在国防部长办公厅担任国防研究与工程署助理署长职务，专注于战术导弹、军械和陆战方面研究；1970 年，加入 LTV 导弹和航天公司，担任高级项目主任、负责营销的副总裁等职务；1973 年，奥古斯丁重返政府，先后担任美国陆军负责研发的助理部长、陆军副部长、代理陆军部长等；1977 年，奥古斯丁再次离开政府，加入马丁·玛丽埃塔公司，担任技术运营副总裁、首席执行官、董事长等职位；1995 年，马丁·玛丽埃塔公司与洛克希德公司合并为洛克希德·马丁公司，奥古斯丁被任命为该公司总裁，之后兼任首席执行官职务，领导设计和开发了 F-22 战斗机、F-35 隐形战斗机、泰坦四号运载火箭、C-130J 军用运输机等产品。美国国防部前副部长兼空军部长奥尔德里奇评价称，奥古斯丁是美国最好的工

---

① 黄敏聪 . In-Q-Tel 公司在美国国家情报体系中的作用及其运行机制分析 [J]. 竞争情报，2018，14（5）：40-48.

程师之一，是一位天生的领导者，在政府和工业界每一个职位上，奥古斯丁都迅速晋升，并获得上下级同事的绝对尊重和最高敬意。

二、战略资本办公室

科技成果转化和应用需要大规模且稳定的资金投入，具有不确定性大、投资回报周期长、风险性高等特征。私营企业基于资本逐利的本性，以及银行等传统金融机构迫于资本安全与保值增值的压力，很多时候不愿意在此阶段进行投资[①]。美国国家标准技术研究院在 2023 年初发布的研究报告指出，90% 的科研成果还没走向市场，就被埋没在从基础研究到商品化的过程中，形成科技创新过程中的"死亡之谷"[②]。国防科技的研发与应用对保密性要求高，过程中还存在信息不对称、成果转化路径复杂等问题，为国防部提供服务的军民两用公司和一些科技初创公司很难得到商业化的风险投资。许多科技创新工作和成果都因缺乏资金而难以跨越技术研发到军事应用的"死亡之谷"，无法有效转化为军事能力。

为探索建立市场化风险投资机制、增加国防科技创新与应用的融资渠道和投资规模，2022 年 12 月，美国国防部长劳埃德·奥斯汀三世批准设立战略资本办公室（OSC），寻求利用贷款、担保、发展基金等新型金融工具，监管、协调和引导私人资本对具有军事应用潜力的新兴技术进行投资，帮助美军跨越科技成果转化的"死亡之谷"，提升国防科技创新与应用质效，加速美军军事能力更新升级进程。奥斯汀对战略资本办公室给予厚望，认为"美国正处于关键技术领导地位的全球竞争中，战略资本办公室将帮助美国赢得这场

---

① 杜健. 高校科技成果转化难的症结及对策研究 [J]. 国家教育行政学院学报，2017，231（3）：70–76.

② 李洋. 破解科技成果转化难 科技体制改革激发创新活力 [N]. 中国高新技术产业导报，2015–12–07（005）.

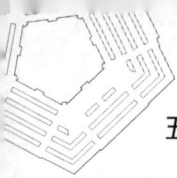

竞争并建立持久的国家安全优势。通过与私人资本市场合作，以及与联邦政府其他机构合作，战略资本办公室将解决美国国防创新领域的资金缺口问题，并为国防部投资工具箱添加新工具"。

战略资本办公室由美国国防部研究与工程副部长直接领导，主要职责包括：为国防部筛选工业界和学术界有前景的关键技术领域，并确定其优先级；向私人资本投入不足的国防关键技术领域投资；引导并鼓励私人资本向国防部感兴趣的关键技术领域投资；参与制定并执行旨在保护美国私营部门工业与技术能力的政策。此外，战略资本办公室还致力防范竞争对手利用美国资本市场推进其技术目标的行为[①]。2023 年 2 月，美军战略资本办公室完成人员配置和筹建工作，具备完全运行能力。同年 3 月，战略资本办公室与小企业管理局投资与创新办公室签署协议备忘录，正式启动首个项目——"小企业投资公司关键技术计划"（SBICCT）[②]，目的是利用累积债券[③]等金融工具吸引私人资本，支持从事国防技术能力开发的初创企业，增加半导体、先进材料和生物技术等关键技术领域的投资。[④]2024 年 3 月，战略资本办公室发布 2024 财年投资战略，确定了纳米材料和超材料、合成生物学、生物能、开

[①] Department of Defense. Secretary of Defense Establishes Office of Strategic Capital[EB/OL].（2022-12-01）[2023-01-21]. https://www.defense.gov/News/Releases/Release/Article/3233377/secretary-of-defense-establishes-office-of-strategic-capital/.

[②] Department of Defence. Office of Strategic Capital, Small Business Administration to Sign Memorandum of Agreement[EB/OL].（2023-03-07）[2023-03-21]. https://www.defense.gov/News/Releases/Release/Article/3321429/office-of-strategic-capital-small-business-administration-to-sign-memorandum-of/.

[③] 累积债券是美国政府小企业管理局于 2022 年 10 月启动的一种由政府担保的新型金融工具，按面值发行，10 年期限内利息累计至面值；小企业管理局为所有本金和未付应计利息提供担保。

[④] BYLICA B P, KASSEL P. SBA proposes accrual SBIC licenses and debentures as part of SBIC program reform[EB/OL].（2022-10-27）[2023-07-08]. https://www.bassberry.com/news/sbic-program-proposed-rules/.

放式无线网络等 12 个重点关注的关键技术领域，并明确了评估投资优先顺序的方法和步骤，以匹配最佳金融工具。2024 财年，美国国防部为战略资本办公室申请 1.15 亿美元的预算，用于吸引和扩大私人投资。

战略资本办公室创始及现任主任为杰森·拉斯杰（Jason Rathje），拥有麻省理工学院航空航天工程专业学士和硕士学位。硕士毕业后，拉斯杰曾在麻省理工学院、空军研究实验室等机构任职，还曾参与美国特种作战司令部"幽灵"计划（GHOST），该计划允许采办专业人员直接与作战人员合作实施快速采办计划，甚至支持前线原型开发。在此期间，拉斯杰熟悉并掌握了作战司令部的战术、技术、业务流程和采办原则。之后，根据空军参谋长"将特种作战司令部采办方法整合到所有空军采办社区"的指示，拉斯杰与其他"幽灵"计划参与者联合创办了革命性采办技术流程与协作组织（RATPAC），在不到一年的时间里，组织了 150 余名军地初级采办人员，共享采办战术、技术和规程（TTP）并在整个国防部传播。因其在"幽灵"计划实施方面的贡献，以及推动革命性采办技术流程与协作组织方面的努力，2015 年，拉斯杰入选美国空军上尉博士项目（全空军仅 3 个名额），获得全额资助攻读斯坦福大学战略与政策专业博士学位，期间重点研究政府资助对私营企业绩效的影响。2019—2022 年，拉斯杰作为联合创始人，担任美空军风险投资办公室（AFVentures）主任，负责管理小企业创新研究计划预算中的军民两用部分资金，主要为空军关键技术的适应性研发工作筹集多元化资金。

三、空军风险投资办公室

美空军前任采办、技术与后勤助理部长威尔·罗珀认为，全球化意味着冷战时期美国政府主导的创新方式已经过时，取而代之的是商业驱动的未来，未来每个人都可以获得相同的资源和技术方法，但必须迅速行动，以获得稍

纵即逝的先发优势。罗珀主张利用军事投资基金,通过快速向小型承包商提供资金来促进颠覆性创新。为此,2020年,罗珀创建空军风险投资办公室(AFventures),旨在为空军提供利用现有或新兴商业领域解决方案的渠道,同时为关键技术的适应性开发筹集多元化资金,帮助小企业技术成果跨越"死亡之谷",更快速生成作战能力。

作为美空军具有风险投资性质的机构,空军风险投资办公室奉行"资本即能力"的战略方针,积极吸引多元化资金参与两用技术开发。空军风险投资办公室为小企业提供3类资助机会。①小注阶段。该阶段通过小企业创新研究/小企业技术转让(SBIR/STTR)开放主题计划执行,通过仅明确兴趣领域,不涉及具体需求的招标方式,公开征集商业领域所有潜在创新技术。该阶段主要对小企业提交的概念方案进行实验或理论验证,确定可行性及国防领域应用价值,交付成果为描述研究成果的白皮书或可行性报告。合同期限3个月,单个合同价值5万美元,每年进行3次公开招标,授出1000~1500个合同。该阶段允许所有符合条件的小企业提交现有或新兴解决方案,获得该阶段合同的小企业需寻找有意与之合作的空军客户,并签署谅解备忘录。②中注阶段。针对具有可行性概念的企业,支持其开展原型样机开发,并根据空军用户需求进行适应性研究、开发、试验和鉴定。合同期限不超过15个月,初始合同价值75万美元,鼓励第三方配资(最高150万美元),每年进行3次招标,授出300~500个合同。③大注阶段。通过补充资金试点计划执行,致力于桥接实验与项目执行之间的缺口,打造独角兽企业。该计划包括战术融资和战略融资两个子计划,均为政府主导的联合投资模式,除SBIR/STTR资金外,还需第三方配资降低开发风险。战术融资致力于为作战人员转化小规模战术能力,小企业可获得37.5万~170万美元的SBIR/STTR资金,私人投资者或政府部门按1∶1比例配资;战略融资侧重于空军层面更大规模的战略能力(技术最终用户是主要司令部、直接报告单位、编号航空队、野战行动机构或空

军司令部），资金匹配要求更加严格，小企业可获得 300 万 ~ 1500 万美元的
SBIR/STTR 资金，国防专用技术由政府部门配资，比例为 1：1，两用技术由
政府部门和私人投资者分别按 1：1、1：2 比例配资。

为向初创企业提供与空军合作的快车道，罗珀还启动一系列创新活动促
进技术发现，如通过"推介日""签约冲刺"等活动，小企业可直接向空军
推介其创新解决方案，并允许快速评估技术，缩短签约流程；通过"星火碰
撞器""星火小组"等活动，拥有技术解决方案的小企业可与国防部潜在最
终用户提前建立联系。

罗珀任命杰森·拉斯杰（Jason Rathje）担任空军风险投资办公室首任主任。
在任的 3 年时间，拉斯杰领导该部门从最初 1000 万美元预算扩展到资金规模
超过 10 亿美元，成为军民两用经济的坚强支柱。在他的指导下，空军风险投
资办公室与超过 1800 家公司开展合作，其中非传统承包商占比高达 75%，总
投资回报率更是达到了惊人的 11：1。空军风险投资办公室现任主任丹尼尔·卡
罗尔（Daniel Carroll）是一位拥有丰富学术背景和工作经验的理工科人才。他
拥有约翰斯·霍普金斯大学电气与计算机工程专业学士及硕士学位，并在斯
坦福大学商学院获得了管理学硕士学位。他的职业生涯跨越了多个重要机构，
如海军研究实验室、计算机数据系统公司、太空与海战系统中心、美国特种
作战司令部等，曾担任软件工程师、系统工程师、无人地面车辆项目主任、
技术总监等职位。担任空军风险投资办公室主任之前，卡罗尔还曾在空军"凯
塞尔航线"实验室工作了近 3 年，期间他负责指导空军 DevSecOps 软件工厂
的技术管理、工程和集成工作，并领导系统工程政策的制定与实施。

第六章

美军典型科技官员与军事能力生成

———

在美国国防部和军种高层管理职位中，科技与采办的管理职能通常一体设计，比如国防研究与工程署曾统管研发与采办业务，国防部负责采办、技术与后勤的副部长，军种负责采办与技术的助理部长也对技术与采办事务进行集中管理。之所以如此，是因为科技要通过采办活动进行能力输出。科技是军事能力组合要素中最活跃的部分，是军事能力的力量倍增器。近年来，在技术快速发展和安全环境变化的驱使下，国防部主管研究与工程、采办与保障的官员重新分立设置，军种也在科技到应用的链条设计上进行不断探索，诸多现象表明，美军军事能力形成与输出的速度越来越快。

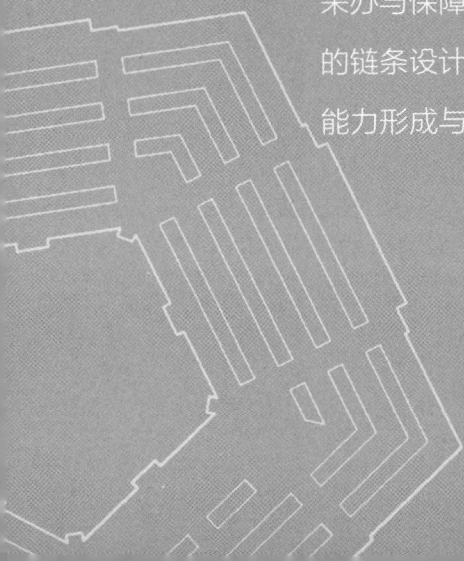

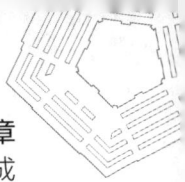

第一节 官员主导下的国防采办决策支持系统改革

国防采办（Defense Acquisition）是国防建设的重要组成部分，是军事能力生成的基础，是通过一系列程序和方法，输出武器装备、形成军事能力和作战优势的系统活动。按照专业的说法，国防采办是指军方为满足军事任务或保障军事任务的需要，就武器和其他系统、物品或劳务（包括建造）提出方案、计划、设计、研制、试验、签订合同、生产、部署、后勤保障、改进及处理过程[①]。其中，武器系统的采办最为复杂。采办（acquisition）与采购（procurement）有所不同，按照美国《国防采办管理概论》的解释，采购的含义是"为政府购买物品和劳务的行动"，采办包括"科研、生产、采购和使用与保障"，涵盖为获取武器系统等所做的各种工作，采购只是采办工作的一部分。

国防采办主要有三大决策支持系统：支撑需求生成工作的"联合能力集成与开发系统"（JCIDS），支撑规划、计划与预算论证工作的"规划、计划、预算与执行系统"（PPBES）和支撑项目采办实施工作的"国防采办系统"（DAS），前两个系统的任务都会传导到采办系统，最后输出能力。有时，这3个决策支持系统也称为大采办，而独立的"国防采办系统"（DAS）则称为小采办。小采办主要指国防采办实施过程，即规划、计划与预算下达后的方案论证、技术开发、研制生产和维修保障等全寿命过程；大采办涵盖涉及从需求生成到系统输出的所有事项。

三大决策支持系统是美军军事能力生成的主要支撑，美军强调，3个系统

---

① 中国国防科技信息中心. 国防采办辞典 [M]. 北京：国防工业出版社，2001：1.

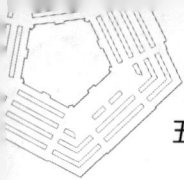

"有效互动"是美军采办顺利实施的关键所在（图6.1）。正是这3个系统所包含的诸多机构和官员的"有效互动"，美军的国防采办系统就像一部庞大而复杂的机器，源源不断地产生出许多先进军事技术、武器系统，形成强大的军事能力。

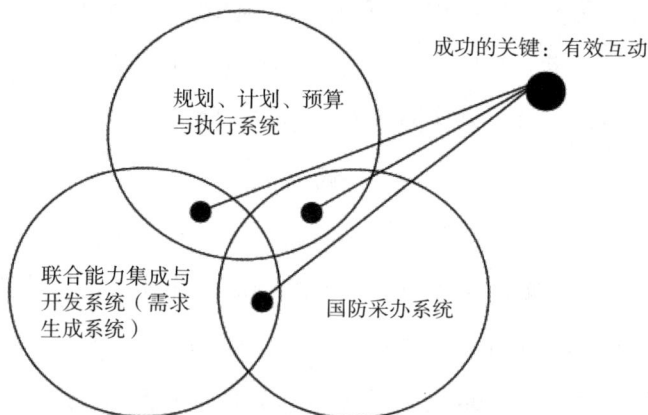

图 6.1　三大决策支持系统相互关系

一、拉姆斯菲尔德与"联合能力集成与开发系统"

"联合能力集成与开发系统"（JCIDS）是美军需求生成管理制度及其运行过程的统称，基本功能是根据作战需求来确定发展任务，主要过程是，美军各有关机构根据联合作战需要，提出发展需求，然后国防部和各军种分别组成需求审查机构，根据需求类别进行分级分类评审，最后确定需要进行采办的需求，并以各类需求文件的形式输入到国防采办系统。

"联合能力集成与开发系统"是1986年建立的"需求生成系统"的升级版。1986年，美军设立参谋长联席会议副主席职位，该副主席担任联合需求监督委员会主席，负责管理"需求生成系统"。但由于军种较为强势，作战目标和威胁较为明确，加之需求是从军种到联合需求监督委员会"自下而上"

制定的，国防部对需求的统管仍然无法有效落实。2001 年，"9·11"事件发生，根据对手的不确定性，美军从"基于能力"的战略出发，以"联合能力集成与开发系统"取代"需求生成系统"，并于 2003 年 7 月以参联会第 3170 号指示予以确认，实现了需求生成机制的重大变化。在这一过程中，国防部长拉姆斯菲尔德的影响至关重要。

唐纳德·亨利·拉姆斯菲尔德（Donald Henry Rumsfeld），1932 年 7 月 9 日出生于美国芝加哥，1954 年毕业于普林斯顿大学，获文学学士学位。1954—1957 年在美国海军当飞行员和飞行教官。先后担任国会众议员、总统助理和经济机会办公室主任、美国常驻北大西洋公约组织代表、白宫办公厅主任。1975 年 11 月，在福特政府中任国防部长，成为美国历史上最年轻的国防部长。此后，他转往企业界发展，先后出任西尔医药和通用仪器两家大公司的总裁。2001 年 1 月，小布什就任美国总统后，拉姆斯菲尔德在小布什内阁中出任国防部长，成为美国历史上第一位两度出任国防部长的人。2004 年 12 月，他留任国防部长职务。2006 年，随着美国在伊拉克战争泥潭中越陷越深，美军伤亡数字不断攀升，美国民众对小布什政府的对伊政策普遍感到不满。作为对伊政策主要制定者之一的拉姆斯菲尔德，一直面临舆论要求其辞职的巨大压力。此外，在他任内发生的美军一系列虐囚事件曝光，也使得拉姆斯菲尔德饱受各界批评。11 月 8 日，拉姆斯菲尔德辞去国防部长的职务。

拉姆斯菲尔德在第二次担任国防部长时，积极推动基于能力的部队转型，设立了部队转型办公室，强化联合作战能力建设。他强调提升能力以应对各种不确定挑战的出现，极力推动基于能力的军事转型，于 2003 年发起需求革命，对需求生成机制实施重大改革，以"联合能力集成与开发系统"取代"需求生成系统"。联合能力集成与开发系统运行过程的核心是，各军种和国防部业务局以《国家安全战略》《国防战略》《国家军事战略》及联合作战概念、联合能力概念、一体化体系结构等作为指导依据提报需求，参联会副主席领

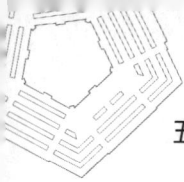

导的联合需求监督委员会对该需求进行审查。全军各类需求先提交汇总到联合参谋部，联合参谋部指定一名官员进行初审，根据需求重要程度及涉及的能力领域进行分类，分别送到不同职能领域的委员会进行详细审查，涉及重大能力的联合需求需交由联合需求监督委员会评审确定。这些需求最终会形成弥补能力差距或发展新型作战能力的方案，其中包括装备解决方案，也包括条令、组织、训练、领导、人员与设施（DOTMLPF）等非装备解决方案。因为装备解决方案投资大、成本高、时间长，优先考虑非装备解决方案，若非装备方案确实不能满足需要，最后才确定采用装备方案。这些方案会用文件固定下来，最终形成《联合能力文件》/《初始能力文件》（ICD）草案或《联合变更建议文件》（CDR）草案。在进入采办阶段后，《初始能力文件》还要经过逐步细化形成《更新的能力发展文件》草案、《能力生产文件》草案。这些文件为采办过程的里程碑决策点审查提供依据，确保所采办武器系统满足作战部门需要。该系统将需求生成过程由过去简单的"自下而上"改为"自上而下、再自下而上"，强化了国防部对军种联合需求的顶层设计和指导，加强了对需求的有效统管。

在拉姆斯菲尔德推进基于能力和军事转型的要求下，国防研发领域也发生了很大变化，过去冷战时期确定的重大项目被取消，诸如应对简易爆炸装备的研发机构得以成立。在他申请更多预算用于新型武器系统研发采购的请求没有被白宫支持的情况下，他就从削减现有武器项目、裁减军队规模入手筹措资金，首当其冲的是美国陆军，2002 年 5 月，拉姆斯菲尔德宣布取消价值 110 亿美元的十字军自行火炮发展计划，因为这个火炮重达 40 吨，既不机动也不灵活，更不具有可部署性。这一决定在陆军各部近乎激起反叛，当然也遭到"铁三角"国会、国防承包商和国防部的官僚机构的抵制。炮兵界愤怒了，国防承包商暴跳如雷，国会一些人勃然大怒。2002 年 6 月，《武装部队杂志》在封面上用插图阐述了他们的想法，配上拉姆斯菲尔德的照片，标

题是："他真的憎恨陆军吗？"陆军国会事务办公室还给国会的盟友发去了寻求支持的"谈话要点"，说这一决定置士兵的生命安危于不顾，会令他们付出生命的代价，要求国会出面阻止这一决定。拉姆斯菲尔德有自己的判断，他认为陆军应该是小型的、依赖新军事技术的、快速反应和部署的军队，而不是传统的依赖部队规模、重型装备和火力的军队。后来，他还更换了陆军一些高层领导，以更加顺利推进自己的发展计划。

另外，拉姆斯菲尔德还在 2003 年推动建立了规划、计划、预算与执行系统，代替运行四十余年的规划、计划、预算系统，强化从联合作战能力角度开展顶层设计与规划计划。拉姆斯菲尔德作为美军军事转型强有力的推动者，对国防部管理改革产生了重要影响。在 2006 年底的告别仪式上，小布什总统如此评价拉姆斯菲尔德："在过去的 6 年间，国防部发生了天翻地覆的变化，这是国防部自 20 世纪 40 年代末成立以来变化最深的一次。"[①]

二、麦克纳马拉与"规划、计划、预算系统"

"规划、计划、预算与执行系统"是美军确定中远期规划、发展计划及预算和执行的工作制度，它将采办项目纳入其中，并为采办工作提供方向指引和资源保障。主要过程是，国防部组织军种等部门，按照一定程序制订发展规划计划，并提出相应的经费预算，采办需求在这一过程中落实为计划项目和预算申请，纳入国防部整体预算，先后经总统审核、国会批准，并最后经总统签署后，由国防部和军种相关机构执行和落实计划和预算。"规划、计划、预算与执行系统"是 2003 年确立的，其前身是由 1961 年担任国防部长的罗伯特·麦克纳马拉（Robert S. McNamara）建立的"规划、计划、预算系统"（PPBS），只不过新增了执行环节。

---

① 唐纳德·拉姆斯菲尔德. 已知与未知 [M]. 魏骅，译. 北京：华文出版社，2013：505.

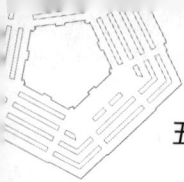

　　麦克纳马拉 1916 年 6 月 19 日生于西海岸的旧金山，21 岁从加州大学伯克利分校毕业，主修经济，辅修数学与哲学，23 岁获得哈佛企业管理硕士学位（MBA），24 岁在普华永道会计事务所短暂工作过一段时间后回到自己获得 MBA 的哈佛商学院，成为那里最年轻和薪水最高的助理教授。1943 年，他加入美国陆军航空队参加第二次世界大战，运用统计方法帮助空军评估和改进轰炸机的使用率，从而大幅提高美军的轰炸效率，有一个典型的例证是麦克纳马拉仅通过分析飞行员和飞机的数目，并重新编排出勤时间表，就将 B-29 轰炸机的效率提高了 30%，这是他首次将自己的经管知识运用于军事领域现代化管理之中。

　　退役后，麦克纳马拉和其他几位空军退役军官进入福特公司。当时的福特公司内部管理混乱，亏损严重。麦克纳马拉和他的伙伴们将现代管理原则引入，用数量方法控制成本和产出，帮助福特公司摆脱了亏损和管理混乱。麦克纳马拉从规划和财务分析经理起步，逐步在福特公司一系列生产和营销策略制定中发出自己的声音。1960 年 11 月，不到 45 岁的他成为仅次于福特二世的公司总裁，成为这个汽车帝国首位非本族的外姓掌门人。1961 年 1 月，经新当选的肯尼迪总统邀请，麦克纳马拉出任国防部长。

　　麦克纳马拉进入五角大楼后，首先进行了几个星期的调查研究。他发现，要打破国防建设在困境中徘徊的局面，唯一的办法是进行彻底改革。而要推动改革，就必须启用富有开拓精神和新知识、懂得科学管理的人，尤其是年轻人。于是，他很快组建了一个阵容强大的管理班子。其中，著名律师罗斯韦尔·吉尔帕特里克担任国防部副部长；42 岁的法律专家赛勒斯·万斯任国防部法律总顾问；加州大学利弗莫尔国家实验室主任、33 岁的哈罗德·布朗任国防研究与工程署署长；曾经为兰德公司工作的国防经济学家查尔斯·希契任国防部总审计长。麦克纳马拉还组建了一个"神童班子"——一批意气风发的年轻学者，担任一些重要职务。例如任命年方三十、来自于兰德公司

的经济学家阿兰·恩索文主管新成立的系统分析办公室，专门协助其在国防部内推行系统分析的思想、工具和方法[①]。

20世纪50年代，国防预算由国防部长在各军种之间按固定比例分配款额，各军种又根据其内部的习惯势力及自己对国家安全基本政策的理解，来确定下属各单位的分配额。在麦克纳马拉之前的几任国防部长中，有的试图改革，但拗不过那些思想保守的将军，结果都不了了之。麦克纳马拉和他团队经过复杂而审慎的论证，提出把军事战略、国防预算、部队需求和武器研制有机结合起来，能够有效统筹远期、中期、近期计划，这就是后来他推行的"规划、计划、预算系统"（PPBs）。

在规划阶段，麦克纳马拉要求首先要研究长期的军事需求，做出实现国家安全目标的多种方案，根据成本效率的对比做出选择。计划阶段是规划和预算之间的桥梁，比制定规划更具体，主要工作就是确定军队建设的具体项目及所需要的资源，是整个过程中的关键，国防部长在审查"联合战略目标规划"和"总统备忘录草案"后，开始牵头起草"五年国防计划"，这个计划主要描述整个军队的五年建设设想，起草完之后就此计划征求各军种的意见和建议，在综合他们的需求和建议的基础上对其进行修改。与此同时，参谋长联席会议也对"总统备忘录草案"进行审查并提出他们自己的建议。每年夏天麦克纳马拉在系统分析办公室和其他参谋人员协助下对参谋长联席会议和各军种的建议做出决定，在8月底发出"总统备忘录草案"，作为最后制定预算的基础。大部分争议得到解决和平衡之后，就进入了预算阶段，通常预算阶段从当年9月持续到12月底。预算期间仍然会有争论，但是由于大部分争议已经在计划阶段暴露，因此，预算能够较为顺利地制定。

---

① KAPLAN L S, LANDA R D, DREA E J. History of the office of the secretary of defense volume V: The Mcnamara ascendancy 1961–1965[M]. Washington, D.C.: Office of the Secretary of Defense, Historical Office, 2006: 8.

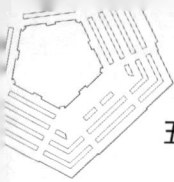

  规划、计划、预算制度把军事战略、国防预算、部队需求和武器研制有机地联系起来，把远期、中期、近期计划和年度预算紧密地衔接在一起，形成了一个完整而统一的制度；按军事功能来编制计划和预算，同一类任务的各军种项目纳入同一类计划，加强国防部的综合平衡，从而减少了重复浪费，大幅提高了经费使用效率。该系统被认为是麦克纳马拉留给国防部最宝贵的财富之一，仅在他本人担任国防部长期间，就节约了150多亿美元的国防开支。"在减少各军种之间那种足以削弱力量的敌对状态方面，他做的比他的任何一个前任都多。"[①] 约翰逊总统称赞他把美国的武装力量建设到了一个实力和效率的新高峰。

  在国防科技管理方面，麦克纳马拉也充分显示出他的个性，加大了国防科技研发机构的统管力度。他对国防研究与工程署的工作非常支持，让国防研究与工程署在全军研发和采办管理中的权力相当集中，同时，他也对系统分析这一工具在国防研发及国防建设事务中的重要作用给予了很大关注，让决策建立在数据分析的基础上。他任用了非常年轻的布朗作为国防研究与工程署署长，对国防研究与工程署助理署长鲁布深爱有加，并将其作为他的核心班子——神童班子的成员。按照麦克纳马拉的思想，军种科研管理也进行了相应改革，陆军于1962年对所有研究机构进行集中统管，成立了陆军装备部，一定程度上解决了互不通气、重复立项、预算竞争等问题。空军对其航空研发司令部的实验室、测试机构与航空装备司令部的采购职能进行合并，形成空军系统司令部。海军于1965年对局级部门的结构进行重组，成立由6个不同职能司令部组成的装备司令部，并设置海军实验室主任。这些变化反映了在麦克纳马拉领导下国防部决策权的集中趋向，国防科技体系也由此进入了

[①] 美亨利·L.特里惠特.麦克纳马拉[M].复旦大学资本主义国家经济研究所，译.上海：人民出版社，1975：343.

一个新的时期。

三、科技官员与国防采办系统改革

与"联合能力集成与开发系统"和"规划、计划、预算与执行系统"不同，"国防采办系统"的改革变化主要是由综合型科技官员推动，这些官员在相对集中的体系中，结合国家安全环境的变化和新兴技术的发展，对国防采办系统进行不断调整。

（一）科技官员与国防采办组织管理体系

美国国防部成立初期，国防采办较长时期处于各军种分散管理的局面，国防部难以进行有效的管理与约束。1958 年设立国防研究与工程署署长职位，不仅对全军研发工作进行统管，而且对武器采办工作也进行管理。1969 年国防部委任当时有名的管理专家帕卡德担任常务副部长，牵头研究并完善美军采办管理制度，并授权其管理全军的研究、开发与采办事务，并设立负责设施与后勤的助理部长一职，负责监管全军的武器装备采办。随即组建由帕卡德担任主席的国防系统采办审查委员会（DSARC），负责就重大项目的进展尤其是针对采办阶段进行里程碑节点审查。国防部为加强对三军武器采办的集中统管，直接授权常务副部长开展采办审查工作，大大提升了国防部采办部门的职权层级，这是美军在当时的历史条件下对其采办管理体系进行构建和完善的一次重要尝试。

1977 年，国防部在国防研究与工程署的基础上，设立研究与工程副部长一职，进一步加强对全军科研工作的统管，并由该副部长担任国防采办执行官，成为国防部长办公厅除部长和常务副部长外的第三号人物，进而取代常务副部长担任国防系统采办审查委员会主席。

20 世纪 80 年代初，国防部主要负责采办政策制定与监督指导，军种则负

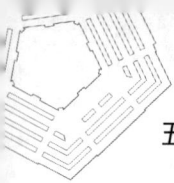

责具体管理，而且权限很大，如海军采办工作由海军部长亲自主抓，陆军和空军采办工作由本军种副部长负责。军种采办工作按行政层级指挥管理，形成军种部长（副部长）、装备司令部（陆军和空军）或专业司令部（海军）、项目管理办公室管理体制，由于军种部长（或副部长）更多地从本军种考虑问题，国防部的采办政策在军种一级经常被扭曲和改变。这种按行政隶属关系设置的采办指挥线，难以实现采办政策上下贯通，采办领域出现了大量浪费问题。为此，以帕卡德为首的国防管理特别委员会向国防部提交报告，建议对国防采办项目管理进行重大改革，成立负责全盘采办管理的权力机构，对采办执行负全部责任，并成立简明的采办管理指挥线。

1986年，根据《哥德华特—尼可尔斯国防改组法》，国防部设立负责采办的副部长一职，并由其兼任国防采办执行官，同时，设立由一名军种助理部长担任的军种采办执行官，以及负责一类或一群项目的计划执行官（PEO），加上原来的项目主任，形成政策自上而下在专业线上传达落实，业务自下而上在专业领域逐级报告的工作机制，建立了专业化采办指挥线。此次改革后，美军国防采办系统和需求生成系统基本形成，加上1961年形成的规划、计划、预算系统，美军三大决策支持系统初步形成。1993年，美军将负责采办的副部长改名为负责采办与技术的副部长，并于1999年进一步改名为负责采办、技术与后勤的副部长，实现了对武器预研、研制、采购与保障的集中统管，基本形成了武器全系统全寿命管理的体制基础。随着大国竞争的加剧，国防科技的对抗引领作用日益突出，《2017财年国防授权法》要求国防部拆分负责采办、技术与后勤的副部长职能，分设研究与工程副部长和采办与保障副部长，2018年，有关二者的职责分工和机构归属问题的最终方案形成，研究与工程副部长职位正式设立。

先进技术需要通过采办系统，与人员、条令、训练等其他要素进行综合平衡，才能形成军事能力。从国防采办组织管理体系的发展可以看出，国防

部顶层对科技和采办管理上的分合关系一直持续到现在，反映了技术在采办系统形成军事能力过程中的重要性，也体现了军事能力组成要素之间需要进行结构性平衡。从整个国防部视角来看，冷战初期，国防部层面还没有主管采办的官员，国防研究与工程署地位突出，在武器系统采办领域发挥了重要的统管作用。冷战后期，以至冷战结束后，美军注重军事能力构成因素的平衡，强调技术转移转化，追求整体优势，便把采办工作突出出来，设置了负责采办、技术与后勤的副部长一职，构建了贯穿武器系统全寿命过程的集中统管格局。新世纪以来，随着科学技术在军事发展与竞争中的作用重新凸显，美国国防部又开始把国防科技发展作为军事能力组合构建中的最优先事项，再次设立负责研究与工程的副部长一职，以期用先进的科学技术引领和打造绝对领先的军事能力。

曾担任过国防研究与工程署署长、空军部长、国防部长的哈罗德·布朗，在卸任国防部长后，专门对技术与采办进行了反思，他认为，承包商和部队用户过分追求先进性，试图使武器系统尽可能具备最佳的性能（速度、负荷和航程等），以及仅仅为了达到某个目的而过分利用最新技术，导致在武器系统中使用不够成熟的技术，常常把研制机构和计划主管者逼入困境。实际上，"研究、试制、系统设计、试验和采购的循环是极为复杂的。对一项技术何时成熟到可以应用于一个武器系统的问题，对于以何种更好的性能取代旧性能的问题，以及对于在研制、试验和采购工作方面应该实现多大程度的协调一致的问题，作出判断是困难的。"[①] 他举例说明，有些舰队防空导弹的射程大大地超过了它们配备的雷达提供目标情报的能力，而新的宙斯盾舰队防空导弹系统的情况则相反，它的雷达功能超过了导弹射程。同样，对于他

---

① 哈罗德·布朗. 美国未来二十年的对外战略 [M]. 现代国际关系研究所北美研究室，译. 北京：时事出版社，1986：241.

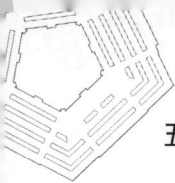

着力推进的抵消战略，在发展技术优势的同时，他也认为："然而它们对于数量劣势的弥补作用是有限的，而且它们不能取代明智的战略、有效的战术、坚强的领导、训练有素的人员或构成军事实力的任何其他要素，更不用说取代国家安全政策中的非军事方面了。"[1]

(二)技术变化与国防采办程序调整改革

1969年，尼克松总统任命梅尔文·莱尔德为国防部长。莱尔德曾担任众议院议员长达十余年，善于沟通和处理问题。当时，美国军队已被拖入越南战争漩涡多年，士气不振，民众不满。为改变现状，莱尔德着手实施改革，并任命惠普公司总裁戴维·帕卡德为国防部副部长。70年代初，帕卡德针对60年代麦克纳马拉时期国防部统管权力过大的问题，主张实行"多方参与的管理"，并由此推行一系列重大举措，如明确规定国防部与军种各自职责，发挥军种的作用，国防部不再包办所有应由军种实施的工作，而是集中精力把握国防采办工作的大政方针，控制经费预算，对军种实施的重要计划进行重点把关。在这种背景下，1971年，国防部首次颁布第5000.1号指令《重大国防系统的采办》，将国防采办项目全寿命周期分为项目启动、全面研制、生产与部署等3个阶段,设立里程碑决策点,实行分阶段、逐段推进的项目管理,奠定了现代武器系统全寿命管理的重要基础。

1977年，为加强采办项目前期研究与管理工作，美国国防部新增第5000.02号指示，将项目启动阶段拆分成方案探索、验证与确认两个阶段，相应的国防采办程序由3个阶段改为了4个阶段——方案探索、验证与确认、全面研制、生产与部署。1987年，为加强使用和保障阶段的采办管理工作，再次修订国防采办文件，将国防采办程序由4个阶段增加到5个阶段——方案探索与定义、

---

[1] 哈罗德·布朗. 美国未来二十年的对外战略 [M]. 现代国际关系研究所北美研究室，译. 北京：时事出版社，1986：239.

方案验证与确认、全面研制、生产与部署、使用和保障。冷战结束后，为了适应军事战略变化，加强采办管理，美国国防部分别于 1991 年、1996 年和 2001年对采办文件和采办程序进行了修改，其中，2001 年版的采办文件在采办政策、原则、采办程序方面都做了巨大改动，将国防采办程序改为方案与技术开发、系统研制与验证、生产与部署、使用与保障 4 个阶段，并设立 3 个里程碑决策点。为适应当时反恐应急作战需要，2003 年，对采办管理进行进一步改革，以放权和增强采办灵活性为主线，简化采办程序，扩大采办人员和承包商自主权，同时，将采办程序分为方案精选、技术开发、系统开发与演示验证、生产与部署、使用与保障 5 个阶段。2008 年，颁布新版第 5000.02 号指示《国防采办系统的运行》，将全寿命管理分为系统采办前期、系统采办和系统维持 3 项活动，设置装备方案分析、技术开发、工程与制造开发、生产与部署、使用与保障 5 个阶段。

随着科技发展速度越来越快，如何适应技术变化、及时吸纳先进技术、不断改进采办程序，成为近年来国防采办程序调整的重大动因。2009 年 5 月，根据《武器系统采办改革法》要求，国防研究与工程署进行机构重组，调整后的机构将加快技术转化列为重要工作内容。2010 年 1 月，国防研究与工程署署长在美国"航空航天战略与战术导弹系统协会"会议上指出，新的国防研究与工程署将围绕"创新、速度和灵活性"展开工作。其中，"速度"是指加快技术能力的交付以赢得当前的战争。提出"必须将科研中的技术能力快速转化为对作战人员有用的工具"，提倡"在当前提供 80% 的解决方案，而不是等到两年后提供 100% 的解决方案"，在此过程中还要不断进行创新。

信息技术的发展使软件在军事领域的作用越来越突出，随着软件采办项目和应急作战采办项目的迅速增加，原来主要基于硬件制定的单一采办程序就越来越不适应了。为了适应这一技术变化和影响，美军对 2008 年版第5000.02 号指示进行重大修订，于 2015 年 1 月颁布，最大的变化是将单一国防采办程序改为 6 种采办程序，分别为硬件密集型项目采办程序、国防专用

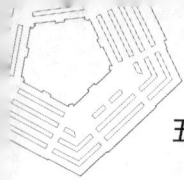

软件密集型项目采办程序、渐进式部署软件密集型项目采办程序、偏硬件混合型项目采办程序、偏软件混合型项目采办程序和快速采办项目采办程序。硬件密集型项目采办程序也称"标准型"国防采办程序，主要适用于航母、飞机等武器系统和平台，其他 5 种采办程序是在标准型基础上，针对不同类型武器特点衍生而出，分别是国防专用软件密集项目采办程序，适用于军事专用指挥控制系统、战术飞机作战系统升级等软件为主的项目；渐进式部署软件密集项目采办程序，适用于软件货架产品项目；偏硬件混合型项目采办程序，适用于采办硬件为主、并行开发软件的项目；偏软件混合型项目采办程序，适用于软件开发为主、需要与硬件集成的项目；快速采办项目采办程序，适用于战时急需采办项目、对抗潜在对手技术突袭的高技术采办项目等。每种采办程序的阶段划分和里程碑决策点设置各有差异。项目主任和计划执行官针对不同类型的采办需求，可采用不同的采办程序进行管理，以提高采办工作的针对性。

近年来，以大数据、人工智能为代表的前沿技术在商业领域快速发展，并展现出非凡的军事应用前景。而传统采办程序周期长、效率低，极大影响了新兴技术的引入，美国会报告指出，重大采办项目平均周期要 8 年，合同签订平均周期要 18 个月，往往"采办完成的同时技术已经落后"。如何将这些创新技术快速引入国防领域，并使之快速形成作战能力，是迫切需要解决的难题。美军近几年进行了快速原型样机研发、授权采用灵活交易协议等改革尝试，旨在打破原有政策制度障碍，快速引入各类商业技术成果，力争使美军武器系统的技术水平能够与技术发展的速度保持一致。在此背景下，2020 年 1 月，时任采办与保障副部长艾伦·洛德签署新的第 5000.02 号指示《适应性采办框架的运行》，积极推动国防部采办程序改革，她在不同场合多次提到，"明天获得的 85% 的解决方案远胜于几年后获得的 100% 的解决方案。"尽管"85% 的解决方案"交付的能力略低于传统方式研发的重大武器系统，但能够更快地进行技术革新，从而维持美军的技术优势。新版第 5000.02 号指示确定了 6 种新的采办程序（也称为采办路径，图 6.2）：①应急能力采办，针对紧急作战需求或其他突发性需求，须 2 年内直接交付作战部队；②中间层采办，重点针对新兴创新技术快速转化为作战能力，且可在 5 年内形成初始作战能力或完成部署，包括快速原型样机和快速部署两类；③重大能力采办，即上版指示中的硬件密集型采办程序；④软件采办，完全不同于上版指示中的软件采办，采用全新的迭代开发敏捷采办程序；⑤国防业务系统采办，规范财务、合同、后勤、规划和预算、设施、人力资源等业务管理系统的采办程序；⑥服务采办，规范通信服务、产品保障、医疗等服务于采办的各项活动。

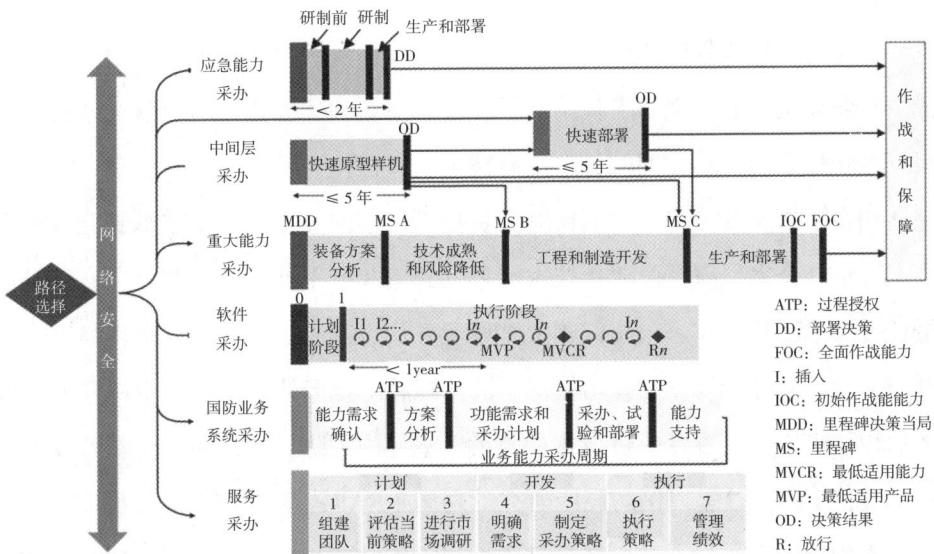

图 6.2 美军适应性采办框架 6 种路径示意

（三）科技成果转化机构和机制

在美国国防预算分类中，国防科研属于第 6 大类，内涵是研究、开发、试验与鉴定，英文简称为 RDT&E，具体分 8 个小类：6.1 基础研究；6.2 应用研究；6.3 先期技术开发；6.4 先期部件开发与样机；6.5 系统开发与演示验证；6.6 管理保障；6.7 作战系统开发；6.8 软件与数字化技术试点项目。其中，6.1、

6.2 和 6.3 三个阶段工作被纳入美国国防科技计划，主要目的是为保证"军事技术绝对领先"和国防能力的持续提升。6.4、6.5、6.7 和 6.8 主要属于采办经费，在具体执行层由项目办主任负责支配。两类经费不同，关注点也不同，科技项目重点关注技术本身的专业性和先进性、能否达到各项技术指标等，最终目的是向用户提供一项技术及其实施方案，而采办项目要向作战部门提供先进的武器系统和作战能力，技术是支撑，但更关注应用系统的高稳定性、高可靠性。通常认为，科技与武器采办之间存在"死亡之谷"，需要通过成果转化进行衔接。

1. 成果转化机构及官员

美军将科技成果转化应用置于突出地位，在各级科研决策和管理部门都设置了专职岗位。如研究与工程副部长办公室下属的任务能力助理部长办公室承担技术转移职能。军种部门各自设有技术转移机构，陆军研究办公室、海军研究局和空军研究办公室，分别设有负责技术转移的办公室——陆军研究实验室技术转移办公室、海军商业化技术转移办公室和空军技术转移办公室，负责各军种的技术转移工作。国防部相关直属业务局也都设立各自的技术转移机构，国防高级研究计划局、导弹防御局、国防威胁降低局均设有技术应用办公室等技术转移机构，配置专业科技官员，负责本部门国防科技成果的管理、评价和技术转移工作。这里以国防高级研究计划局（DARPA）为例来进行说明。

作为美军颠覆性科技创新摇篮的 DARPA，长期以来的成果转化率并不高，据统计处于 20% ～ 30%。为推动科技成果的转化应用，2009 年 DARPA 成立了专职技术转化的业务办公室——技术适用执行办公室（2016 年更名为适用能力办公室），主要职责包括制定技术转移计划，以及规划、实施在研项目的技术演示验证活动，建立作战人员和项目团队的密切联系，追踪项目转化状况，维护转化数据库，开展项目主任培训等。

适用能力办公室首任负责人埃里森·乌尔班是 DARPA 的传奇人物之一。

他曾长期在军队科研部门工作，熟悉军种科研和军事需求，担任过海军海洋系统中心模块化应用处处长、海军助理部长帮办办公室助理、海军航空系统司令部电子和物理科学帮办、国防研究与工程署制造技术副主任等职务。埃里森与DARPA也有着深厚的渊源，20世纪90年代曾在DARPA工作9年时间，先后担任微系统技术办公室项目主任和办公室副主任，与当时的办公室主任阿拉提·普拉巴克尔相互配合，共同推动新设立的微系统技术办公室发展壮大。2009年出任DARPA适用能力办公室主任后，埃里森于2011年升任局长特别助理，此后再次与曾经的老搭档普拉巴卡尔汇合（普拉巴卡尔于2012年接任DARPA第20任局长）。截至2024年，埃里森任职DARPA局长特别助理已经有14年时间，这位曾获得圣地亚哥州立大学工程学学士学位和工商管理硕士学位的专家，为DARPA发展做出了特别贡献。

适用能力办公室现设4个服务处，通过加强与作战部门的沟通交流，加速推进相关科技成果转化（图6.3）。适用能力办公室与DARPA的技术办公室、职能保障办公室相互支持配合。就三者而言，技术办公室处于核心地位，下辖若干项目管理办公室，主要组织生物、信息创新、国防科学、微系统技术、战略技术、战术技术等领域新能力和技术研发。适用能力办公室是沟通的关键平台，为项目主任提供有关军事需求的信息，并向军方展示DARPA能够提高部队效能的成果。职能保障办公室负责日常运转和提供工作支撑，适用能力办公室与上述办公室横向联系密切。

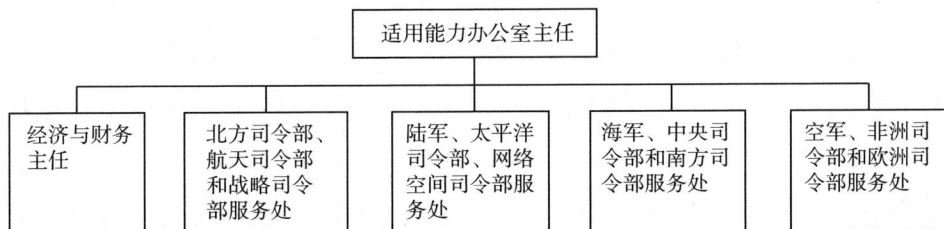

图 6.3　DARPA 适用能力办公室架构

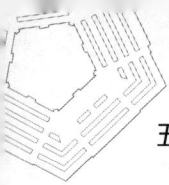

为推进成果转化工作，适用能力办公室采取向社会公开招标的方式，征集能够采用 DARPA 技术成果、推动向用户部门转化的方案。如 2010 年，适用能力办公室为推进自适应系统技术转化，发布公告，公开征集能够嵌入 DARPA 技术成果的演示验证系统。适用能力办公室适时组织样机制造与演示验证，并向军种推介。如"高空激光雷达运行实验"（HALOE）项目，完成阶段工作后，由适用能力办公室联合项目办公室组织演示验证活动，利用高空激光探测和测距系统样机在阿富汗面积超过 7.4 万平方千米的地区执行了 65 次飞行任务，广泛采集地理上军事行动受限区域的信息，验证技术成熟程度，相关成果已转移至陆军。

适用能力办公室还会帮助项目主任与军方直接合作，结合实际军事情况调整他们的想法，将创意转变为实用装备。以压力波传感器项目为例：在伊拉克和阿富汗，遭遇简易爆炸装置（IED）爆炸的军人会遭受脑损伤（有时甚至没有肉眼可见的外伤）。为收集数据，了解并减少伤害，军方最初让士兵携带加速计来测量其破坏性影响。DARPA 项目主任认为使用这种传感器是错误的。脑损伤是由爆炸产生的超压造成的，士兵真正需要的应该是压力波传感器。在适用能力办公室帮助下，项目主任与特种部队人员接触，了解实际情况，由此设计出了小气泡传感器，短时间内交付 10 000 台设备供美军战场使用。

适应能力办公室现任主任肯·普拉克斯博士于 2022 年 6 月上任，他的资历与首任主任埃里森相似，也是一位有着丰富的军种工作经验的专家，并有 DARPA 项目管理的工作历练。普拉克斯博士在学术领域也有较深的积累，1989 年，以优异成绩毕业于美国空军学院，获得物理学和数学学士学位，1991 年获得麻省理工学院物理学硕士学位，2003 年获得内华达大学拉斯维加斯分校物理学博士学位。他在空军服役期间，曾指挥空军最大的试验中队，此后担任空军特别项目主任。进入 DARPA 后，普拉克斯博士任职微系统技术办公室项目主任，此后，担任 DARPA 战略技术办公室副主任，并在 2021 年

12月至2022年2月期间担任战略技术办公室代理主任，研究兴趣涉及隐形飞机、电子战、武器研究和网络安全等领域。他还负责管理几项需要各部门高度协作的项目，以创建新的联合作战体系和理论。

2. 成果转化机制

美军采用先期技术演示（ATD）、联合能力技术演示验证（JCTD）、技术转移倡议、制造技术计划、国防采办挑战计划等技术转移机制，加速科技成果向武器采办各阶段转化应用。

先期技术演示是指在先期技术开发阶段，对基础研究和应用研究阶段的成果进行实验、试验或演示，以评审其技术可行性、作战适应性和经济承受能力的科研活动。其作用主要是验证新开发的技术是否成熟、可用，帮助武器研制部门选择最合适的技术应用于新武器系统，加强研究人员同未来用户的关系。先期技术演示往往是多项技术部件/分系统的综合试验，有时甚至可能是整个系统的试验。演示项目规模越大，各个部件之间、系统与分系统之间的接口就越多；在多种技术综合试验过程中，有可能意外发现其他问题，如各个分系统的接口问题，各项技术的兼容性问题，使用方案问题和经济承受能力问题等。

先期概念技术演示（ACTD）是在先期技术演示基础上形成的一项综合工程，其目的是加速将实验室中的新技术转化为战场上的实用装备。ACTD计划所列的，都是有望转入型号研制的项目，是在广泛的ATD项目中精选出来的项目，这些项目通过综合试验，可很快转化为新的武器系统。与一般ATD项目相比，ACTD与重点军事需求关系更密切，技术更加成熟，作战部队关注度、参与度更高，试验规模更大，环境更逼真，更符合实战要求。ACTD项目经过2～4年的演示，其中许多可进入工程研制阶段或生产阶段，有的甚至可以直接交付作战部队使用。先期概念技术演示项目的实施结果分为终止演示、转入武器研制计划、直接转交给作战部队使用3种情况。如美军在阿富汗战争

中使用的温压弹（Thermobaric Weapons），在研制时就被列入"先期概念技术演示"计划，组建了由美国海军、空军、能源部和工业界专家组成的快速应对研究小组，加速项目的研究与试验，仅用了 2 个多月的时间就实现了技术成果向武器的转化。其中，海军研究局在其中发挥了极其重要的作用。

联合能力技术演示验证（JCTD）是在先期概念技术演示（ACTD）基础上改进而来的，于 2005 年开始实施，逐步取代 ACTD。JCTD 是指采用技术演示方式将成熟技术快速转化为联合作战能力的一种技术转移机制，通常适用于能够满足作战部队联合能力建设急需、跨军种、跨部门、经费不超过 5000 万美元的综合集成项目。其基本做法是：通过国防部征集项目建议、各军种和业务局提出项目建议书、国防部和国会审批项目等程序，每年经过 2 轮评选，从 100 多项建议书中评选出 10 多个项目。每个项目由技术研发部门、试验部门、采办部门与作战部门一起，对相关的新技术进行试验、演示和综合集成。根据演示结果，将技术成果快速转化至装备研制或采购阶段，或交付作战部队使用，或中止项目。同 ACTD 相比，JCTD 建立起一套全寿命更快的技术转移机制，要求项目技术成熟度 6 级以上，在 2 年内完成全部演示工作（而 ACTD 需要 3～4 年），在 3～4 年内完成项目转化应用等工作。近年来，为适应美军采办程序调整改革，JCTD 项目大量成果为原型样机：①对接中间层采办的快速样机和快速部署，能够快速完成转化应用，在 2 年内完成项目技术成果的转化应用；②对接应急采办项目，在 1 年内，甚至在几个月完成样机研制交付部队。根据美国国防部统计数据显示，从 2006 财年至 2019 财年，JCTD 计划已执行了 113 个 JCTD 项目，转化率为 81%，其中 52% 的能力转化为装备采办项目；25% 的能力转换为作战部署，4% 的能力转化为总务管理局（GSA）计划。其余的 19% 返回技术基础（基础研究和应用研究）进行进一步研究开发或终止。

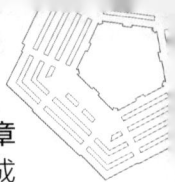

第二节 军职人员辅助引接军事需求

长期以来，为促进文职官员履行职责，美军一般都安排军职人员作为军事事务助理协助工作，这些军事事务助理被纳入整个美军军官流动任职制度进行安排。作为主管科技的文职官员，也设有此类军职人员协助开展工作。2018 年，新调整成立负责研究与工程的副部长办公室就设立参谋长、副参谋长和军事事务助理职位，一些科研机构也按照此类原则配备管理人员。这些军职人员加强了研究机构与部队之间的联系，推动了军事与科研的紧密衔接，形成了军事需求引接的特别通道。

一、国防部科研机构设立军事助理

国防科研机构担负着发展国防科技、服务军事能力形成的重要使命，了解和掌握军事需求是国防科研机构开展工作的重要前提。长期以来，美国国防科研机构主要通过外部渠道获取军事需求信息（图 6.4），如国防部各类战略或规划、作战概念和条令文件、实战演习训练，以及到作战部门开展实地调研等。但这些方式对国防科研机构有着较高的门槛，一方面需要它们掌握一定程度的军事专业知识，了解军队的现实问题、部队编成和作战机理，明确科技在作战中所能发挥的作用和应用场景；另一方面需要了解现有的装备体系构成，以及科技物化为装备后与现有装备体系的适配性，以确保科技成果能够有效融入装备体系、提高部队战斗力。

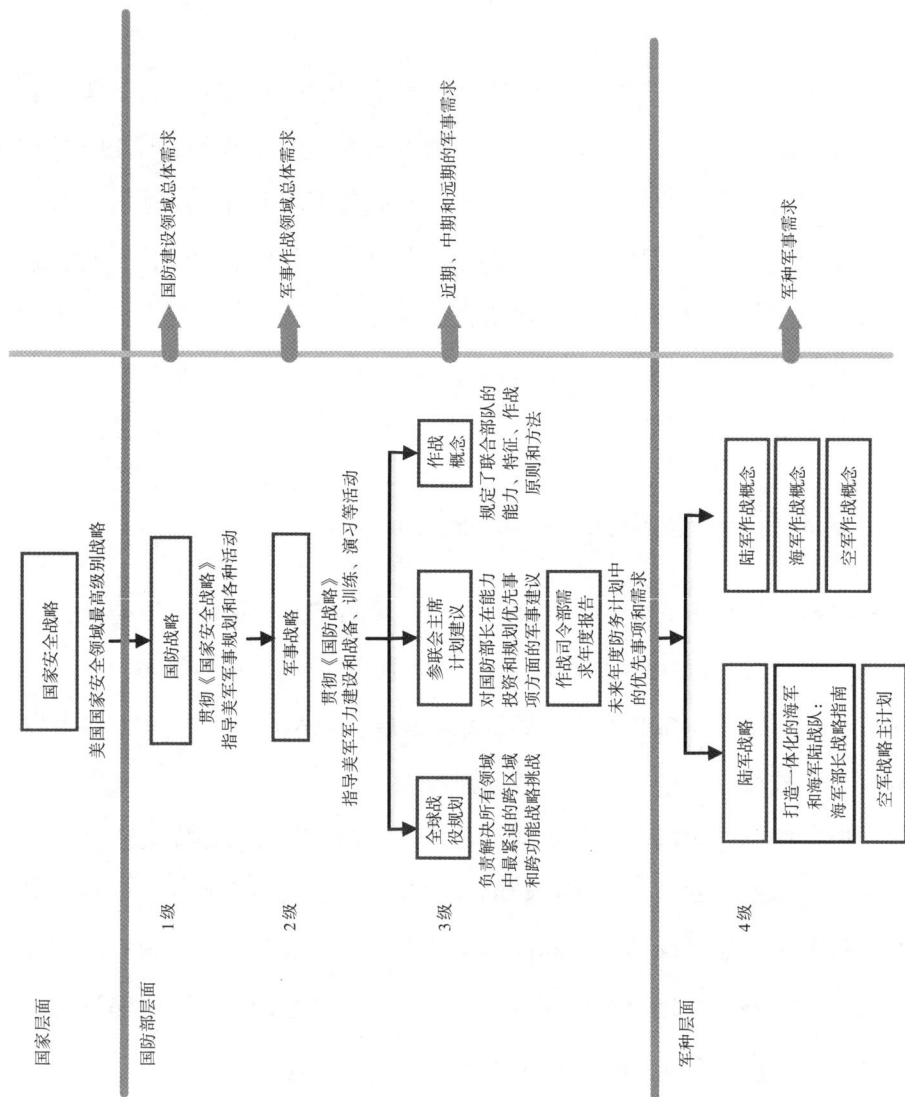

图 6.4 美国国防科研机构获取军事需求的主要来源

国家层面

国防部层面

1级 国家安全战略
美国国家安全领域最高级别战略

国防战略
贯彻《国家安全战略》
指导美军军事规划和各种作战活动

2级 军事战略
贯彻《国防战略》
指导美军军力建设和战备、训练、演习等活动

3级 全球战役规划
负责解决所有领域中最紧迫的跨区域和跨功能战略挑战

参联会主席计划建议
对国防部长在能力投资和规划优先事项方面的军事建议

作战概念
规定了联合部队人的能力、特征、作战原则和方法

作战司令部需求年度报告
未来年度计划中的优先事项和需求

军种层面

4级 陆军战略
打造一体化的海军和海军陆战队：海军部长战略指南
空军战略主计划

陆军作战概念
海军作战概念
空军作战概念

国防建设领域总体需求
军事作战领域总体需求
近期、中期和远期的军事需求
军种军事需求

208

为了打破从外部获取需求的渠道局限性，探索开辟内部途径获取军事需求，引进军职人员担任职务成为一个重要选项。如 2016 年初，DARPA 做出重大调整，在局长办公室增设 1 名参谋长，主要负责为局长和副局长制定机构发展战略、实施统筹管理提供决策支撑。参谋长来自作战部队，能够帮助评估 DARPA 项目存在的风险，并为 DARPA 的规划编制提供指导、监督和协调。首任 DARPA 参谋长拉尔夫·桑德弗雷先后获得堪萨斯大学宇航工程理学学士、空军技术学院系统工程理学硕士、弗吉尼亚理工大学宇航工程博士，具有宇航工程和系统工程专业背景，曾在空军服役 25 年，担任过空军科学、技术与工程助理部长帮办办公室军事帮办，为空军每年约 20 亿美元的科学技术项目提供政策指导和咨询建议。

除此之外，DARPA 还增设了 4 名来自军种的局长特别助理，他们均拥有至少一个硕士学位并参加过实战，了解部队需求。其中，来自海军的时任局长特别助理专业背景为工业工程、作战研究、国家安全与战略研究，曾在多艘舰艇上服役，指挥过"卡尼"号驱逐舰。来自空军的时任局长特别助理专业背景为工商管理和战略研究，并曾在空军和陆军院校进修，担任过特级飞行员，拥有 F-16、F-35A 等战机的飞行经验。来自陆军的时任局长特别助理专业背景为军事科学、联合战役规划和战略，曾在阿富汗和伊拉克服役，历任多个参谋和指挥官职务。来自海军陆战队的时任局长特别助理专业背景为国际关系、国家安全与战略研究，曾派驻日本、伊拉克、法国等国家，担任过海军陆战队作战实验室计划主管和分舰队指挥官。

作为与 DARPA 职能互补、在民商技术与资源引入方面居国防部核心位置的国防创新小组，近年来为辅助机构负责人制定科技决策，也设立了参谋长职务。现任参谋长皮特·普拉巴卡尔拥有丰富的军地工作经历，频繁旋转于军地之间。青年时代的普拉巴卡尔毕业于霍夫斯特拉大学，获得会计学学士学位，毕业后在美国陆军和纽约陆军国民警卫队服役，之后进入私营部门，

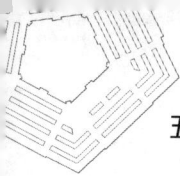

在德勤会计师事务所工作。2008 年，普拉巴卡尔加入国防合同审计局，担任纽约办事处的高级审计员。此后，普拉巴卡尔任职退伍军人事务部总监察长办公室执行助理和首席审计员，负责总监察长办公室的战略变革管理、组织培训、人事工作管理等工作。离开退伍军人事务部后，他协助国防创新小组主任管理人事运营、合同、安全、设施、试验与靶场等领域事务，为国防创新小组的战略发展提供决策咨询。

二、军种研究实验室设置军职高管

军种研究实验室是美军军种开展科研工作的主体力量。为了加强实验室管理，确保其为军事发展服务，美军军种实验室内部均设立了由军职人员任职的高级管理岗位，但其层级又略有不同。

陆军研究实验室实行的是文职领导、军职辅助的管理模式，由文职实验室主任实施统一管理。实验室领导层设立了军职副主任，代表陆军作战部门，为陆军研究实验室的建设发展提供支撑保障和决策建议。现任军职副主任罗伯特·默里是一位经验丰富的网络空间规划师和电子战军官，精通情报分析、运营管理、应急管理等业务，拥有美国陆军战争学院军事和战略领导力战略研究硕士学位及乔治亚摄政大学工商管理硕士学位，曾在韩国、阿富汗、德国等地执行任务，拥有较为敏锐的军事洞察力。

海军研究实验室实行的是军文职共同领导的管理模式。实验室领导层设立了军职的实验室指挥官和文职的实验室主任。其中，实验室指挥官主要负责实验室法律事务、参与相关军事活动、总体监督和保障技术工作等。文职实验室主任在指挥官的协助下对技术计划进行总体设计，与科技界保持合作，培训技术人员，开展科研项目和技术信息交流等。海军研究实验室现任指挥官格雷戈里·T. 彼得罗维奇毕业于美国海军学院，获经济学学士学位，后在艾森豪威尔国家安全与资源战略学院获国家资源战略理学硕士学位。这些专

业背景，为彼得罗维奇实施战略统筹、保障海军研究实验室总体发展提供了支撑。彼得罗维奇还拥有较为丰富的作战经验，曾指挥"Mad Foxes"第5巡逻中队将 P-8 反潜巡逻机首次部署到冲绳。他还拥有在乔治华盛顿号（CVN 73）号航空母舰上的服役经历，"9·11"事件后参加了持久自由行动，并担任过参谋长联席会议执行助理等职务。

与陆军和海军不同，历经多次调整后，空军研究实验室既是空军国防科研的统管部门，其下属各业务部也是空军国防科研的具体实施机构。空军研究实验室领导美国空军作战相关技术的研究、开发与集成，监管空军科学与技术项目的计划和实施，是一个全面综合性实验室机构。

空军研究实验室实行的是军职统一领导的管理体制，由指挥官对实验室业务实施全面统管。斯科特·A. 凯恩（Scott A. Cain）准将于 2023 年 6 月就任空军研究实验室指挥官，有着丰富的学术及培训履历。他是美国空军学院的杰出毕业生，获得该校宇航工程学士学位，并被选拔为 F-16 战斗机飞行员。此后，凯恩曾在阿拉巴马州麦克斯韦尔空军基地中队军官学校和科罗拉多大学博尔德分校进修，获得科罗拉多大学博尔德分校航空航天工程理学硕士学位。他还曾在美国空军武器学校、空军试飞员学校、空军指挥与参谋学院、空军基地空战学院、DARPA 等机构参训，2015 年获得华盛顿特区德怀特·艾森豪威尔国家安全与资源战略学院理学硕士学位。

凯恩拥有丰富的实战经验，他曾在韩国群山空军基地和日本三泽空军基地担任 F-16 作战飞行员，多次执行作战任务。他驾驶过 41 架战机（其中包括 F-35、F-16 和 F-117 战机），飞行时间超过 2800 小时。他还曾指挥佛罗里达州埃格林空军基地空军装备司令部第 96 试验联队，担任过空军装备司令部总部的空中、太空和网络空间作战主任，获得国防部军功勋章、三簇橡树叶功勋奖章、空军勋章、空中成就奖章、联合功勋单位奖等多个奖项。2024 年 7 月，凯恩调任位于加利福尼亚的空军试验中心指挥官。

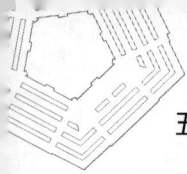

第三节 军事能力开发的新型构设与组合

在科技向作战能力转化的链路中，科研机构和作战部门分别处于供给和需求两端。为加强供需对接、促进科研成果转化应用，近年来，美军在创新组织构设上进行了诸多探索，设立专职官员和机构作为桥梁和纽带，双向对接科研和作战部门，为撮合供需提供服务。特别是作为传统军种的陆军，进行了大幅改革，成立了未来司令部，并在未来司令部的构架下，通过业务组合调整，促进军事能力开发。

一、调整内部架构推动双向引接

为推动技术供需两侧的双向奔赴，2018 年底，国防创新小组设立商业联络小组（CET）和国防联络小组（DET）。前者负责对接商业领域，后者负责对接军内机构，这一分工显著提升了国防创新小组对技术供需两侧的协调能力，进一步加强了与军地双方之间的联系。

商业联络小组的主要工作包括向商业界阐明国防市场机会和兴趣领域、介绍国防创新小组的招标流程，拟定商业合同条款，并持续拓展企业在国防部的其他业务。现任商业联络小组负责人雷蒙德·戈伯格少校是典型的军地复合型人才，他毕业于华盛顿大学圣路易斯预备役军官训练团，2008 年进入空军，2014 年获得乔治华盛顿大学战略公共关系和政治管理硕士学位。退伍后曾进入谷歌工作，之后担任 WalkMe 公司的客户销售主管，建立了数百万美元年收入的业务部门，并帮助该公司于 2021 年夏天上市。他还担任过私营部门独立顾问，为科技公司提供咨询服务。这些工作经历，使戈伯格既了解军队业务，又熟悉商业公司，特别是科技公司运作。加入国防创新小组后，

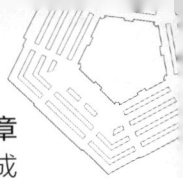

他负责与风险投资界建立联系，在人工智能／机器学习、自主、网络、能源、人类系统和太空领域寻找商业能力，协调商业情报活动，就国防部内部应用私营部门最佳实践向国防部提供建议，支持制定两用技术政策建议等。

国防联络小组负责对接军队需求。将技术部署到作战领域并非易事。国防联络小组要了解国防部合作伙伴最迫切的需求，以及国防创新小组是否可以借助商用技术来满足这些需求。国防联络小组成员要有丰富的军事经验，熟悉国防部业务流程。现任国防联络小组负责人阿尼尔·阿尔瓦雷斯上校为现役军人，这为他与国防部用户部门接触、深入了解军事需求提供了有利条件。作为一名空军官员，阿尔瓦雷斯曾任 B-1 轰炸机飞行员、终端攻击系统控制员、作战试验与鉴定部门负责人，在伊拉克和阿富汗参与过地面和空中作战。他在国防创新小组的主要职责是领导国防联络团队，通过利用商业部门的技术来解决国防部的优先问题。

二、设立新型机构推动军地连接

为解决陆军面临的现实、急迫难题，2018 年美国陆军未来司令部成立之初，即在总部内创建陆军应用实验室，寻求充分利用私营部门的创新能力，快速研发能够转为正式项目的产品和技术，保持陆军军事技术优势。陆军应用实验室是陆军未来司令部新组建的少数机构之一，第 1 任主任由陆军未来司令部创新官杰伊·哈里森担任，哈里森曾担任国防部长办公室 MD5 国家安全技术加速器的负责人，拥有丰富的军地创新网络建设经验，善于将创新引入国防部，推动相关业务转型。

作为陆军现代化体系与商业创新市场之间的服务对接平台，陆军应用实验室设计了简化的业务流程，将创新解决方案与陆军难题、资源、项目快速匹配。该流程可分为 4 个阶段：第 1 阶段，陆军应用实验室发布非正式需求

阐述问题领域，在线征集解决方案，数周内回应感兴趣的解决方案；第2阶段，收到回复的创新者在政府投标管理系统上注册；第3阶段，提交与评估方案；第4阶段，签约并启动孵化器、加速器项目，推动快速交付解决方案。

陆军应用实验室启动了4个重大试点项目，每个试点项目针对的是不同发展阶段的技术。①"催化剂"试点项目，重点针对不成熟的想法开展基础研究。它建立在陆军研究实验室"开放校园"项目的基础上，将大学与陆军和国防工业联系起来。②"陆军能力加速器"项目。主要致力于应用研究。由作战人员、企业家、研究人员和国防工业资深人员组建的团队合作研制能够实际工作的原型，使作战部队能在现实环境中进行战场测试。成功的团队可将技术交付有经验的企业，或寻求自己组建初创公司。该业务模型参照风投，在初期阶段主要通过大量小额资助，使相关技术百花齐放。陆军直接出资5万～10万美元，参与者还可利用陆军的试验设施，并与专家和决策人员进行沟通。③"合作开发基金"项目。它仿效风投资金后续大规模投资来支持项目工程阶段工作。④"光环制造加速器"项目。致力于开发真正可部署的武器、传感器和其他系统。"光环制造加速器"引进传统的国防承包商和军队机构来帮助创新型公司处理国防采办的繁文缛节，使创新公司不必耗费内部开支来建立相应的适应机制。

实验室现任执行主任凯西·珀里是一位学术精英，毕业于耶鲁大学，获得分子生物物理学和生物化学学士学位，之后又在杜克大学获得分子遗传学和微生物学博士学位。她在陆军传染病医学研究所工作多年，负责管理一系列主题的研究项目。珀里有DNA疫苗设计，以及关于包括埃博拉病毒在内的生物威胁的学术研究背景。陆军应用实验室成立后，她先是担任理解与分析部首任主任，负责推动科学家与企业家的合作，并将领域内最先进的公司和技术引入陆军以解决实际问题。在升任实验室副主任后，她积极重塑陆军与工业界的合作方式。就职主任以来，珀里推动陆军应用实验室与整个陆军和

国防部相关部局合作，推动将更多的外部创新引入美军。科学与艺术间的紧密关联在珀里身上得到生动的体现。生活中，珀里也是一位音乐家，她的管弦竖琴作品被收入 120 多张专辑唱片，其中一张甚至获得了 2 项格莱美音乐奖的提名。

三、创建混编组织推动技术应用

为了使科技有效服务于作战，美军设立了一种特殊的组织形式——跨职能小组，相当于特定业务领域的"联合作战部队"，通过将业务链条内不同专业背景、职能领域的人员汇聚在一起协同工作，推动解决业务领域内的重点任务和难题，实现共同的愿景和目标。

美国陆军的跨职能小组是一个有代表性的实例。它们是陆军未来司令部下属的创新组织，由来自需求、采办、科学与技术、试验与鉴定、资源、合同、成本与保障等领域的专家组成，美国时任国防部常务副部长将其称为"由需求负责人 + 项目主任 + 执行者 + 测试者"组成的团队。陆军未来司令部针对现代化优先事项，成立了 8 个跨职能小组（表 6.1），负责 6 大项目群（远程精确火力、下一代战车、陆军网络、空中导弹防御系统、未来垂直起降飞机、士兵杀伤力）及定位导航授时和合成训练环境领域工作。各小组在规模、编成及办公地点上有较大灵活性，汇报对象是陆军副部长和副参谋长。

表 6.1　成立初期各跨职能小组的主管和高级顾问

跨职能小组	主管	高级顾问
远程精确火力	约翰·拉弗蒂上校	太平洋司令部司令罗伯特·布朗将军
下一代战车	大卫·莱斯佩兰斯准将	部队司令部司令罗伯特·艾布拉姆斯将军
未来垂直起降飞机	沃尔特·鲁根准将	陆军副参谋长詹姆斯·麦康维尔将军

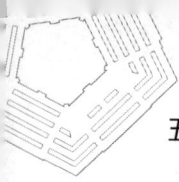

跨职能小组	主管	高级顾问
陆军网络	彼德·嘉力格少将	陆军首席信息官布鲁斯·克劳福德中将
定位导航授时	威利·尼尔森	
空中导弹防御系统	兰迪·麦金泰尔准将	空间与导弹防御司令部詹姆斯·迪金森中将
士兵杀伤力	克里斯托弗准将	训练与条令司令部司令史蒂芬·汤森德将军
合成训练环境	玛丽亚·热尔维少将	

数据来源：美国陆军官方网站。

值得注意的是，由于每个跨职能小组的规模有限，它们必须动员现有的陆军管理体系来帮助完成各项工作。从表中可以发现，这些小型、专业化团队已经融入最高级别的陆军领导层，其中高级顾问的衔级超过小组主管，即三、四星级将军为一、二星级跨职能小组负责人提供建议，并帮助他们与主要领域建立联系。跨职能小组的权限主要限于实验、技术演示验证和原型研究，真正的研发和生产项目仍由各项目办公室的项目主任负责。

除跨职能小组外，在陆军未来司令部组建期间，作战能力发展司令部时任司令官塞德里克·温斯曾指示陆军研究实验室监管一个为期 6 个月的"点燃工作组"，旨在融合未来司令部下属的两个重要部门——作战能力发展司令部和未来概念中心的专长，甄别未来陆军所需的作战能力。在工作期满后，为维持两大机构之间的联系，2019 年 10 月，"点燃团队"正式成立，接替"点燃工作组"继续开展工作。

"点燃团队"是一个由科学家、武器技术专家及作战战略与概念制定人员组成的、以未来为导向的团队，旨在促进未来司令部负责作战概念制定的部门与负责技术研发的部门协同工作，领导制定一个系统、连续、迭代的未来作战概念与能力形成流程。"点燃团队"并不独立开展研究和概念开发，

而是通过制定程序，使作战概念的制定增加科学依据、军事科研的发展建立在作战人员反馈的基础之上。"点燃团队"成员致力于加强陆军现代化体系（国防部、工业部门和学术界）内部的协同，通过双向交流，实现科研和作战概念之间的相互影响与促进。

在运行方式上，"点燃团队"负责协调、统一作战概念和作战能力专家的相关活动。通过直接、面对面的交流与协作，两个领域的专家共同讨论作战和技术环境，共同设计变革性的作战能力，达成相同的陆军发展愿景。在点燃团队中，科学家负责将科学中的创新思想融入作战概念，而作战战略与概念制定人员则以作战概念为基础，牵引技术迭代，变革陆军未来的战场主导方式，形成未来作战能力。在这种运行模式下，科学家发现基于陆军未来作战概念，陆军同步推动作战概念和科学成果初步成熟，并甄别潜在的未来能力；技术开发工作则以陆军需求文件为基础，推动技术迭代，逐步形成未来作战能力。这种早期的同步合作将未来威胁的可能性与最有前景的技术方法相结合，对于实现陆军多域作战概念所构想的变革性优势能力至关重要。

"点燃团队"开展的活动形式多样，主要包括举办科学－概念研讨会、开展科技探索活动，以及预测未来战场技术。团队重点关注合成生物学、人工智能、自主性、机器人，以及为其提供支撑的数据和网络技术，同时帮助陆军探索新型能源，摆脱对传统化石燃料的依赖。为探索使用无人机和机器人帮助步兵渡河的方法，"点燃团队"促成了未来与概念中心和第101空降师的深度合作，共同研究和开发实现该目标的潜在技术。

科学－概念研讨会。研讨会主要安排互动讨论等环节，通过将未来与概念中心概念制定人员的作战专业知识与作战能力发展司令部研究人员的科学知识相结合，共同确定陆军长远发展所需的能力。如2019年7月18—19日，"点燃团队"在佐治亚州本宁堡同机动能力发展与整合局共同举办科学－概念研讨会试点。该研讨会汇集了概念制定者、陆军训练与条令司令部能力管理人

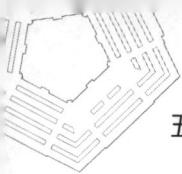

员、作战能力发展司令部技术人员和陆军研究实验室的科学家，除为陆军"运动与机动功能概念"的持续修订提供支持外，还将作战需求与先进的技术进行整合，共同确定 2035 年多域作战部队所需的能力。该类研讨会使科学家能了解更多作战信息，概念制定人员也可以更好地理解相关研究，此外两个领域的专家均能更好地理解问题的复杂性。

科技探索活动。"点燃团队"还举办过专门的科技探索活动，根据未来的作战能力指导科学发现工作。如在一次活动中，"点燃团队"评估了深度强化学习中的一项发现，但科学家和作战专家的观点都受到各自专业知识的限制，经联合评审后他们确定了一个更适当的作战能力目标。通过整合陆军未来司令部的专业知识，"点燃团队"的工作成果可确保陆军的科学投资能够为作战需求服务。

技术预测。"点燃团队"还利用人工智能和机器学习技术主动识别并预测科技进步对陆军潜在的影响，特别是对电子、人工智能、太空、生物技术等领域进行技术扫描，预测哪些突破会改变未来数年的科技投资和研发，帮助陆军制定政策。同时，"点燃团队"还利用被其称之为"发现之树"的工具来将这些预测与陆军正在开展的工作联系起来，应用数据和分析来了解一种突破如何有助于实现另一种突破，以帮助陆军决定如何进行投资和训练。

四、联合作战司令部设置技术官

联合部队是创新技术和新型武器装备的使用者，处于创新链条的末端。作战人员熟悉武器装备的性能、了解它们的缺点，却鲜有发言权，难以向科研部门反映需求，无法呼吁将最新技术应用到作战当中，大多数时间他们只能被动接受采办部门购置的装备。

为了将颠覆性创新技术从商业机构或国防部业务局快速转化应用到作战

一线，2022 年 10 月，美国中央司令部聘任学术精英斯凯勒·摩尔担任首位首席技术官，领导中央司令部及下属单位的创新工作。斯凯勒有着丰富的学术界和军队安全及技术领域工作经验，曾获得哈佛大学政治学学士学位，就读哈佛大学期间，于 2013 年参加了北约化学、物理、生物和核防御定向课程培训（包括在德国军事基地进行的模拟遭受化学、物理、生物和核攻击的军事训练），于 2014 年参加了美国国防大学的学术实习。此后，斯凯勒先后任教于哈佛肯尼迪学院和阿富汗领导学院，2015 年任智库分析师，2019 年任国防创新委员会项目负责人，领导网信体系零信任报告项目、5G 报告项目等多个重要项目，2020 年担任国防创新委员会科技总监，2021 年进入国会，担任众议院国防和外交政策高级顾问。2022 年，斯凯勒再次"参军"，先后担任美国海军第 59 特遣部队首席战略官、海军预备役部队情报官等职务。

中央司令部辖区是全球安全的热点地区，在美国国家安全战略中占据重要地位，中央司令部主导了美军在伊拉克、叙利亚、阿富汗等地的作战行动，其推进创新应用的系列举措将对美军作战司令部起到巨大的示范效应。在斯凯勒的策划下，2022 年 10 月 15 日，中央司令部在佛罗里达州坦帕市举办了首次"创新绿洲"竞赛，重点展示在职人员创意和发明，并推动胜选方案应用。11 月下旬，中央司令部在巴林举行为期 3 周的"数字地平线"活动，17 个行业机构的 15 种不同类型无人系统参与试验，其中 10 种首次与美军第五舰队合作，重点演示验证无人驾驶技术和人工智能技术，推进海军司令部整合新型无人技术，提高海军作战能力，推动建立世界上第一支无人水面舰艇舰队。

美军中央司令部有 3 个开展人工智能和其他尖端技术作战实验的核心单位——海军第 59 特遣部队、空军第 99 特遣部队和陆军第 39 特遣部队。以海军第 59 特遣部队为例，它的创建者——美国海军中央司令部、美国第 5 舰队和海上联合部队指挥官布拉德·库珀中将与中央司令部首席技术官斯凯勒有着紧密的工作联系。库珀毕业于美国海军学院，获得国家情报大学战略情报

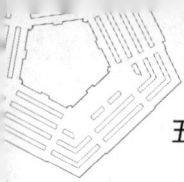

硕士学位，曾在哈佛大学和塔夫茨大学学习国家安全政策和国际关系。库珀在白宫、国防部长办公厅、非洲司令部和太平洋舰队总部担任过多种行政、军事助理和特别助理职务，以及阿富汗内政部长的首席美国顾问和水面作战主任。他还曾担任立法事务主管，领导组织海军与美国国会接触，任命斯凯勒担任海军第 59 特遣部队首席战略官。海军第 59 特遣部队在中东地区水域操作无人潜航器超过 25 000 小时（相当于 12 年来每周 5 天进行朝九晚五的测试）。2023 年初，海军第 59 特遣部队无人水面舰艇部队达成全面作战能力，在中东附近水域执行情报、监视与侦察（ISR）任务，2024 年起，海军第 59 特遣部队推进部署计算机视觉、异常行为检测、多系统指挥控制及边缘智能等人工智能技术，现拥有多艘无人潜航器。海军第 59 特遣部队探索的技术和作战概念将扩展到南方司令部下属的第四舰队，并最终将推广到包括印太地区在内的世界其他地区。

第七章
美军典型科技官员与战略优势塑造

——

美军一向重视塑造和保持自己相对于对手的战略优势，甚至绝对优势。这种优势通常依托强大技术能力，依据战略引导而形成，是战略意图通过技术赋能打造的巧优势，是技术制胜思维在战略运筹中的必然逻辑。第二次世界大战以来，随着科学技术在武器装备、作战变革、战略威慑等方面的影响不断增大，战略优势形成过程中科技因素逐渐增多，科技官员从而广泛而深入地介入到战略制定和实施过程中，积极推动把技术优势转化为军事能力和战略优势，最为典型的是第二次、第三次"抵消战略"。

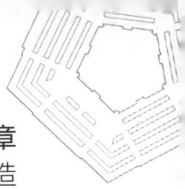

第一节　战略优势塑造的技术逻辑

美国是战略大国，既重视通过战略来塑造优势，也注重打造战略性的优势，这种战略优势论由来已久，从思想渊源上来说，来自于美国文化中的种族优越论[①]。美国主要由英国清教徒移居初创，他们常以"上帝的选民"自居，肩负着自由民主国家的领导责任。随着综合实力的不断壮大，美国人愈发相信自己有着其他国家无法比拟的思想、价值观念和社会制度，并且认为有保卫、宣传和推广这些思想制度的责任，同时他们认为，要想实现自己的世界责任，美国必须首先奠定力量基础，谋求绝对的、长期的战略优势。战略优势不是单一的，而是综合的，涵盖了多个领域，如政治、军事、经济、科技、文化、外交等，这些方面相互作用、相互支持，共同构成了一个整体的优势体系。这种综合性优势能够在不同的情况下相互配合，从而增强美国在实现其战略目标时的综合能力和竞争优势。

美国战略优势思想与技术至上思维具有孪生性。美国人崇尚实用主义，它以经验为基础、以行动为中心，不是从事物的本质、原则出发看问题，而是偏重后果、收获、效果和事实。技术至上思维是实用主义的自然延伸，把技术作为实现目的的核心工具，不断提高技术在解决问题上的介入度和影响力。美国在发展过程中，经济上借助科技革命、工业革命的机遇，实现了短时间内经济实力的大幅跃升；军事上通过研发先进技术和武器装备，取得了两次世界大战的战胜国地位，这些通过科技支撑其霸权地位和战略优势的发展过程，不断加深美国人对技术至上思维的坚定信仰。当他们觉得自己的优

---

① 王帆. 基于优势理念的美国霸权战略及其局限 [J]. 国际问题研究，2023（6）：35–50，123–124.

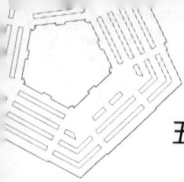

越性和战略优势受到挑战和影响的时候，就会自然启动技术至上的本性思维，把科技作为重要工具和关键支撑，在技术创新上寻求新的突破，进一步塑造自己的优势地位。

科技是美军军事战略发展和战略优势形成所必然选择的强大工具，技术转化成武器，武器通过编组和训练形成能力，能力运用和扩展形成战略优势，整个逻辑链条都贯穿着对技术价值的认知和开发。"美军军事战略的演变与高技术武器的发展几乎同步。美国在军事战略的制定中，无论在战略制胜凭借点上，还是战略思考角度和方向上，都以最前沿的高技术武器为先导；美国军事战略主要以新技术条件下战争的打法为研究对象。美国军事战略发展大都依托高技术武器的发展而发展，海权战略、空权战略、威慑战略等，概莫能外"。①

第二次世界大战后，美国战略界最大的共识之一，是美国的国家安全取决于其军队在技术上比其他任何国家都更先进。基于面临的安全环境和对技术优势的战略运筹，美国先后3次提出"抵消战略"，"从美国战略体系来说，'抵消战略'属于国防战略的范畴，其核心目的就是运用各种技术手段，使美国国防力量在全局上占据'质'的优势，获得'先胜'地位，以瓦解战略对手为构建自身优势所做的全部或主要努力。"② 作为一种非对称战略考量，3次"抵消战略"都给美国的军事能力带来了巨大变化。20世纪50年代，作为艾森豪威尔政府"新面貌"战略的重要组成部分，美军实施了第一次"抵消战略"，利用其在核武器技术方面的先发优势，大量增加核武器的数量和种类，在冷战初期构建了强大的军事威慑体系，但随着苏联核武器技术的不断跟随升级，两国形成相互确保摧毁的核均势，该战略几近失效。20世纪70年代，冷战进

---

① 许嘉. 美国战略思维研究 [M]. 北京：军事科学出版社，2003：80.
② 蔡华堂. 美国"抵消战略"研究 [M]. 北京：时事出版社，2022：6.

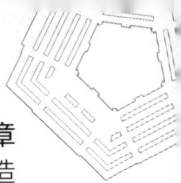

入关键时期，以哈罗德·布朗、威廉·J.佩里为代表的一批技术型科学家进入国防部领导层，联合策动实施了第二次"抵消战略"，优先支持和发展微电子技术和信息技术，在指挥控制、精确导航、通信网络、精确打击、战场侦察、隐身武器等方面均取得很大突破，军事能力实现巨大跃升，从而抵消了以苏联为首的华约集团在常规兵力方面的优势，海湾战争也检验了这次"抵消战略"的丰富成果，同时也强化了美军对技术优势的追求和信仰。进入21世纪，面对大国竞争的战略环境，在亚太"再平衡"战略的总体布局中，美军高层又一次提出"抵消战略"，美军希望再次利用技术优势打造战略胜势，这次战略又称第三次"抵消战略"。

3次"抵消战略"不仅具有相同的技术逻辑，而且背后都有高层官员的运筹推动，第一次"抵消战略"提出时，国防部科技管理职位初步设立，科技官员主导作用不甚明显，第二次、第三次"抵消战略"从提出、布局到实施，科技官员都深度参与，而且存在结构性的关联和传承，第二次"抵消战略"提出时担任国防部常务副部长的佩里，与第三次"抵消战略"提出时担任国防部常务副部长的卡特在国防政策和技术战略上认识高度相似，曾同在国防部共事，多次同赴白俄罗斯、哈萨克斯坦等国监督苏联解体后核武器销毁项目，合著有反映两人共同战略理念的《预防性防御》一书。第二次"抵消战略"中，国防部长布朗与常务副部长佩里都担任过国防研究与工程署署长，理念相近，配合默契，第三次"抵消战略"中，国防部长卡特与常务副部长沃克都对技术有相当偏好，在推动"抵消战略"实施上目标一致，志同道合。沃克离开国防部后，依然对"抵消战略"情有独钟，现在与战略界精英又在推动"抵消–X"战略，其实质与"抵消战略"异曲同工。

第二节　美军典型科技官员与第二次"抵消战略"

美国国防部之所以提出第二次"抵消战略"，主要背景是苏联军事实力得到突飞猛进的发展，对美国的战略优势形成挑战。核力量上，美苏形成"核均势"，甚至苏联在数量上稍强，到 1978 年，苏联核弹头总量达到 25 393 枚，第一次超越了美国的 24 243 枚；常规力量上，苏联在中欧的常规武器和军队数量也超过了西方，华约国家在欧洲部署的常规力量是北约国家的 3 倍。当时，美国借助科技革命的先发优势，在信息技术为主导的指挥控制、卫星导航、隐身打击等领域开展了大量探索和布局，并取得了初步成效。在此基础上，以国防部长布朗及其最信任的副手佩里为代表的科技官员制定并实施了第二次"抵消战略"。

布朗 1977 年担任国防部长，是美国历史上第一个科学家出身的国防部长，从另一个侧面也说明了冷战时期美国对科学技术的重视。1949 年，年仅 21 岁的布朗获得了哥伦比亚大学物理学博士学位。经过短暂执教和博士后研究后，1952 年，布朗进入加州利弗莫尔实验室工作，成为美国著名"氢弹之父"爱德华·泰勒的得意门生。加州利弗莫尔实验室是美国核武器研发中心，布朗在此负责北极星潜射弹道导弹的弹头和早期氢弹的研发工作，对氢弹实用化有重要贡献。泰勒称赞他"把氢弹从一种笨拙的装置变成了一种灵巧的工具"。1960 年，布朗接任加州利弗莫尔实验室主任，被认为是对美国核武器发展具有重要贡献的科学家之一。

1961 年，布朗被任命为国防研究与工程署署长，主管国防研发和采办工作，他利用自己的专长，对核武器研发工作进行了特别指导。1965—1969 年，布朗担任约翰逊政府的空军部长，任内参与规划、发展了一系列重要军用航

空武器。1977 年 1 月，布朗被卡特政府任命为国防部长，作为常年从事武器研发的技术专家，布朗能迅速理解复杂的技术问题，对各类尖端武器有深入研究和了解。在面对国会和媒体的质询与听证时，他经常能准确回答出美苏军事实力对比及重要武器系统性能等细节，这让他在国会和新闻界有着良好声誉。

布朗是一个实用主义者，对美国利用技术优势谋求战略主动有自己的深刻见解。他认为，美国虽然在核弹头和海陆空三位一体运载工具数量与投送重量上不如苏联，但享有技术优势，应该加强科研方面的努力，以战略武器的技术优势抵消苏联不断增长的武器数量优势。1981 年，布朗在提呈给国会的报告中提出："技术是可以用来抵消对手数量优势的资源，先进技术是平衡军事能力的有效途径，避免了以'士兵对士兵''坦克对坦克'的硬碰硬方式来与对手对垒"。正是对技术的重视，让他在担任国防部长期间对先进技术研发多有倾斜，比如，布朗敏锐地认识到隐身技术的重大军事价值，促使 DARPA 和空军投入资金和人力，将一个小型项目转变为重大武器计划，他说服卡特总统在其任期的最后两年增加国防预算，结束了国防开支连续 10 年的下降，进而产生了隐形飞机、精确炸弹和现代数字技术等先进成果。

卡特总统赋予布朗自行组建自己团队的权力，威廉·J. 佩里无疑是最关键的人选。1977 年 3 月初，布朗任命威廉·J. 佩里担任国防研究与工程署署长（后来的国防部研究与工程副部长），并把执行第二次"抵消战略"的重任委托给了他，正如布朗回忆的那样，这是一次"非常密切和富有成效的合作……"。"在这些年里，科学与工程方面的考虑极大地影响着国家安全战略、计划和项目。研究与工程署署长每天与国防部长见面，大约每月与总统会晤。他们与总统的科学顾问以及政府和国会的其他领导人有着密切的工作关系。"[①]

---

① GOLD T, LATHAM D. Defense Science Board Task Force on The Roles and Authorities of the Director of Defense Research and Engineering[R]. Office of the Under Secretary of Defense for Acquisition, Technology and Logistics, 2005: 30.

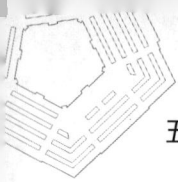

佩里拥有斯坦福大学硕士学位和宾夕法尼亚州立大学博士学位，是一位出色的数学家，曾任斯坦福大学的教授，与军工企业和高科技实验室有密切的关系，曾在加州西尔瓦尼亚 GTE 国防实验室工作 10 多年。他也是加州帕洛阿尔托电磁系统实验室的创始人、主任和总裁。佩里开发了最早的航空摄影数字图像处理功能，并设计了处理高电子噪声环境中相干信号的系统。在担任国防部研究与工程副部长期间，佩里致力于研发隐形技术和其他使作战能力大幅增加的高科技系统，这些技术至今还在军队中应用；采取措施从根本上改造"三位一体"的空基力量——陈旧的 B-52 轰炸机，授权并监管研发空中发射巡航导弹，并将其装载于 B-52 上；推进了反雷达技术的发展，并授权研发航程远和载量大的隐形轰炸机 B-2。

第二次"抵消战略"为美军提供了超越对手的巨大军事优势，实现了预期目标。最为直接的成果是美军新技术武器层出不穷，比如 M-1 艾布拉姆斯主战坦克、M-2/3 布拉德利步兵战车、F-15 和 F-16 战斗机、F/A-18 战斗机 / 攻击机、F-117 隐形战斗机、B-2 轰炸机、提康德罗加级导弹巡洋舰，以及爱国者地对空导弹系统。许多武器在海湾战争中一战成名，引发了军事革命，为美国当时唯一的超级大国地位提供了关键军事保障。

第三节　美军典型科技官员与第三次"抵消战略"

刚刚进入 21 世纪，"9·11"事件就使美军开启了长期的反恐战争，而且越卷越深。进入 21 世纪第二个十年，美军领导层强烈意识到，美军主要精力集中于阿富汗和伊拉克，中国和俄罗斯的作战能力却大幅增强；中俄在亚太地区影响力将持续增强，最终会把美国逐出亚太地区。2014 年 9 月，美国

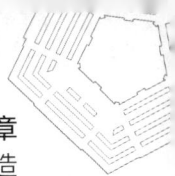

国防部长查克·哈格尔在一次演讲中提出："中国和俄罗斯努力通过长期、全面的军事现代化计划来缩小技术差距。他们还在开发反舰、防空、反太空、网络战、电子战和特种作战能力，这似乎是为了对抗美国的传统军事优势，特别是美国向全球范围投射军事力量的能力。所有迹象都表明，美国在海上、天空、太空以及网络空间的统治地位受到严重威胁。"

为了塑造新安全环境下的战略优势，美国国防部开始酝酿实施第三次"抵消战略"。2014 年 8 月，美国国防部常务副部长罗伯特·O.沃克在美国国防大学的演讲中表示，为了重新夺取军事制高点，击败已经存在或潜在的数个对手，美国需要实施第三次"抵消战略"；11 月，国防部长查克·哈格尔在里根国防论坛发表演讲时，明确提出以第三次"抵消战略"为内涵的"国防创新倡议"，旨在通过发展新的军事技术和作战概念"改变未来战局"，在与主要对手的新一轮军事竞争中，占据绝对优势地位。为了达成第三次"抵消战略"的战略目的，美军制定了《长期研究与发展计划》《最优购买力倡议 3.0》等政策文件，确定了 2030 年前航天技术、水下技术、制空权和空袭技术、防空与导弹防御技术、其他新兴军用和商用技术 5 个能够提供"关键的军事优势"的重点领域，还在组织机构调整、先进武器研发、采办流程变革等方面实施系列举措。

第三次"抵消战略"是美军技术制胜思维的现实表现，也是美军聚合高层共识、打造战略优势的联合行动。从国防部长、常务副部长，到负责采办与技术的副部长，都是这一战略实现的推动者。

国防部长卡特生于 1954 年，拥有耶鲁大学物理学和中世纪历史两个学士学位，以及牛津大学理论物理博士学位，曾在洛克菲勒大学担任理论物理学博士后研究员。其职业生涯始于物理学家，曾就职于哈佛大学、费米国家加速器实验室、布鲁克海文国家实验室、麻省理工学院国际研究中心等机构。

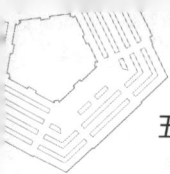

卡特在克林顿总统第一任期内担任国防部负责国际安全政策的助理部长，负责有关苏联国家、战略事务和核武器的政策；在奥巴马总统第一任期内，他先后担任负责采办、技术与后勤的国防部副部长，国防部常务副部长以及国防部首席运营官等。2015年2月，卡特接替哈格尔担任国防部长，直至奥巴马任期结束。奥巴马称他以这样或那样的方式在11任国防部长手下工作过，在国防部积累了强大的管理能力和官场技能。

卡特从进入国防部开始，就对技术的作用和价值情有独钟，担任国防部长后，对技术赋能打造战略优势多有提及，2015年9月9日，他在国防高级研究计划局（DARPA）主办的未来技术论坛上发表讲话，其中提到："在我的职业生涯开启时，大多数重大技术起源于美国，其中很多是由政府，特别是国防部资助。而如今，我们的技术大多来自商业领域，技术基础则是全球的。放眼未来，我们需要最优秀的人才、最卓越的技术，以及最精益的创新，来维持我们在全世界最强大的战斗力量。"履职期间，他推动成立多个创新型机构，变革国防创新模式，如设立战略能力办公室，赋予其"利用已有基础应对高端威胁，提供颠覆性能力"的使命，以应对中俄等对手的挑战；在硅谷设立国防创新试验小组，旨在利用商业技术来提升国防部的技术水平；成立国防数字服务处，灵活调动军地资源加速国防部数字现代化进程；成立国防创新委员会，充分利用商业领域的思想、技术和经验，推动国防部采取创新手段解决重大问题。

时任国防部常务副部长罗伯特·O.沃克虽然没有主管过技术工作，但他却是一个十足的人工智能技术偏好型官员，不仅在任期间极力推动技术发展，而且整个职业生涯都钟情于技术战略。罗伯特·O.沃克生于1953年，1974年从伊利诺伊大学毕业，获得生物学学士学位。同年8月，沃克加入美国海军陆战队，被授予少尉军衔，2001年以上校军衔退役。服役期间，沃克先后进

入南加州大学学习系统管理、约翰斯·霍普金斯大学保罗·尼采高级国际问题研究院学习国际政治，并分别获得硕士、博士学位。退役后，沃克受邀加入著名智库"战略与预算评估中心"，参与美国国防部净评估办公室的兵棋推演及全球基地态势研究，并为美国国防部制定2006年《四年一度防务评审》报告提供政策咨询。2008年，奥巴马当选总统后，沃克被委以重任，以国防部过渡团队成员的身份，担任海军部事务负责人。2009年5月，沃克正式出任海军部副部长，负责海军建设、军备采购、战略规划等领域的工作。2013年离职，加入智库"新美国安全中心"，担任首席执行官。2014年4月，经奥巴马总统提名并经国会参议院通过，沃克正式就任美国国防部常务副部长，成为五角大楼二号人物。担任常务副部长期间，沃克历经哈格尔、卡特、马蒂斯三任部长，每任部长对其都评价甚高，2017年4月沃克离任，重新回到新美国安全中心。

沃克服役期间，海湾战争打响，以隐身、精确制导等为标志的新技术在战争中发挥了重要作用，让沃克对技术的军事价值有了更加直观而深切的感受，用技术优势塑造军事优势逐渐成为他的重要战略思想。从海军到战略与预算评估中心，再到担任国防部常务副部长，沃克强烈感受到，随着新兴技术的不断涌现，以及中国、俄罗斯等国家军事技术的快速发展，美军的军事优势受到严重挑战，美军必须未雨绸缪，抓紧研发关键军事技术，力争尽早实现新一轮的技术创新，掌握"可改变游戏规则的技术"。尤其在削减军费的背景下，美军更应将确保军力优势的重点置于集中投入研发新的军事技术，例如自动化、人工智能、微型化等具有军事应用潜力的新兴技术。2014年1月，在新美国安全中心任职的沃克与同事合著研究报告《20YY：为机器人时代的战争做好准备》，在美国防务界引起广泛关注。

2014年4月担任国防部常务副部长后，沃克积极投身第三次"抵消战

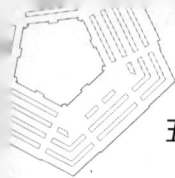

略"推行之中，并利用不同场合多次强调人工智能、无人系统的重要作用。在 2016 年 5 月出席大西洋理事会"全球战略论坛"年度会议时，沃克在发表主旨演讲时提出，第三次"抵消战略"本质上很简单，它假定人工智能及自主技术的进步将带来一个新的人机协作及人机作战编组时代。2016 年 4 月，在美国参议院武装力量委员会新兴威胁与能力分委会召开主题为"2017 财年国防授权请求中的国防部技术抵消战略与实施情况"的听证会上，沃克强调，为支持第三次"抵消战略"，美国国防部将重点发展自主学习系统、人—机协作、机器辅助人员作战、有人—无人作战编队、能有效应对网络和电子战攻击的武器系统及网络化半自主武器系统等 5 个技术领域。

时任国防部负责采办、技术与后勤的副部长弗兰克·肯德尔也是第三次"抵消战略"高层核心人物。肯德尔生于 1949 年，拥有西点军校理学学士学位、加州理工学院航空航天工程理学硕士学位、长岛大学工商管理硕士学位，以及乔治城大学法学博士学位，曾供职于私营部门、政府机构和军队，拥有 50 多年的工程、管理、国防采办和国家安全事务方面的经验，他还曾担任防务企业、非营利研究组织和国防部战略规划、工程管理和技术评估等领域的顾问。这些都是他成为第三次"抵消战略"管理团队核心成员的资本。2011 年 10 月至 2017 年 1 月，肯德尔担任美国国防部采办、技术与后勤副部长，在国防科技与装备采办方面开展了大量卓有成效的管理与改革工作。比如，在国防采办体系中引入《更优购买力倡议》，提出改进美军科研与采办管理、提高装备采办经费使用效益的一揽子举措；自 2013 年 6 月起，每年发布《国防采办绩效评估报告》，系统评估采办系统运行，跟踪项目进展情况，重点分析采办效率与效益情况，并对存在问题进行原因分析，进而提出针对性的改革举措；推动设立国防创新咨询委员会，吸收国防部外部优秀科技专家、新兴技术企业高管的创新观点与意见建议；推动国防部研究与工程副部长职位的设立，

全面提升了国防科技管理部门层级；创建航空航天创新计划，为第六代战斗机发动机和机身的开发及原型设计提供资金；制定《长期研究与发展计划》，为美军保持长期军事优势提供技术保障。

第八章

美军典型科技官员与科学共同体

美军科技官员职业生涯的起点往往是大学、企业研发部门或科研机构，从接受高等教育到长期从事研究工作、科技管理，他们一直是科学共同体的成员，其中很多人还成为重要学术团体的成员，与科学界保持着密切的关系。科技官员作为科技精英和科学界与军事领域的联结点，可以通过科学共同体，把军事研究的触角延伸到全国，甚至全球科研机构，也可以通过支持科学共同体，为军事、科技和国家综合实力提供支撑和保障。

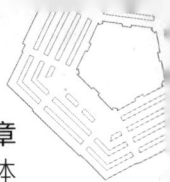

第一节　科技官员的社群母体：科学共同体

科技官员的职业生涯一般都是从作为研究人员开始，进入科学社会建制，并在此基础上逐步成长为管理者或官员，科学研究是他们职业发展的基础，也是进入官员群体的依托，他们也因此与科学共同体形成联结关系。无论是作为研究人员，还是科技官员，科学共同体都是他们职业发展和入仕升迁过程中具有重要影响的社会群体。

一、科学共同体

科学共同体是一个抽象的概念，一般指从事相似的科学研究并有一定联系的人群。最早使用科学共同体概念的是英国科学社会学家波兰尼。波兰尼创造性地提出科学共同体的概念，主要是说明科学的自治，也就是科学的自主性。其背景与以波兰尼和贝尔纳为代表的两个科学家群体长达数年的争论有关。贝尔纳是英国著名科学社会学家，他的名著《科学的社会功能》被纳入汉译世界学术名著系列，并由商务出版社出版，流传甚广，影响很大。以贝尔纳为代表的左派科学家对苏联的计划经济发展模式极力推崇，积极倡导由国家掌握与管理科学事业，认为只有有计划的科学才是发展、繁荣科学事业的唯一道路。波兰尼对此提出了自己的质疑，并对贝尔纳所代表的观点进行了抨击，他力主科学自由，认为科学自由是献身某种信念的人的共同体的自然法则。波兰尼认为科学共同体是由全社会从事科学研究的科学家组成的一个具有共同信念、共同价值和共同规范的社会群体。他认为，科学家不能孤立地实践他的使命，必须在各种体制的结构中占据一个确定的位置。一个化学家、一个物理学家、一个数学家或一个心理学家，每一个人都属于专门

化了的科学家的一个特定集团，科学家的这些不同集团共同形成了科学共同体。波兰尼借用科学共同体这个概念阐明了科学与整个社会之间的关系，他认为，具有自主意识、自律精神和自治能力的科学共同体，不仅能够有效推动科学交流和学术评价、促进科学知识的生产，而且是维系科学精神、抵御行政权力和功利因素侵蚀科学研究过程的重要力量。

美国科学哲学家、科学史家库恩对科学共同体概念的扩散和传播做出了重要贡献。1962 年，库恩出版了《科学革命的结构》一书，范式一词就在此书中提出，成为科学界重要的概念。库恩认为，科学共同体的形成是指一群科学家，他们对科学的基本问题有共同的看法，也就是对世界有共同的看法，他们有传统的实验程序，由此形成了常规科学实践的单一的传统。这种科学家在认识上的一致，表明科学家具有相同的世界观，也就是库恩所谓的共同"范式"。一定时期，科学家以某种范式开展科学活动。当旧的范式不能解释新的科学发现的时候，科学的发展就面临着危机。危机的解决是通过革命的方式实现的，而科学革命也就意味着旧的科学共同体与旧的科学范式一起消亡，新的科学共同体与新的范式一起登上科学发展的历史舞台，从而又开始新的常规科学。库恩认为：科学共同体是由从事实际工作的科学家组成，科学共同体组成的最根本的基础是专业一致，科学共同体是划分层次的，并且有共同的社会联系。[1]

科学共同体是一个群体概念，指代具有共同规范和价值观的科学家群体，可以按照不同的标准，对科学共同体划分为不同的子类，比如，按照学科划分，可分为物理学共同体、化学共同体、生物学共同体等。在学科下面又可以按专业划分，如在化学学科下不同的分支学科又形成下一级的共同体，如无机化学共同体、有机化学共同体、物理化学共同体等。

---

① 刘珺珺. 科学社会学 [M]. 上海：上海科技教育出版社，2009：120.

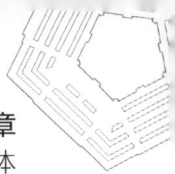

　　科学共同体虽然是一个相对松散、非体制性的群体，但在科学领域具有多样化功能。科学共同体一个非常典型的功能是促进科学交流，交流是科学共同体建立的基础，科学共同体在专业问题上的一致，是通过科学交流逐步实现的，无论是符号系统、模型及范例，还是概念、理论、方法或仪器工具的使用，都是通过科学交流逐步取得一致的。"科学交流是一种无声的力量，它把分散的科学家的认识汇聚和统一起来，形成不同的研究领域、专业和学科，形成不同层次的科学共同体。"[①] 交流系统是科学的神经系统，它接收到刺激又把刺激传递到科学的各个部分。在交流的基础上，科学共同体成为一个开放的组织系统，不仅科学家之间通过共同体的活动建立广泛的社会联系，科学共同体与外部人员也形成了互动和交流，一些人不断加入，一些人可能逐渐淡出，不管这些科学家在企业、政府机构、大学或者科研机构，他们都与科学共同体保持着或紧密或松散的联系，从科学共同体中寻求科学滋养和职业尊敬。另外，科学共同体还具有评价和奖励的功能，一位科学家的学术成就，首先要在科学共同体的范围内得到承认，然后得到奖励，确立自己的地位。科学共同体能够规范科学发展方向，相同学科专业的科学家通过交流系统不断对未来的发展方向达成共识。科学共同体在培养人才、科学普及、科研诚信等方面也能够发挥重要作用。

　　从领域来看，国防科技领域的人员也是科学共同体的重要组成，甚至可以称作国防科学共同体，它不仅包括国防部内部从事研究活动和科技管理的人员，也包括国防部以外承担国防项目的人员。虽然国防领域相对封闭，但从科技的角度来看，科技人员的交流却是开放的，国防科技领域内的群体之间，以及这些群体与美国整个科技界，甚至世界科技领域，都需要建立经常性的联系，很多人都是通过参加这些国防领域的专家组织，通过参加国防部的科

---

① 刘珺珺. 科学社会学 [M]. 上海：上海科技教育出版社，2009：121.

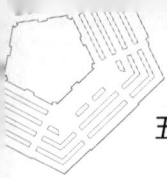

研项目，慢慢进入国防领域，慢慢被国防领域所熟悉，从而进入国防科研领域，成为国防科学共同体的一员，其中部分人会逐步成为科技官员。

二、无形学院

无形学院是科学共同体的一种特殊组织形式，它具有松散性、自发性，是一群志同道合的科学家的自组织的活动形式。无形学院的大部分活动是非正式的和无结构的，可能作为小型学术团体或职业体制最终变为"有形的"。从单个科学家的观点看，科学共同体像整个国家一样巨大而抽象；科学生活之村是某个专业的无形学院。[①]科学社会学创始人、美国学者默顿对无形学院的定义是："从社会学意义上，可以把无形学院解释为地理上分散的科学家集簇，这些科学家处在较大的科学共同体之中，但是他们彼此之间在认识上的相互作用要比和其他科学家的相互影响更为频繁。"[②]

无形学院最早的提法来自于英国著名化学家波义耳，英国皇家学会诞生前的很长一段时间，英国社会思想比较活跃，数学家瓦利斯·哈克和一些医生每周都在格勒善医院和伦敦举行集会、讲座，讨论学术问题，后来化学家波义耳、物理学家胡克、经济学家威廉·配第等也加入了讨论。波义耳后来成为英国皇家学会会长，他把这种非正式的组织称为"看不见的学院"，即无形学院。后来，这个无形学院成为英国皇家学会的组织基础。

著名科学社会学家普赖斯在他的《小科学·大科学》一书中，把某一研究领域非正式的学术交流群体称为无形学院，意指那些从正式的学术组织派生出来的非正式学术群体。这是无形学院第一次被正式提出。普赖斯认为"大科学"有其特定的结构，而无形学院正是这种结构的表现之一。无形学院还

---

① 约翰·齐曼. 元科学导论 [M]. 刘珺珺，等译. 长沙：湖南人民出版社，1988：111.

② 刘珺珺. 科学社会学 [M]. 上海：上海科技教育出版社，2009：122.

是学科发展中的必然现象，任何一个学术组织的人数如果太多，真正有学问的人就会分裂为非正式的子团体，所以，在任何一个大学科中，都存在着小规模的、由100名左右的优秀人员构成的无形学院。无形学院的成员分属于不同的正式机构，通过灵活多样的非正式交流与合作，形成一个强有力的团体。我国科学社会学领域著名学者刘珺珺认为，可以把普赖斯发现的无形学院看作科学信息正式交流网络上的普遍流动的纽结，这是他所指出的科学发展中的结晶作用的体现，这不但生动地说明了无形学院的形成及特点，还说明了它和科学共同体的关系。[①]

美国科学社会学家克兰对无形学院进行了专门研究，著有《无形学院》一书，她认为，学科际的无形学院正是新学科的起点。整个科学交流系统分为两大部分：无形学院所代表的复杂的、易变的研究和交流的前沿；变化不大的正式的学术交流系统，这就是任何一个成熟的学科都拥有的正规的学术会议、学术期刊、学术专著、文献摘要和目录索引等。克兰提出，在科学的前沿，也就是在无形学院中，少数人创造出新的知识；大范围的正式交流系统来评价这种新知识，承认这种新知识，并且在产生这种新知识的领域之外去传播它。这就是无形学院在大的科学共同体范围内的影响和作用，以及无形学院与它所在的较大范围的科学共同体之间的区别与联系。[②]

无形学院在科学发展过程中具有特殊作用，一是沟通最新科学信息。与查阅出版物等正式交流渠道相比，无形学院中科学家个人之间的信息沟通则更准确及时，能够及时追踪急速变化的学科前沿，研究探索未知科学领域。二是产生交流交叉创新效应。科学本质上是智力劳动，无形学院中交流、讨论、合作等活动，能够让科学家之间以自由的方式进行研究思路、观点、成果的

[①]　刘珺珺. 科学社会学 [M]. 上海：上海科技教育出版社，2009：124.
[②]　刘珺珺. 科学社会学 [M]. 上海：上海科技教育出版社，2009：126.

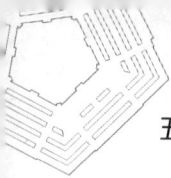

交互碰撞，产生集团效应和交叉创新。三是促使隐性知识向显性知识转化。科学家们之间的学术交流和观点争论，都需要符合科学研究的基本规范，提出论证的推断过程和科学证据，他们会把自己新的学术思想通过实验验证后，以正式论文的方式在科学界公布，增加人类知识的存量，这样，促使科学家们的隐性知识向显性知识的转化。四是协作研究的有益补充。无形学院是一种自由组合，成员组合的吸引力是科学家共同关注的问题，而不是每个成员的学术背景。这种自组织、自适应的协作模式使得每一位科学家能够发挥自己的专业专长，而每个人所擅长的领域相互交叠、由点及面，最终互为补充。

由于国防领域所涉及的安全性、封闭性特点，非正式的交流方式是国防科学共同体的一种非常重要的体现。在国家安全利益的驱动下，一些科学家会自发组成一些小的共同体，以他们的专业能力和知识，为国家安全问题提供技术方面的解决方案建议。他们与正式的学术网络平行运转，发挥着独特的咨询建言作用。比如，正在参加或参加过国防高级研究计划局（DARPA）任务的科学家经常会就一些安全问题进行头脑风暴，寻求解决方案，构成了一个典型的无形学院。再如，冷战早期，一些美国高校的教授和研究人员自发研讨技术与国家安全问题，逐渐形成较为固定的圈子，他们中大部分成员是大学教授，结构较为松散，平时都在各自的学校工作，只有在夏季会议时才会一起工作，后来形成著名的国防科技决策咨询组织——杰森（JASON）国防咨询小组，专门为国防高级研究计划局等机构服务。

第二节　美军典型科技官员的科学社团参与

科学社团是科学共同体最有代表性的组织形式，科技官员作为科学共同体的一部分，通过参与科学社团，与科学界形成较为稳定的联结，构建与科

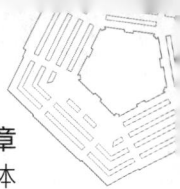

学界的交互网络。科技官员参与的科学社团大都是与军事科技相关的美国一流专业学会协会，展现了科技官员作为精英群体在科学界的技术能力和学术声望。

一、学术荣誉与科学社团

科学共同体的认同和评价主要体现为荣誉性，从学术荣誉上可以分为3个层次：引用、奖励和命名。著名科学社会学家默顿认为，在科学共同体中，第一个层次的是一般科研人员，主要获得引用回报。对于任何一位科学从业者而言，发表出版论文并获得引用回报是成为一名杰出科学家的必备的基本素质。第二个层次是获得科学奖励的科学家。根据获得的科学奖励的层次等级差异，分为3个部分：一是由全世界知名的科学家提名而获得诺贝尔奖，或许这就是在科学界得到成就的最高证明。二是被授予著名科学家奖章或类似的奖励，如拉姆福德奖章和阿拉戈奖章。三是成为有很高威望的科学研究机构和科学组织（如皇家学会和法国科学院）的成员，以及成为全国和地方性学会的会员。第三个层次是获得命名的杰出科学家，如以科学家的名字命名时代，以及定律、理论、定理、假说、仪器、常数等。按照这种理论和划分方法，科技官员一般处在第二个层次，其中主要是获得奖章和成为高声望机构和科学社团的会员。这里主要介绍科学社团。

科学社团是科学家按照特定的宗旨和目标、自愿组成的非营利性社会团体，具有跨部门、跨行业、横向联系等特点，是科学共同体的一种重要的组织形式。科学社团有多种分类方式，既可以根据营利情况分为非营利性和营利性，也可以根据组织层次分为全球性、全国性或地域性，还可以根据社团涉及学科专业情况分为综合性科学社团（如美国科学促进会）、专业性科学社团（如物理学会）。

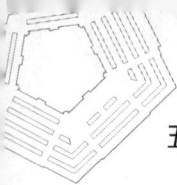

科学社团是科学家非体制化的群体组织，具有无中心、无等级、无硬性约束的特征，构成横向、交叉、综合的网络组织结构。科学社团具有独特的功能定位。一是促进学术交流和科学进步。科学社团是一个跨机构的科学群体，聚集了不同年龄、不同层级，甚至不同观点的人，大家通过共同的科学纽带聚集在一起，进行自由的学术沟通和科学交流，出版和会议是最主要的交流形式，许多科学组织都有固定的连续性出版物，包括杂志、学报、会刊、公报、报告等。二是规范学术活动和维护科学信誉。科学社团通过自组织、广泛研讨等方式，制定行业标准、学科标准和学术规则等共识性约束制度，对所属科学活动进行规范，对学科冲突、利益冲突等进行协调，树立科学社团的科学信誉和科学形象。三是参与公共政策。科学社团还是政府公共决策的积极参与者，在法律和政府公共政策的制定方面发挥着重要影响，代表科学研究人员群体为公共行政贡献智慧。在美国"旋转门"机制下，科学家还可以因为出色的能力和在科学社团中的口碑和信誉，进入政府部门，直接成为政策的制定者。

1663年，英国皇家学会成立，标志着科学社团成为科学组织形式。美国建国以前，就在富兰克林、杰斐逊等引领下，仿照欧洲科学社团的经验，成立了一些科学社团。1727年，富兰克林组织一些博学之士建立了一个小型科学团体，会员每周五晚聚会，轮流提出自然科学或经济学上的一些问题供大家研讨。1743年，富兰克林在这个小团体基础上建立美洲哲学会，此后200多年，这个科学团体一直作为美国科学界中的一个重要力量发挥作用。[①]1863年，通过林肯总统和国会的努力，美国科学院成立，受命向政府提供科学分析及决策咨询。1870年，美国国家第2任总统约翰·亚当斯联合约翰·汉考克等人创建美国艺术与科学学会，鼓励和促进国家的自然史知识、医学发现、

---

① 吴必康. 权力与知识：英美科技政策史 [M]. 福州：福建人民出版社，1998：233.

数学研究、哲学研讨与实验、天文气象与地理观测等领域发展，最终旨在发展一切可能有助于自由独立和善良正直人民之利益福祉与荣誉尊严的科学技术，他在这个学会中担任主席长达 23 年。[①]19 世纪中期以后，随着社会经济的发展、学科的不断分化及学术职业的专业化，不同学科门类的学会和学术组织相继成立，如 1876 年成立化学学会，1880 年成立机械学会，1885 年成立美国经济学会，1888 年成立数学学会，1899 年成立物理学会。现在，科学社团已经成为美国科学界的一大特色，也是促进美国科技发展的重要力量。

科学社团基本上都是美国社会中的非营利机构，不隶属于任何政府部门或大学，运行经费主要来自会员交纳的会费和社会各界的捐赠，非营利收益享受政府税收优惠。在管理上采用较强的自治管理模式，一般设有理事会，负责批准章程、选定和解除领导人、批准管理计划和预算等，理事会成员通常由不同领域知名人士组成。科学社团一般都设有大量的分支机构，负责组织不同科学方向的活动。

二、参加科学社团主要情况

科技官员在任职前，大都曾在不同机构从事研究工作，而且都是出色的研究者，获得过科学界不同程度的认可和奖励，其中一些人在任职前从事科研管理工作，监管或决策重大科研项目，组织开展重大技术应用，开发重要武器系统，在科学界或工程界都享有很高的学术声望。基于保持与科学界互动关系、获得科学声望等需求，很多科技官员都会成为一些科学社团的成员。

科技官员都是美国科技界的精英，他们获得过大量学术荣誉和奖励，也参加了多个世界知名的学术组织。国防部层面典型科技官员参与科学社团情况可以分为三类：一是参与美国国家层次的学术荣誉机构，主要是美国国家

---

① 吴必康. 权力与知识：英美科技政策史 [M]. 福州：福建人民出版社，1998：244.

科学院和美国国家工程院；二是参与美国科学界知名的专业学会协会，如美国哲学学会、美国物理学会、美国光学学会、美国化学学会、美国航空航天学会、电气与电子工程师协会等；三是参与综合性学术组织，如美国科学促进会。

国防部层面的科技官员，特别是专管研发的研究与工程副部长、国防研究与工程署署长、负责研究与工程的助理部长，都是很多科学社团的成员。负责采办、技术与后勤的副部长虽然是综合型科技官员，也有部分官员参加了一些科学社团。国防部研究与开发委员会主席卡尔·T.康普顿（Karl T. Compton）曾任麻省理工学院校长，第二次世界大战中就参加了军事研发与管理工作，是美国科学界的旗帜性人物，1923年康普顿当选为美国哲学学会成员，1924年成为美国国家科学院院士，1925年成为美国物理学会副主席，并于1927年成为该学会的主席，他还是美国光学学会、美国化学学会等学会会员。国防部第1任负责研究与工程的助理部长保罗·D.富特（Paul D. Foote）曾任海湾石油公司副总裁，在其整个职业生涯中，他在专业领域都相当活跃，1920年担任美国光学学会主席，1933年任美国物理学会主席，1943年当选为美国国家科学院院士。曾担任国防研究与工程署署长的马尔科姆·R.柯里（Malcolm R. Currie）参加了多个科学社团，是美国科学促进会成员、美国航空航天学会主席、电气与电子工程师协会会员、美国国家工程院院士。同样是国防部国防研究与工程署署长的安妮塔·K.琼斯（Anita K. Jones）曾担任美国国家科学委员会副主席，是美国国家工程院院士、电气与电子工程师协会会员、美国哲学学会会员，还是美国艺术与科学学会和美国科学促进会成员。国防部负责采办与技术的副部长保罗·卡明斯基（Paul Kaminski）在隐身飞机和导弹研发方面做出了开创性贡献，被选为美国国家工程院院士，也是电气与电子工程师协会会员、国际光电工程学会会员、美国航空航天学会荣誉会员。2021年担任研究与工程副部长的徐若冰在学术界也享有声誉，因其在创新性

雷达、光电和红外系统等领域的突出成就，2019 年当选美国国家工程院院士，她还是美国航空航天学会荣誉会员。

下面对科技官员参与的主要科学社团进行简要介绍。

美国国家科学院（National Academy of Sciences）于 1863 年根据林肯总统签署的国会法案成立，是美国科学界荣誉殿堂，是民间的、非营利的科学家自治组织，其下不设研究机构。美国国家科学院是一个在世界上颇有声誉的几大杰出科学家认可机构之一，当选美国国家科学院院士被认为是世界上杰出科学家的最高荣誉之一。美国国家科学院的职能主要是保持科研的卓著，增强科学的活力，以科学指导社会政策，向政府以及公众传播自然、科学的价值。① 新院士的遴选由科学院院士投票决定，院士身份是一种极高的荣誉。美国国家科学院由院士、名誉院士与外籍非正式院士组成，外籍非正式院士取得美国国籍即可成为院士。美国国家科学院引以为傲的出版物是《美国国家科学院院刊》，创刊于 1914 年，是将院士的贡献和科学的进步公诸于众的重要渠道。1916 年按照总统伍德罗·威尔逊（Woodrow Wilson）的要求，美国国家科学院设立了美国科学研究委员会，成为美国国家科学院的臂膀和助手。

美国哲学学会（American Philosophical Society）由科学家、外交家和英国皇家学会会员富兰克林于 1743 年发起创建，本意是通过科学家的一系列科学活动在北美殖民地促进有用的知识产生。1771 年，学会出版了第一期学会通讯，介绍了会员的天文观察记录。该学会具有很高的国际声誉，现在是一个荣誉学会，入选学会的会员都是各个领域有杰出成就的科学家，新会员的推选只能由美国本土的会员提名。学会分数学和物理、生物和社会科学等 5 个学部，会员中有 200 多位诺贝尔奖获得者，学会拥有各种期刊书籍等出版物，

---

① 吴慧. 美国科学院院长：今日美国科学院的四项重要工作 [J]. 世界科学，2013（6）：30.

拥有图书馆和博物馆等设施，是美国学界著名的精英团体。

美国物理学会（American Physical Society）成立于 1899 年，现有会员 42 600 人，按地域分为 10 个地区分部，按学科分为天体物理、生物物理、凝聚态物理、计算物理、化学物理、流体力学、激光、材料物理、原子核物理等 14 个学部和能源研究和应用、引力、仪器和测量、磁学、等离子天体物理、量子信息等 12 个专业组，此外还设有教育、物理学史、物理学与社会、工业与应用物理、国际物理等 7 个专题论坛。美国物理学会组织的大型会议，往往带有国际性会议的性质，例如每年的三月会议（March Meeting），有数千人参加，其中相当一部分来自世界其他国家。美国物理学会出版的《物理评议》等期刊都是国际性知名期刊。"美国物理学会属于非政府组织，但他们和政府、国会、军方保持有较为密切的联系。"[①] 里根总统提出星球大战计划时，美国物理学会曾组织一个科学家小组，对星球大战计划的可行性进行了深入的研究和评估。

电气与电子工程师协会（Institute of Electrical and Electronics Engineers，IEEE）是世界上最大的技术专业组织，致力于为人类的利益而发展技术。IEEE 及其成员通过其广受好评的出版物、会议、技术标准及专业和教育活动，在 160 多个国家 / 地区拥有 40 多万名成员，激励着全球社区以创造更美好的明天。IEEE 是全球工程、计算和技术信息的值得信赖的"声音"。

美国科学促进会（American Association for the Advancement of Science，AAAS）成立于 1848 年，是世界上最大的科学和工程学协会的联合体，也是最大的非营利性国际科技组织，致力于促进科学为公众利益服务，下设 21 个专业分会，涉及的学科包括数学、物理、化学、天文、地理、生物等自然科学和社会科学。美国政府许多科技政策的出台都事先经过 AAAS 的充分论证

---

① 中国物理学会. 关于英国与美国物理学会的调研 [J]. 学会月刊，2002（7）：30.

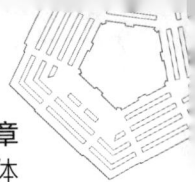

和咨询。除了组织成员活动，AAAS 还出版知名学术刊物《科学》杂志、科学通讯及图书，并牵头开展一些在全球范围提高科学素养的项目。

三、参加科学社团的主要特征

科技官员参加科学社团，是保持学术联系、展示科学声望的重要体现，也是发展国防研发事业、更好履行管理职能的现实需要。作为代表军方的精英群体，科技官员参与科学社团情况反映了整个科学界与军方的关系，代表了不同管理职位官员的科学声望特征，也说明了美军在科学领域关注的专业领域和重点方向。

管理职位不同，科技官员参加科学社团情况也有不同。一般来说，专门型科技官员多来自于大学、政府科研机构和企业实验室，一直在科学研究领域任职，长期以来通过参加科学社团与科学界保持着紧密联系；而综合型科技官员由于涉及的管理领域比较多，比如国防部负责采办、技术与后勤的副部长，或者军种负责采办、技术等多职能任务的助理部长，这些官员多从企业而来，长期专注于企业管理，与学术界联系不多，基本上很少参与科学社团。比如担任过国防部负责采办、技术和后勤的副部长肯尼斯·J.克雷格（Kenneth J. Krieg），大学读的是历史学，曾在白宫、国家安全委员会和国防部长办公厅任过职，并且在国际纸业公司工作了 11 年，虽然就国防部采办系统、研发相关的所有事宜向美国国防部长提供咨询，但几乎没有参加科学社团。但也有不少例外情况，比如小爱德华·C.阿尔德里奇（Edward C. Aldridge）在担任国防部负责采办、技术与后勤的副部长之前，曾担任麦克唐纳·道格拉斯电子系统公司总裁，在科学社团方面，不仅是美国航空航天学会主席，还是美国国家工程院院士。

科学社团所涉及的学科领域与军事潜在应用高度相关。军事研发最终要

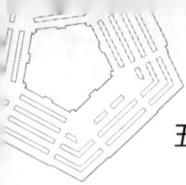

形成军事能力，最为直观的就是各类武器系统及相应的军事保障装备，这就要求研发工作具有很强的应用性，研究成果能够工程化，因此，科技官员大部分参与的社团都集中在物理学、化学、光学、电子、航空航天等领域，很多官员都是美国国家工程院院士。2001—2005年担任国防研究与工程署署长的罗纳德·M.世嘉（Ronald M. Sega）作为主管科技的国防部官员，就是美国航空航天学会会员、电气与电子工程师协会（IEEE）会员、美国物理学会会员。国防高级研究计划局第20任局长阿尔提·普拉巴卡尔（Arati Prabhakar）因开发半导体设备制造技术方面的成就成为电气与电子工程师协会（IEEE）会员。

科技官员与科学社团相互成就。国家安全形势和军事发展需要对科学界提出了大量研究需求，一大批精英科学家，包括一些科学社团的领袖人物，进入军事领域，成为科技官员，他们参加科学社团或把科学社团的资源带入军事研发之中，为打造美军技术优势提供了无可替代的智力支持。同时，军事科研也为科技官员提供了展示技术和能力的平台，重大研发项目形成军事能力，也印证了科技官员的科技决策能力和组织管理能力，军事科研成果为科技官员进入科学社团打开了方便之门，比如，像隐身、互联网这样的颠覆性技术成果，为科技官员赢得不少科学荣誉。曾经担任国防部负责采办与技术的副部长保罗·卡明斯基（Paul Kaminski）由于在隐身飞机和导弹研发方面做出的开创性贡献，1994年当选为美国国家工程院院士，也因为这一贡献，他获得了一系列科学荣誉和奖励，包括成为电气与电子工程师协会会员、美国航空航天学会的荣誉会员，进入国家航空名人堂（2020届）等。

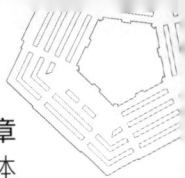

第三节　国防科技咨询组织

国防科技发展事关军事基础实力和国家安全利益，技术决策问题复杂度高、专业性强，除了国防部自己的技术力量外，还需要科学共同体提供分析洞见和专业咨询，其中比较稳定的参与方式，就是组织相对固定、多机构、多领域科学家成立科学咨询组织。美国国防部和3个军种都有科学咨询委员会，国防部还根据科技决策需求成立临时性科学评审组织，科学共同体的科学家也会自发成立一些咨询组织，近年来国防部还成立了国防创新委员会，这些科学家广泛参与的咨询组织在国防科技管理中发挥着重要的支撑作用。

一、国防科学委员会

美国各军种部和国防部都建有科学咨询组织。比如，陆军科学咨询委员会创始于1954年，起初，陆军部长任命了12名杰出的科学家和企业家作为科学顾问，后来，这个小组不断扩大，被正式命名为陆军科学顾问团，1971年，陆军科学咨询委员会替代了陆军科学顾问团，这个委员会一直延续到现在。海军和空军也分别建有海军研究咨询委员会和空军科学咨询委员会。国防部成立后，国防部层面也成立了多个与科学咨询相关的组织，其中，国防科学委员会（Defense Science Board）是建立时间较早、层级最高、影响最大的咨询组织之一。这些科学咨询委员会又可以分解成多个与国防研发和采办相关的特别工作组、工作小组委员会等细分组织，扩展成为更加庞大的组织网络，吸引更多科学界和产业界代表进入到国防科学决策咨询领域。

国防科学委员会成立于1956年，最初职能是就国防科学与技术问题向国

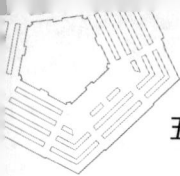

防部高层领导提供决策支持，后续逐步扩展到技术发展、国防采办等多个方面，主要关注与科学技术有关的关键性、基础性、战略性问题。国防科学委员会由美国国防部研究与工程副部长领导，在其授权下开展相关的研究与咨询工作。

国防科学委员会的成员包括正式成员与顾问人员。正式成员又分为普通成员（board members）、高级研究人员（senior fellow members）两类。此外，在国防部研究与工程副部长指定或邀请下，还吸收相关领域的官员或专家作为顾问参与委员会工作。根据委员会章程，顾问人员不作为委员会正式成员。国防科学委员会设主席、副主席和秘书各一人，主席由国防部长根据研究与工程副部长的提名任命，副主席、秘书和其他成员由该副部长根据委员会主席提名任命。委员会成员通常交替任免，以确保委员会的组成定期有序交接。成员任期1～4年，最长不超过4年，若需延长应经国防部研究与工程副部长批准。国防部每年都对委员会成员的工作进行评估，并可根据评估结果对委员会人员进行调整。主席一般由有丰富国防研发管理经验的人员担任，比如，原国防研究与工程署署长小约翰·S. 福斯特（John S. Foster Jr.）、国防部原负责采办与技术的副部长保罗·卡明斯基（Paul Kaminski）都曾担任过国防科学委员会主席。

根据每年的研究计划，国防科学委员会成立临时工作组（或课题组）开展有关研究，每个工作组通常由国防部长办公厅的一名助理部长级或更高级别的官员作为主办人，保障临时工作组的各种需要。各军种、参联会、各国防业务局以及国防部长办公厅工作人员都必须支持委员会的研究工作。国防科学委员会可对外签订合同，支持特别工作组的研究与分析工作。在每项研究工作完成后，工作组向科学委员会主席提交研究报告（包括研究结果和建议），经主席批准后提交研究与工程副部长，必要时由该副部长将工作组的最终报告提交给国防部长、常务副部长或国防部的其他主管官员进行审查、评议和研究实施。

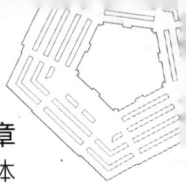

针对每个咨询研究任务，除组建专门的工作小组负责相关研究工作外，国防科学委员会还吸收大量的外围人员参与研究工作，形成固定人员和扩展人员相结合的研究团队（表8.1）。国防科学委员会每年定期召开4次会议（即冬、春、秋季工作会议和夏季为期两周的年度学术研讨会）。各工作组还可根据任务需要定期召开小组讨论会，也可根据"指定的联邦官员"的要求召开其他讨论会。美国国防科学委员会根据形势和任务的需要，每年都要发表几份甚至十几份研究报告，研究范围涉及新兴技术、武器装备、联合作战、采办改革、国家安全和国防部组织机构调整等。

表 8.1　国防科学委员会成员列表（2024 年 6 月数据）

姓名	职务	社会职务
艾瑞克·D.埃文斯 （Eric D. Evans）	主席	麻省理工学院林肯实验室主任
伊丽莎白·贝琪·科瓦尔斯基 （Elizabeth Betsy Kowalski）	执行董事	——
迈克尔·阿佩尔鲍姆 （Mike Appelbaum）	成员	沉浸式智慧公司（Immersive Wisdom）首席执行官
詹妮弗·T.伯恩哈德 （Jennifer T. Bernhard）	成员	伊利诺伊大学香槟分校工程学教授兼伊利诺伊应用研究学院院长
艾莉森·布朗 （Alison Brown）	成员	美国知名小企业 NAVSYS 公司（从事定位、导航和授时技术开发）总裁兼首席执行官
金佰利·布迪尔 （Kimberly Budil）	成员	劳伦斯利弗莫尔国家实验室战略威慑首席副主任
詹姆斯·F.卡里尼 （James F. Carlini）	成员	雷多斯公司（Leidos，美国国防、航空、信息技术和生物医学研究公司）首席技术官
托马斯·迪亚斯·德拉鲁维亚 （Tomás Díaz de la Rubia）	成员	俄克拉荷马大学负责研究和合作的副校长

续表

姓名	职务	社会职务
弗雷德·迪克森 （Fred Dixon）	成员	乌鸦（Corvus）咨询有限公司执行董事
威廉·比尔·法伦 （William Bill Fallon）	成员	GoSecure 公司（网络安全公司）董事会主席、全球联盟顾问（Global Alliance Advisors）有限责任公司和蒂尔韦尔石油（Tilwell Petroleum）有限责任公司合伙人
拉蒂西娅·德·卡约 （Laetitia de Cayeux）	成员	全球太空风险投资公司（Global Space Ventures）创始人兼管理合伙人
罗伯特·鲍勃·吉斯勒 （Robert Bob Gieslerr）	成员	埃克索维拉公司（Exovera）等多家美国国防和网络公司战略顾问、约翰斯·霍普金斯大学应用物理实验室战略顾问
约翰尼·格林 （Johney Green）	成员	国家可再生能源实验室机械和热能工程科学实验室副主任
罗伯特·格罗斯曼 （Robert Grossman）	成员	芝加哥大学医学和计算机科学系教授、芝加哥大学转化数据科学中心主任
丹尼尔·黑斯廷斯 （Daniel Hastings）	成员	麻省理工学院塞西尔和艾达·格林教育教授
艾安娜·霍华德 （Ayanna Howard）	成员	俄亥俄州立大学工程学院院长
胡玲 （Evelyn Hu）	成员	哈佛大学工程与应用科学学院应用物理学和电气工程教授
雪莉·安·杰克逊 （Shirley Ann Jackson）	成员	伦斯勒理工学院名誉校长
阿桑蒂·约翰逊 （Ashanti Johnson）	成员	东中央大学化学客座教授
保罗·卡明斯基 （Paul Kaminski）	成员	技术创新（Technovation）公司董事长兼首席执行官

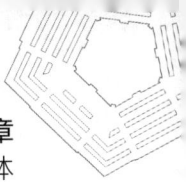

续表

姓名	职务	社会职务
安·卡拉戈齐安 （Ann Karagozian）	成员	加州大学洛杉矶分校机械与航空航天工程系杰出教授
约翰·曼费德利 （John Manferdelli）	成员	威睿（VMware）公司机密计算孵化负责人
凯瑟琳·麦克格雷迪 （Katherine McGrady）	成员	非营利性研究和分析机构 CNA 公司总裁兼首席执行官
詹姆斯·N. 米勒 （James N. Miller）	成员	约翰斯·霍普金斯大学应用物理实验室政策与分析助理主任
DJ 帕蒂尔 （DJ Patil）	成员	专注健康（Devoted Health）公司理事会成员、美国国防大学访问委员会成员
加里·波兰斯基 （Gary Polansky）	成员	桑迪亚国家实验室顾问
桑杰·拉曼 （Sanjay Raman）	成员	马萨诸塞大学阿默斯特分校工程学院院长、电气和计算机工程教授
大卫·A. 雷尔曼 （David A. Relman）	成员	斯坦福大学医学教授、微生物学和免疫学教授，退伍军人事务部帕洛阿尔托医疗保健系统传染病科主任，斯坦福大学国际安全与合作中心高级研究员
保罗·塞尔瓦 （Paul Selva）	成员	前参谋长联席会议副主席（第 10 任）
纳什利·H. 塞弗斯 （Nashlie H. Sephus）	成员	亚马逊人工智能（AI）首席应用科学家
瑞诗玛·谢蒂 （Reshma Shetty）	成员	银杏生物工程公司（Ginkgo Bioworks）联合创始人、首席运营官兼总裁
阿尔弗雷德·斯佩克特 （Alfred Spector）	成员	麻省理工学院访问学者和百仕通集团（Blackstone）高级顾问
文森特·唐 （Vincent Tang）	成员	劳伦斯利弗莫尔国家实验室国家点火装置和光子科学理事会首席副主任

续表

姓名	职务	社会职务
多罗塔·坦普 （Dorota Temple）	成员	RTI 国际研究所（前身为美国三角研究所）电子与应用物理学杰出研究员
简·伊丽莎白·蒂格 （Jan Elizabeth Tighe）	成员	高盛、通用汽车、亨斯迈集团、MITRE 集团董事会成员，美国海军学院基金会和决策教育联盟董事会成员，爱达荷国家实验室国家和国土安全顾问委员会成员
布拉德福德·图斯利 （Bradford Tousley）	成员	鲍尔航空航天公司商用航空航天和战略技术开发副总裁，埃拉拉·诺瓦（Elara Nova，太空咨询公司）公司成员
大卫·范·维 （David Van Wie）	成员	约翰斯·霍普金斯大学应用物理实验室防空反导部门负责人
曼迪·沃恩 （Mandy Vaughn）	成员	GXO 公司（从事太空咨询）创始人
迪内什·维尔马 （Dinesh Verma）	成员	斯蒂文斯理工学院系统与企业学院系统工程教授、系统工程研究中心执行主任，乔治城大学生物化学系客座教授
史蒂文·H. 沃克 （Steven H. Walker）	成员	洛克希德·马丁公司副总裁兼首席技术官
罗伯特·维斯尼夫 （Robert Wisnieff）	成员	国际商业机器公司（IBM）约克敦高地研究中心高级驻地主管

数据来源：美国国防科学委员会官方网站。

二、国防创新委员会

随着人工智能、大数据等新兴技术迅猛发展，商业领域技术创新的引领作用和影响力不断凸显。美国国防部为充分利用商业领域思想、技术和经验，于 2016 年 3 月根据《联邦咨询委员会法》成立国防创新委员会，主要职能是就新兴技术和创新方法向国防部长及其他国防部高级领导人提供独立建议，

推动国防部采取创新手段解决重大问题，以确保美国技术和军事等方面的主导地位。其重点关注人工智能、软件、数据、数字现代化和人力资源等领域。国防创新委员会运行期限为两年，国防部可根据需要进行延期。2022年年初，国防部已批准对其进行第三次延期。

国防创新委员会由来自商业部门、学术界的专家组成，人数不超过20人（表8.2），成员须拥有以下部分或全部能力：在领导或管理大型、复杂的私营公司或组织机构方面，有成功研判、准确决策的实践经验；在公共或私营部门的大型组织的运行方面，有识别和采用新技术创新的经历；在开发新技术概念方面表现出色。此外，国防工业委员会、国防政策委员会和国防科学委员会主席将担任国防创新委员会无投票权的当然委员，不参加国防创新委员会的审议或投票，也不计入委员会成员数量。国防创新委员会及其小组委员会成员无偿提供服务。从事委员会工作时，所有成员都可以报销差旅费、获得工作津贴。

表 8.2　国防创新委员会成员列表（2024 年 6 月数据）

姓名	职务	社会职务
迈克尔·布隆伯格（Michael Bloomberg）	主席	纽约市前市长、彭博社联合创始人兼首席执行官
吉尔达·巴拉比诺（Gilda Barabino）	成员	富兰克林·欧林工程学院院长
迈克尔·马伦（Admiral Mullen）	成员	前参谋长联席会议主席
苏·戈登（Sue Gordon）	成员	CACI 国际公司总监、国家情报局前首席副局长
雷德·霍夫曼（Reid Hoffman）	成员	领英联合创始人、拐点人工智能公司（Inflection AI）联合创始人、格雷洛克风险投资公司合伙人

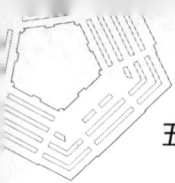

续表

姓名	职务	社会职务
玛丽·米克尔 （Mary Meeker）	成员	邦德公司（BOND）普通合伙人
查尔斯·菲利普斯 （Charles Phillips）	成员	认知（Recognize）公司联合创始人兼管理合伙人
威尔·罗珀 （Will Roper）	成员	佐治亚理工学院杰出教授，麦肯锡公司高级顾问，美国空军前采办、技术与后勤助理部长
瑞安·斯旺 （Ryan Swann）	成员	先锋领航集团首席数据分析官
麦克·索恩伯里 （Mac Thornberry）	成员	加拿大航空电子设备公司美国分公司（CAE USA）董事会成员、前美国得克萨斯州众议员

数据来源：国防创新委员会官方网站。

根据规定，国防创新委员会成员的任命由国防部长或常务副部长批准。国防创新委员会通过研究与工程副部长向国防部长和常务副部长报告。国防部通过常务副部长办公室为国防创新委员会履行职能提供支持，并为其安排一名"指定的联邦官员"，负责委员会的指导和组织工作。根据任务需要，国防部可设立小组委员会、任务组或工作组来支持委员会工作。小组委员会的设立及其职能范围将以国防部长或常务副部长的书面决定为准，不得独立于委员会工作，并仅向委员会报告所有建议，以便进行充分审议和讨论。小组委员会、任务组和工作组无权代表委员会做出口头或书面的决定和建议，不能直接向国防部或任何联邦官员或雇员口头或书面报告。截至 2024 年 9 月，国防创新委员会已经建立了科学和技术小组委员会、软件采办和实践小组委员会、太空咨询小组委员会等。

国防创新委员会虽然建立时间不长，但已经向国防部长提供了包括 100 多项建议的研究报告，这些研究报告针对国防部在人才和文化、技术和能力、

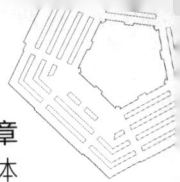

实践和运行等三大方面的挑战，深入分析了国防部存在的创新问题，提出了解决思路及举措，一定程度上反映了美国国防部未来创新活动的路径和发展方向（表8.3）。

表 8.3　国防创新委员会发布的部分研究报告

领域	报告名称	发布时间
人才	《国防部劳动力：争夺数字人才——新冠肺炎的经验教训》	2020 年 9 月
	《任命国防部首席数字工程招聘和管理官》	2020 年 3 月
	《现有劳动力：应对当前军队的数字化准备危机》	2019 年 10 月
	《人工智能战备力量战役》	2019 年 10 月
	《人事与文化》	2017 年 1 月
人工智能	《人工智能原则：国防部人工智能应用伦理的若干建议》	2019 年 10 月
网络	《通往零信任安全之路》	2019 年 7 月
	《全联网指挥控制与通信》	2019 年 10 月
	《零信任架构建议》	2019 年 10 月
5G	《5G 生态系统：国防部的风险和机遇》	2019 年 4 月
软件	《软件采办与实践》	2019 年 5 月
其他	《技术和能力》	2017 年 1 月
	《实践与操作》	2017 年 1 月
	《联合病理中心储存库增强》	2020 年 3 月

数据来源：美国国防创新委员会官方网站。

三、信赖 21 专家组织

信赖程序是国防部统一评审科技项目的组织过程，期间集中了许多科技官员和国防部以外的科技精英，这一程序来源于 3 个军种自发联合行为，是他们在冷战后预算减少的情况下抱团取暖的创新性结果。

　　20世纪90年代初期，国防研究与工程署想要将所有科技项目归由国防部长办公厅管理，但海军研究局局长米勒等军种科技官员普遍认为，这是国防部扩张主义者希望从军种收回科技资金的安排权，是一种夺权行为，军种科技官员都反对这一计划。以前，3个军种的科技领导们自发形成了实验室主任联席会议这样一个松散的工作组，每年召开几次会议，交流一些基本信息，因为国防部的统管要求，他们自发进行联合，正如海军研究局局长米勒所说："我们聚到一起，研究如何通过彼此依赖将事情做得比国防部长办公厅更好。"[①]3个军种科技部门通过联合组织评审项目，形成了一套行之有效的做法，后来，他们将这一集体行为命名为信赖程序，并且得到了三军高层的支持。他们联合起来，按科学学科组成了不同的小组，一起评估给定领域中每个军种支持的所有项目，旨在确定哪些研究可以放弃，哪些研究可以由各军种独立进行，哪些研究应当三军联合管理。属于军种特有的事项，比如海军的反潜作战，自然由海军负责；与固定翼相关的技术均由空军牵头，因为空军研究得最深入；旋翼技术由陆军负责，为全军监管直升机研发项目，而且，3家都要按比例为联合项目投资。

　　3个军种的联合与国防部的强势逐步取得了平衡，从1992年开始，国防研究与工程署署长在国防科技项目（美国国防预算分类6.1～6.3）管理中直接采取了信赖程序。1993年，安妮塔·K.琼斯担任国防研究与工程署署长，基本上每周都与3个军种的科技官员参加一次早餐会，就分摊研发费用、分配管理职责事项进行沟通。这一时期，在信赖程序基础上，国防部组织发布了《国防科技战略》及《基础研究计划》《国防技术领域计划》《联合作战科技计划》，这些战略性文件相互配套，相互支持，形成体系，对美军科技

---

① 罗伯特·布德瑞. 21世纪海军创新：冷战后的美国海军研究局 [M]. 黄林，刘小妹，译. 北京：海潮出版社，2016：55.

发展具有很强的导向作用。1996 年国防部公布的一份报告将信赖程序与 1990 年国防部基地关闭与调整、实验室质量改进项目并列为精简优化国防部研发、技术、工程项目管理的三大重要举措。

2009 年，信赖程序调整为信赖 21，根据美国国防部 2014 年发布的文件，该程序的组织部门分为领导层和实施层两层。领导层为科技执行委员会（Science and Technology Executive Committee，S&T ExCom）（表 8.4），负责具体指导和监督国防科技战略（或指南）编制及利益团体科技路线编制，协调各部门资源和利益，防止出现不必要的重复投资。该委员会由国防部负责研究与工程的助理部长担任主席，委员会成员包括国防部长办公厅、军事部门和国防部业务局的科技主管人员（表 8.4）。科技执行委员会每月集中会面一次，日常工作由各委员代理人员负责，每周集中一次，处理与信赖 21 相关的事务。

表 8.4　科技执行委员会成员（2014 年）

部门	成员
国防部长办公厅	国防部负责研究与工程的助理部长
	国防部研究助理部长帮办
	国防部新兴能力与样机设计助理部长帮办
	国防部军队健康保护与战备助理部长帮办
	国防部制造与工业基地政策助理部长帮办
	国防部生化防御助理部长帮办
军事部门	空军科学技术工程助理部长帮办
	陆军（研究与技术）助理部长帮办
	海军研究局局长
	联合参谋部 J8 部下属的资源与采购局副局长

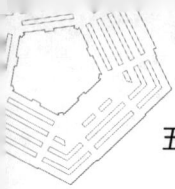

续表

部门	成员
国防部业务局	国防高级研究计划局副局长
	导弹防御局先进技术项目执行办公室主任
	联合简易爆炸装置控制组织快速能力交付副局长
	国防威胁降低局负责研发的副局长

　　信赖 21 的实施层为 17 个技术领域利益团体（Communities of Interest，COI）构成的信赖 21 专家组织，主要负责在国防部跨部门协调合作基础上，研究制定 17 个科技领域的技术路线图（图 8.1）。利益团体机制为各部门之间协调科技发展提供了一个交流平台，主要审查和评估正在执行的项目和计划项目的匹配性、确定技术缺口，帮助优化技术研发资助方向以满足国防部重点领域的技术需求。每个 COI 都设有由 10 名专家组成的指导小组，科技执行委员会指定组长，负责该技术领域技术路线和目标的优化、军事影响分析等，并形成最终技术路线图。COI 指导小组成员主要来自于国防部直属部门、各军种、各业务局的高级主管和高级科学家（或同等级别专家），并具有各科技执行部门的授权，在各自部门计划决策中有着显著影响力。每个指导小组下设技术小组，一般有 100 人左右，成员主要由该技术领域具有一定宽度和深度的专家组成，负责该领域技术协调、技术路线和技术目标的制定等。利益团体机制把科学共同体中大量科学家和技术专家纳入科技发展之中，为美军技术优势塑造提供支持，除了美国工业界和学术界，还有大量国防科学界的参与者，仅美国国防部内部，就有 62 个国防部实验室，35 000 名科学家和工程师参与其中[1]。正如国防部前任负责研究与工程的助理部长阿兰·谢

---

① Office of the Assistant Secretary of Defense （Research and Engineering）. Reliance 21 operating principles: bringing together the DoD science and technology enterprise[R]. 2014.

弗尔（Alan Shaffer）在 2015 年文件《利益团体：合作应对技术挑战》中所说，"美国要保持技术领先，必须依赖于技术投资决策中的广泛合作，以及包括国家实验室、大学、工业界以及全球同盟和伙伴在内的整个国防研发与工程体系的协调一致"。

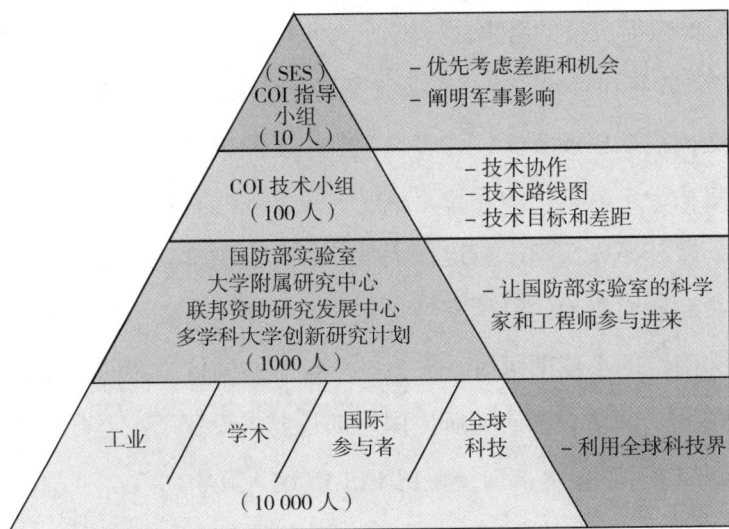

图 8.1　COI 组织结构

17 个 COI 分别覆盖 17 个技术领域，分三大类。第一类是任务导向类，共 3 个技术领域：反简易爆炸装置，反大规模杀伤性武器，生物医学（武装力量研究评价与管理）。第二类是系统 / 能力导向类，共 11 个技术领域：指挥、控制、通信、计算和情报（C4I），人机系统，赛博，自主，工程弹性系统，电子战 / 电子防护，传感器和信息处理，空中平台，地面和海上平台，武器技术，空间技术。第三类是技术导向类，共 3 个领域：先进电子产品，能源与电力技术，材料和制造工艺。17 个技术领域不会频繁改变，但是科技执行委员会定期会对领域方向进行审查，依据国防战略和投资方向进行适当调整。每个技术领域都是多部门共同投资的交叉领域，也是国防部主要的科技投资方向，但是并没有替代各军种自身的特殊技术领域。

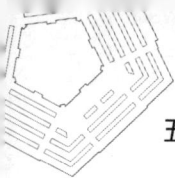

四、杰森国防咨询小组

杰森（JASON）国防咨询小组（以下简称 JASON）被称为美国国防科技决策背后的神秘力量，它汇聚了世界顶尖的一流科学家，但具体的人员构成却鲜为人知。它的研究成果对国防部决策产生深远影响，一度被列为世界上最神秘的影响政府决策的组织之一。

20 世纪 50 年代后期，冷战军备竞赛逐步升级，美国甚至一度处于劣势，由此引发美国民众极度不安，许多科学家出于爱国热情，纷纷加入为政府部门服务的机构，贡献自己的才智，JASON 正是在此背景下诞生。一些来自于加州大学、普林斯顿大学、斯坦福大学、麻省理工学院、詹姆斯·弗兰克研究所等高校和研究机构的科学家经常在一起分享国防安全的话题，因此逐步形成了较为固定的小范围研讨，成为一个科学共同体中特殊的无形学院式的组织。1958 年，国防分析研究所应国防部长要求设置了一个支撑高级研究计划局开展研究工作的匿名部门，便把 JASON 纳入其中。

关于 JASON 名称的含义，有多种不同的解读。一种认为 JASON 是"July-August-September-October-November"（英文 7 月、8 月、9 月、10 月和 11 月）的首字母缩写，凑巧的是，JASON 内部会议也主要集中在这几个月份。还有一种解释是"Junior Achiever，Somewhat Older Now"（年轻有为，但现已稍显成熟的人）的缩写。但流传最广的解释是 JASON 一词由其创始人之一密尔德雷德·古德伯格（Mildred Goldberger）的妻子提出，借鉴了希腊神话中英雄人物 Jason 和金羊毛（希腊神话中的一种宝物）的故事，寓为英雄为寻找繁荣所使用的神奇工具。

成立初期至 20 世纪 60 年代末期，JASON 挂靠于国防分析研究所，到 20 世纪 70 年代后期，转移至斯坦福国际研究所（SRI），20 世纪 80 年代后期，其总部搬迁至 MITRE 公司的"JASON 项目办公室"，并一直运行到现在。

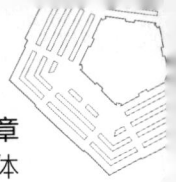

"MITRE"是"麻省理工学院研究与工程"的缩写，该公司是一家非营利性的联邦资助研发公司，主要从事系统工程和信息技术研究。从名称上看，MITRE 公司与麻省理工学院颇有渊源，事实上也确实如此，该公司最初成立的目的就是为了接管麻省理工学院林肯实验室的半自动地面防御系统（SAGE）项目，而且其大部分的早期员工都是从麻省理工学院林肯实验室募集而来。经过多年的发展，MITRE 公司已经成长为美国炙手可热的科技公司之一，客户范围涵盖国防部、联邦航空管理局、国土安全部等美国政府部门。MITRE 公司分为两个部分，一个是联邦投资研发中心，主要对接国防部、联邦航空局的工作，另一个是名为 Mitretek 的系统公司，为美国其他政府机构工作。

成立初期，JASON 拥有约 15 名成员，20 世纪 70 年代以来其成员人数一直维持在 30～60 人，包括物理学家、生物学家、化学家、海洋学家、数学家和计算机科学家。从成立到 20 世纪末，JASON 成员中有 11 位诺贝尔奖获得者，有数十位美国国家科学院院士。JASON 成员的一个突出特点就是长期活跃于美国国防科技领域，尤其是资格较老的成员，长期参与历时多年的各类研究。例如，JASON 的创始人之一西德尼·德雷尔到 21 世纪初仍在开展研究；弗里曼·戴森在 JASON 度过了其四十余年的职业生涯。有分析人员对 JASON 历届成员中 119 位具有代表性的研究人员进行统计，发现 50% 的研究人员受雇于加州大学，14% 受雇于普林斯顿大学，13% 来自斯坦福大学。此外，哈佛大学、麻省理工学院、纽约大学等高校均有分布。加州大学拥有众多 JASON 成员的原因主要有两个方面：一方面是美国著名的国家实验室洛斯阿拉莫斯国家实验室和劳伦斯利弗莫尔国家实验室、加州理工学院等机构均由加州大学管理，其人才素质和规模具有得天独厚的优势；另一方面洛斯阿拉莫斯国家实验室和劳伦斯利弗莫尔国家实验室是美国核能和核武器研究的重点实验室，而 JASON 以核武器相关研究起家，并且核武器相关研究一直是 JASON 成员从事的主要领域。

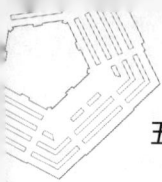

JASON 由著名高校的顶级教授和研究人员组成，并不依靠外部的任命，所以一直保持相对的独立性。其组织结构较为松散，成员平时都在各自的学校工作，只有在夏季会议时才会一起工作。近年来，在 MITRE 公司的年度报告成员名单中，仅有两名 JASON 成员在列，其中一位是"JASON 项目办公室"主任，保持了 JASON 一贯低调沉稳的作风。在成员选择方面，JASON 的原则性非常强，通常由现有成员来决定新的人选，不会受到外界影响。2002年，DARPA 曾以取消委托项目相威胁，推荐 3 名人员进入 JASON 工作，但 JASON 不为所动，拒绝了 DARPA 的推荐，DARPA 对此没有办法，最后还是恢复了与 JASON 之间的合作。

JASON 大多数的研究曾受 DARPA 委托，其他服务对象包括：美国能源部、国防部、陆军研究办公室等多个联邦机构。JASON 每年大约开展 15 项研究，其中一半左右的研究涉密，所以其大部分的研究成果都无法获取，甚至一些不涉密项目成果外界也难以得到。一般情况下，JASON 的每项研究由 2 ～ 3 名小组成员合作开展，但有的研究参与人数多达 17 ～ 18 名。一般情况下，DARPA 等政府机构把他们认为最棘手的问题交给 JASON，JASON 的科学家们通过"收集学术论文、档案文件""与管理人员和科研人员座谈"等方法进行分析，并依据全体成员的判断展开研究，形成报告，提供解决方案。JASON 每年都会形成数份研究报告，如 2005 年的《高性能生物计算机》，2010 年的《网络安全科学》，2015 年的《美国核武器库存不断发展中的技术注意事项》，2017 年的《关于国防部人工智能和人工综合智能研究的观点》等，这些报告最终交由政府机构进行评估处理。从这些公开的研究报告中可以看出，JASON 几乎所有研究都围绕相关技术是否有利于保持美军绝对的军事优势展开，并在影响国防部决策中发挥了重要作用。例如，1966 年，JASON 发布《切断越共供给线中战略轰炸的效力》《在越南建立电子壁垒》两份报告，对时任美国国防部长罗伯特·麦克纳马拉"美国无力赢得战争"的观点产生

重大影响；1967 年发布的《东南亚战术核武器》绝密报告对美国国防部关于
"越南战争中是否使用战略核武器"的决策起到了决定性作用；2009 年，
JASON 发布《核态势评估》报告，评估了美国核战略、力量和运行，对美国
核武器库未来维护和现代化等问题提出政策建议，极大地推动了美国就"如
何在接下来的若干年里保持核武器活力"做出初步决定。

第四节　美军典型科技官员对科学共同体的影响

科技官员作为科学共同体的一部分，在从科学共同体获得研究支持和科
学声望的同时，也代表科学界的精英，在履行职责的过程中，对科技活动的
规律和科学家的创造给予充分的尊重，并推动政府对科学的发展给予项目和
政策支持，还通过探索和组织所形成的技术成果对科学共同体做出自己的贡献。

一、科技官员对科学共同体的尊重

科技官员是科学共同体与军事研发的联结点，这两个体系分别有自己的
特征和要求，科学共同体追求的是科学领域的自由探索，而军事研发要求有
明确的方向和成果，并且还要遵守保密等管理规定。"目前，政府科学中管
理需求与科学自主性之间的最大冲突或许就在于政府日益要求对研究实施保
密这一问题上。就是由于这一要求，许多科学家不愿替政府工作，因为这一
要求与科学价值相抵触，然而另一方面，现在的大量政府研究，尤其是国防
方面的项目，保密又是必需的，至少国会是这么想的。"① 不仅如此，科学社

---

① 伯纳德·巴伯. 科学与社会秩序 [M]. 顾昕，郏斌祥，赵雷进，译. 上海：生活·读书·新
知三联书店出版社，1991：210.

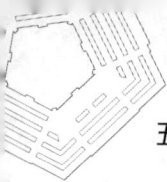

会学家齐曼将后学院科学的特征归结为 6 个方面，即集体化、极限化、效用化、政策化、产业化和官僚化。其中，"官僚化，是指科学正在被有关实验室的规章制度所约束，被卷入了项目申请、投资回报和中期报告的海洋中，被包装或重新包装成美丽的花瓶，被管理顾问重组和缩小规模，因此科学研究不可避免地卷入到政府的官样文章中。"[①] 面对这些问题，科技官员需要按照科学创造的活动规则来处理，对科学家的探索活动给予足够的尊重，正确处理官僚机构与科学自主性之间的关系，最大程度减少官僚对科学的影响。

对科学活动的尊重首先是对科学家的尊重。科技官员作为政府科学家，肩负着双重的职责，他们在官僚体制内，需要尽量发挥科学家的才能，让科学为国家服务。1967—1968 年，在越南战争正激烈的时期，345 名数学家在《美国数学学会通讯》的广告栏登了一份付费广告，建议求职者"自己考虑为你的才华所产生的应用负责任"，广告结束语说："我们相信，这种责任禁止将数学用于为这场残酷的战争服务。"[②] 结果，陆军研究办公室和海军研究局给几位在声明中签名的人写信，称他们可能会发现来自这些机构的资助终止了。当然，这封信引起许多科学家的不满，后来，国防研究与工程署署长福斯特很快去灭火，签署了一个备忘录以缓和上述警告的语气，要求项目管理者在审核合同时，努力保持与学术研究团体的互利关系。

尊重科学共同体，最重要的是尊重科技创新的规律，减少约束和干扰研究人员的事务。海军研究局作为美军支持基础研究的著名机构，在这方面有很多经验。海军研究局成立初期，对科学界的资助非常开明，从内部来说，科学家提交申请后，具体选择资助哪些项目的决定权被下放给了非现役项目主管，他们本身也都是本学科内的顶尖科学家。海军研究局根据建议方案的

---

① 齐曼. 真科学 [M]. 曾国屏，匡辉，张成岗，译. 上海：上海科技教育出版社，2002：131.
② 王作跃. 在卫星的阴影下：美国总统科学顾问委员会与冷战中的美国 [M]. 安金辉，洪帆，译. 北京：北京大学出版社，2011：378.

价值决定是否签订资助合同。跟其他政府机构不一样的是，海军研究局不要求科学家们递交月活动报告或季活动报告，通常情况下只需递交一份年度报告。而且，几乎所有项目中，教授们都可以自由发表研究成果，1948 年签订的约 700 项合同中，只有 15 项被判定在研究内容上明显涉密。"至 1949 年早期，第 3 任海军研究局局长索尔瓦德·A. 索尔伯格（Thorvald A. Solberg）少将在任时，海军研究局在大约 200 家机构中开展了 1131 个项目，3/4 的项目着眼于物理科学，包括低温物理、宇宙射线、白矮星相关研究，回旋加速器项目，以及关于粒子加速器的其他研究。"[①] 海军研究局迅速成为军队其他研究局效仿的对象，也成为国家科学基金会效仿的典型，国家科学基金会在进行评估、向大学教授们发放研究基金时采用了很多与海军研究局相同的形式和做法。

2000 年 10 月 12 日，美国海军宙斯盾级导弹驱逐舰"科尔"号在也门南部亚丁港停靠期间，遭到恐怖分子用小艇靠近爆炸袭击，其中，17 名舰员丧生，39 人受伤。随后，海军研究局紧急开启了快速提升舰船保护效果技术方法研究，在对海军现有技术进行调查后，又在其他军种和大学开展搜寻，当时研究复合材料的著名空气动力学发明家伯特·鲁坦进入海军研究局视野。鲁坦创办了标度复合材料公司，该公司专营航空器设计、加工、制造及专业复合结构设计、分析和装配。由于鲁坦手头工作很多，接项目时又很挑剔，海军研究局局长科恩少将亲自飞去见他，而且会面时穿了便装，直奔主题说明情况后便提出签订一份金额不小的合同，出乎意料的是鲁坦并没有接受，鲁坦认为，他见惯了科恩这样的科技官员，他们行事官僚，虽然很多事情做出口头允诺，但在实际执行时喜欢指手画脚，施加自身影响。为了打消疑虑，科恩局长向他承诺，如果鲁坦接受了资助，海军在项目的头六个月绝不会联系他，最后

---

① 布德瑞. 21 世纪海军创新：冷战后的美国海军研究局 [M]. 黄林，刘小妹，译. 北京：海潮出版社，2016：32.

鲁坦接受了资助。局长承诺的背后是对科学研究活动的尊重，只有尊重了科学研究活动的规律，研究人员才能在一个宽松的环境中发挥创造才能。

二、科技官员对科学共同体的支持

美军每年通过不同的计划和项目支持企业、大学进行科学研究，企业作为主要国防承包商，一般偏重工程技术研究，大学是科学研究人才聚集地，偏重基础研究。据统计，国防部对科学技术的投资仅占联邦对科学技术总投资的15%～20%，但国防部对电气工程技术基础的投资在联邦政府总投资中的占比超过80%，对机械工程的投资占联邦政府总投资的75%，对冶金和高级材料的投资占联邦政府总投资的73%，对计算机科学的投资在联邦政府总投资中的占比超过一半。科技官员每年出于国防目的资助数千名大学老师、学生及工业研究人员，他们所创造的知识既可在国防领域使用，也可满足商业需求，并直接有助于维持美国的经济实力。

对大学进行资助是科技官员对科学共同体的典型支持，也体现了科技官员对美军技术优势塑造的远见卓识。第二次世界大战期间，大学教授广泛参加到军事研发过程中，对原子弹、雷达、青霉素等研制做出了重要贡献。冷战期间，美军对大学进行了大量资助，斯坦福大学还因获得资助颇多，被称为"西部五角大楼"。20世纪70年代初期，受《曼斯菲尔德修正案》的影响，国防部减少了对大学的研究资助。越南战争结束后，国防部与大学之间的联系日益加强，对大学研究项目和人才培养的投资逐步增加，以此寻求在基础研究和人才储备方面的长期回报。

成立美国国防部—大学研究会加强联系。1982年2月，美国国防部与美国大学协会、美国教育委员会等部门共同创建了美国国防部—大学研究会。作为强化军方同大学之间关系的常设咨询机构，美国国防部—大学研究会为大学高级代表和国防部负责官员之间的定期协商提供便利，协商主要针对影

响国防部与大学关系的所有研究需求和各种问题。美国国防部—大学研究会成员分为大学成员和国防部成员两部分，大学成员由教育界知名的权威专家组成，经高教部门提名后由国防部负责研究与工程的副部长任命；国防部成员则由国防部长办公厅和各军种的官员组成。双方成员人数相当，分别为 12 名左右。大学和国防部双方均设主席一职，其中大学一方主席由大学成员选举，国防部一方主席由负责研究与工程的副部长担任。美国国防部—大学研究会定期举行正式会议，每年至少两次，会议由双方主席共同主持。研究会下设若干小组委员会，也通过定期会议的形式深入探讨特定问题。

设立推进大学研究倡议计划。1983 年，美国国防部启动大学研究倡议计划，主旨在资助大学的跨学科研究小组。计划启动后逐步扩展为包括多个大学组成的研究组，并鼓励必要时与工业界进行合作，但不资助工业界的参与者。自启动以来，大学研究倡议计划一直由国防部长办公厅资助，各个军种具体管理。2004 年，其项目下放至各军种，成为各军种第二重要的基础研究类项目。大学研究倡议计划包含：多学科大学研究倡议计划（MURI）、大学研究设备资助计划（URIP）等。多学科大学研究倡议计划是大学研究倡议计划的核心组成部分，开始于 1983 年，由美国国防部负责实验室与基础科学的副部长帮办办公室下属的国防部基础研究主任办公室组织实施，目的是立足科学家群体兴趣的导向型基础研究，强调不同学科间科学家的合作，也是对单一学科研究项目的补充，提高美国大学在基础科学和工程学研究方面对美国国防部的贡献。通过多学科研究促进思想交融，加快向应用的转化，并且培养适合美国国防部需要的研究生。[①] 大学研究设备资助计划是大学研究倡议计划的重要组成部分，资助对象主要是承担国防科研任务的院校。

学科是科学共同体的重要依托，科技官员对美国科学界有些学科和设

---

① 田华. 美国国防部基础研究管理体制分析 [M]. 北京：北京大学出版社，2012：103.

施的资助也起到了很大作用，美国天文学学科的发展就是一个很好的例子。20 世纪 50 年代中期，美国的天文学还是物理学下面一个小的分支学科。1957 年苏联成功发射世界上第一颗人造地球卫星后，美国政府开始通过国防部、国家航空航天局等机构大规模资助这个学科，这些资助为一些大学天文系的建立奠定了基础，同时还资助建造新型的、高精度的天文望远镜，其中，芝加哥大学和亚利桑那大学的天文学系发展迅速。在国防部高级研究计划局局长瑞纳指导下，该局资助了波多黎各的阿雷西博天文台（Arecibo Observatory），帮助建造了一个巨大的射电望远镜。

三、科技官员对科学共同体的贡献

美国知名科学社会家乔纳森·科尔和斯蒂芬·科尔均认为，科学家在科学界的地位主要取决于是否获得科学家们的承认，而科学家们的承认主要分为声望的承认和职位的承认两种。前者是一种无形的社会承认，后者则是一种有形的承认。声望的承认可以通过科学家所获得的奖励、取得的科研成果、发表的论文篇数、论文的引用率等因素获得。职位的承认来源于科学家因一定的职位而具有的权力以及人们对这种权力的认同。

对于科技官员来说，声望的承认和职位的承认往往交叉在一起，无法分得非常清楚。无论是哪一种情况，对知识贡献的大小是科学权威产生作用的最初起点。科技官员无论在任职前还是任职后，只有在科学上做出贡献，才能在科学界受到足够的尊重。很多科技官员在组织重大军事研发项目的过程中，也取得了科学界认可的成果和贡献。国防高级研究计划局第 6 任局长埃伯哈特·里希廷（Eberhardt Rechtin）曾在美国海军服役，1950 年获得加州理工学院电气工程博士学位，之后在美国国家航空航天局喷气推进实验室研究导弹的无线电制导和遥测问题，随后转换并扩展到深空飞行器的电信和跟踪

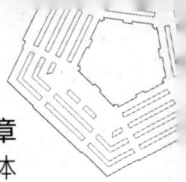

领域。里希廷曾担任用于跟踪和获取航天器数据的全球空间站网络项目主管，被称为"深空网络之父"。在长期的太空探测研究工作中，他创造形成了系统架构设计思想，并在大学把它变成系统的知识，成为系统架构这一门独特学科的创始人，他还围绕系统架构撰写了《系统架构：创建和构建复杂系统》《系统工程的艺术》《组织的系统架构：为什么老鹰不会游泳》等著作。

美国国防高级研究计划局第 8 任局长乔治·H. 海尔迈耶（George H. Heilmeier）拥有普林斯顿大学固体材料硕士学位和电子学博士学位，1958 年加入普林斯顿 RCA 实验室，1968 年研发出第一片液晶面板，随着第一台液晶显示器（LCD）的成功演示，他因在液晶电光效应方面的开创性工作而获得国际认可，这一突破性成果已被应用到从数字时钟、计算器到平板电视、显示器、游戏设备、摄像头和智能手机等各种产品。1977 年，海尔迈耶离开国防高级研究计划局，加入德州仪器，被任命为副总裁，分管企业研究、开发、工程和战略规划，1983 年被任命为高级副总裁兼首席技术官，负责所有研究、开发和工程活动。海尔迈耶因在电光效应方面的成就，获得美国国家科学奖章、IEEE 荣誉奖章、国家工程院创始人奖等多项科学界知名奖励，当选美国国家工程院院士。

第九章

美军典型科技官员的监督管理

美军科技官员在政策制定、预算安排、研发投资等事务方面具有相应的管理和决策权力，面临着多种利益关系的考验，同时也受到美国政府和社会多个方面的监督。在美国权力制衡的政治架构下，来自国会、行政部门内部及社会公众等多领域、多层次的监管，对科技官员履职用权形成了规制和约束，有效遏制了欺诈、浪费及权力滥用等问题。

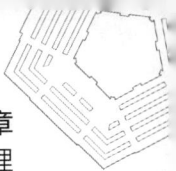

第一节　监督视域中的科技官员

科技官员是美国国防科学界的权力群体。"哪些群体和个人在科学界占据权力位置呢？在拥有权力和拥有声望的群体中，实际上存在着重叠。具有执行权力之能力的两个群体，正是组成声望精英的两个集团：那些因其对知识的杰出贡献而赢得承认的科学家和那些占据关键管理位置的科学家。他们由相当少数的科学家所组成，他们基本上控制了科学界内部的流动。""第二类群体中的那些人，基金会、实验室和政府机构的管理人员，在制订关于什么科学或科学专业应该得到大力资助的政策上是有影响的。他们能够决定什么特殊的研究领域能得到优先地位，而且能够决定什么个人能为他们的研究项目获得资助。简言之，他们基本上控制现代科学的资源和设施，而同时在决定科学注意力的中心方面发挥核心作用。"[①] 仅以预算为例，美国每年国防预算数额巨大，为了保持其技术优势，以"研究、开发、试验和鉴定（RDT&E）"为主的研发预算多达千亿（表9.1），研发预算中的6.1基础研究、6.2应用研究、6.3先期技术开发作为科技预算，占研发预算五分之一左右（表9.2）。长期以来，国防部和军种中的科技官员在国防研发预算的安排和使用上拥有很大决策权，比如，1977年以前的国防研究与工程署署长，2018年以前国防部主管采办、技术与后勤的副部长都统管研发与采办事务，该副部长甚至被称为"采办沙皇"。即使在科研机构，科技官员也有很大的权力，比如，国防高级研究计划局（DARPA）局长有项目立项决定权，就是DARPA主管项目的项目主任，也有子项目和方案的取舍权、科研团队的选择调整权、资金预算的调配权等。

---

① 乔纳森·科尔，斯蒂芬·科尔. 科学界的社会分层 [M]. 赵佳苓，顾昕，黄绍林，译.
北京：华夏出版社，1980：91.

表 9.1　2001—2020 财年美军 RDT&E 经费情况（亿美元）

财年	2001	2002	2003	2004	2005	2006	2007	2008	2009	2010
美军 RDT&E 经费总额	417.48	486.23	583.07	643.67	692.96	726.91	775.89	794.48	806.51	806.55
财年	2011	2012	2013	2014	2015	2016	2017	2018	2019	2020
美军 RDT&E 经费总额	761.35	728.37	694.08	631.00	640.88	706.33	748.17	921.59	959.61	1042.94

数据来源：美国国防部主计长官方网站历年国防预算统计数据。

表 9.2　2001—2020 财年 6.1 ～ 6.3 经费情况（亿美元）

财年	2001	2002	2003	2004	2005	2006	2007	2008	2009	2010
6.1 ～ 6.3 经费总额	89.33	98.74	107.29	118.9	130.41	132.71	128.37	122.43	132.55	133.06
财年	2011	2012	2013	2014	2015	2016	2017	2018	2019	2020
6.1 ～ 6.3 经费总额	115.46	122.62	109.91	120.09	120.24	127.78	133.95	145.86	156.6	141.35

数据来源：美国国防部主计长官方网站历年国防预算统计数据。

科技官员虽然大多出身于科学家群体，但在成长为管理者和官员的整个过程中，始终处于复杂的利益关系之中，也经常面临着处理利益冲突、权衡利益关系的境况。美国国家实验室大部分是为战争需要而成立的，很多国防部科技官员也有国家实验室任职经历，"国家实验室体系的发展是由不同类型的人们完成的。科学家、实验室主任、学术与工业管理员、项目主任、委员、科学顾问、预算员、将军、立法者及理事们在这个体系中都有着各自的利益，也都在联合其他人帮自己获取利益。这个实验室体系受到利益团体之间的复杂的影响，也受到利益团体内部在特定问题上的利益竞争的影响，这个体系就是在这样的情况下逐渐发展起来。"[①] 国家实验室只是一个代表，实际上

---

① 彼得·维斯特维克. 国家实验室：美国体制中的科学（1947—1974）[M]. 钟扬，黄艳燕，等译. 上海：上海科学技术出版社，2023：340.

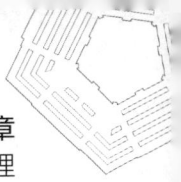

科技官员在国防领域任职的机构与国家实验室一样，是一个复杂的利益综合体。

权力与利益的交织往往会让科技官员受到多种关系和利益的影响，"大战也使一批科学家大步登上政治舞台，走进权力中心，开始形成对美国科技政策乃至在其他方面颇有影响力的所谓'科技精英集团'。其中一些人与军工复合体关系密切，共同构成有时所称的'军事－工业－科技精英复合体'"。[①]这种复合体与"铁三角"相互嵌套，会对科技官员行使权力形成极大的诱惑和吸引，强大的利益集团会通过直接游说、许诺离职后高管职位、直接利益输送、动员国会议员施压等途径，影响或制约科技官员的决策，以满足本利益集团的利益。1973年，马尔科姆·R.柯里（Malcolm R. Currie）担任国防研究与工程署署长，成为五角大楼在选择国防承包商时最有影响力的人。据报道，多个承包商许诺为他提供离开五角大楼时的优厚工作待遇，柯里称自己并没有接受，当时，柯里还因为周末参加了一个企业参与的活动，受到国防部长拉姆斯菲尔德的"严厉谴责"。2004年，美军发生国防采办领域重大腐败案，空军负责采办的助理部长首席帮办达琳·朱云（Darleen Druyun）在与波音公司的合同交易中以权谋私，要求波音为自己的女儿安排工作，最终受到查处。

权力是一种能力，具有强制性、公共性、支配性、交换性、扩张性、等级性的特点，同时，权力也容易产生异化，可能走向腐败。科技官员作为一个理性人，必然会追求个人与小团体的私利，利用权力进行寻租和谋利，因此，按照美国政治制度的设计，必须接受监督，置于复杂的监督管理体系之中。从美国整个权力监督与制约的架构来看，对科技官员这一群体的监督，主要可以分国会监督、行政监督和社会监督3个部分，国会监督主要通过立法审查、

---

① 吴必康. 权力与知识：英美科技政策史 [M]. 福州：福建人民出版社，1998：356.

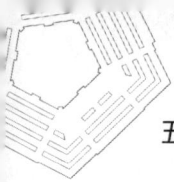

任命批准等方式进行监督，行政监督主要是国防部按照统一要求，通过行为标准办公室、总监察长办公室等内部机构，对科技官员行政行为道德合规性、权力滥用等问题进行监督，社会监督是政府以外的社会大众、媒体的监督。

第二节　国会监督

国会是美国最高立法机关，主要由参议院和众议院组成，参议院由联邦地方各州直接分别选举两名议员组成，共有议员100名，任期6年，每两年改选三分之一席位，可连选连任。众议院议员按各州人口比例由选民直接选举产生，共有425名议员，任期两年，可连选连任。国会的基本职权包括立法权、财政权、人事权、行政监督权等，每种职权都包含着对行政机构的监督职能，"严密监督政府的每项工作，并对所见到的一切进行议论，乃是代议机构的天职。"[①]国会对包括国防部在内的行政机构的监督表现在多个方面，从科技官员的角度来看，主要包括任命监督、预算监督、调查监督等。

一、国会委员会组成及相关机构

美国国会以各种委员会为基本工作单元，议员一般都分属一个或多个委员会，并在其中发挥作用。国会中的委员会一般分为4种：常设委员会、协商委员会、专门委员会、联合委员会。常设委员会是国会最主要的委员会，具有立法权限，每个常设委员会下设若干小组委员会，参议院主要有拨款委员会、武装部队委员会、预算委员会、国土安全与政府事务委员会等常设委

---

① 威尔逊. 美国政体：国会政治研究 [M]. 熊希龄，吕德本，译. 北京：商务印书馆，1986：167.

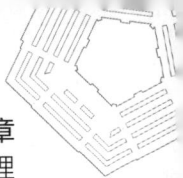

员会，其中，武装部队委员会下设战略力量、海上力量、战备与管理支持、人事、新兴威胁与能力、空地一体等6个小组委员会。众议院主要有拨款委员会、武装力量委员会、预算委员会、能源与商业委员会、国际关系委员会、国土安全委员会等常设委员会，其中，武装部队委员会下设战术空中与地面部队、军事人员、监督与调查、海上力量与投送部队、战略部队、新兴威胁与能力等6个小组委员会。协商委员会是为了协调两院同一议案的差异而临时成立的，在问题解决之后就解散。专门委员会是为专门任务而设立。联合委员会是由参议员和众议员参加的常设机构，经常用来协调日常事务。

一项议案在送交全院讨论或投票之前，必须提交常设委员会审议，而常设委员会通常会根据议题的不同将其分送有关小组委员会，实际上，审议工作是在小组委员会进行的。如果某个常设委员会或小组委员会赞同某个提案，它们通常采取举行听证会等方式收集有关信息，然后通过修正案的形式完善提案，最后，将提案送到全院大会进行辩论，全院通过之后，提案被送到协商委员会，协商委员会由两院议员组成，协调参众两院对同一方案的不同文本进行讨论和协商，有可能附加新的、两院议员都能够接受的修正案，如果两院议员在协商委员会能够就方案文本达成妥协，方案将被返回两院全体会议讨论是否通过，在此阶段不能对方案进行修改，要么通过，要么不通过，如果方案在这一环节获得通过，则该方案将送交总统签署成为法律。如果总统否决了此提案，需要参众两院三分之二多数通过才能推翻总统的否决，议案仍能成为法律。

国会还有相关工作机构为其提供保障服务，最主要的有3个，分别是政府问责办公室、国会预算办公室、国会研究服务处。

政府问责办公室是一个独立的、不分党派的审计机构，其职责是调查、监督联邦政府如何花费纳税人的钱。该办公室有些调查工作是应某些国会委员会或小组委员会的请求而进行的，它也会根据法律要求或特定的委员会报

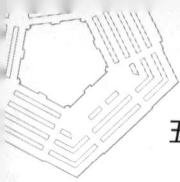

告主动展开调查行动。政府问责办公室也在总审计长的授权下进行一些独立的研究工作。在监督方面，它对联邦政府机构的支出进行审计，以保证资金被运用到适当的地方，当有人指控联邦政府出现了不合法的行为或不适当的行为时，展开调查，为国会分析、设计新的政策选项，签发关于政府机构行为及法规的合法性意见书。该办公室主任由美国总审计长担任，总审计长任期长达 15 年，先由国会提名候选人，再由总统任命，并经参议院认可。该办公室每年都要发布许多报告，揭示包括国防部在内的联邦政府项目超支现象，对于它的建议，国防部必须回应，如果不予采纳，应当说明理由。

国会预算办公室是支持国会开展与预算有关工作的支持机构，包括提供客观的、无党派偏见的分析报告，阐明与联邦预算有关的经济和政治问题。它的具体工作包括对各种期限的联邦预算问题及宽泛的经济问题进行研究，对总统提交国会的预算案进行分析等。该办公室主任人选由两院的预算委员会酝酿提出，共同任命。

国会研究服务处是为国会和社会公众提供信息服务的机构，主要职责是不计党派为两院委员会及议员提供政策、法律研究报告，其提供的大量分析报告在立法确定预算优先项目时会发挥重要作用。该机构主任由国会图书馆馆长任命。国会研究服务处对美国国防部科技政策、成果转化、人员队伍等情况进行了大量研究，这些报告在国会决策中发挥了重要作用。

二、政治官员任命监督

根据国会的监督职能，美国国会可以按照一定程序，对任何政府官员提起监督议题，包括举行监督听证会、调查听证会等。除此之外，对重要官员的任命确认也是一种监督。典型科技官员多是政治任命官员，需要国防部长提名并由参议院进行确认，只有确认通过后才能正式任命，确认的过程也是监督的过程。政治官员任命过程中，第一个步骤是总统人事办公室根据总统

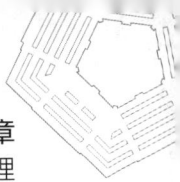

的意图挑选候选人。第二个步骤是白宫进行审查，目的是确保候选人在法律上具备任职资格，且不会给总统带来可能的尴尬或耻辱。所有候选人都会收到若干须填写的表格，这些表格要求他们详细地公开其私人生活和职业生涯的每个方面，包括工作经历、药物使用、个人心理咨询、财务投资，甚至超过 150 美元的交通违章罚款等。第三个步骤是将候选人文件送交参议院，写有被提名者的文件被放置在专门的信封内，加蜡密封，总统以书面形式递交参议院秘书。第四个步骤是参议院审议，参议院将每一个提名送交适当的委员会，国防部官员一般由武装部队委员会进行审核。审核完成，委员会就会举行有关被提名者的听证会，并将被提名者提交参议院全体议员考虑和批准。大多数提名由参议院以口头表决方式批准。①

国防部长的提名过程很具有代表性。2006 年，小布什总统提名罗伯特·盖茨担任国防部长，以接替离职的拉姆斯菲尔德。在冗长复杂的批准程序中，白宫法律顾问首先对盖茨进行道德行为审查，包括他的公司董事会成员资格、投资及其他相关事务。盖茨曾任中央情报局副局长、局长，参加过提名听证会，也曾有机会接触顶级的美国机密，但他仍然需要同其他重要职位提名人一样，填写一张巨细无遗的 SF86 号联邦表格——《重要职务的安全调查表》，还必须填写《财产公开声明》等各种文件。为了确保不出任何差错，盖茨花费 4 万美元，聘请了一家专门填写此类表格的华盛顿律师事务所来办理。按照参议院武装部队委员会的要求，还要填写一份长达 65 页的问卷，可以请人帮助，但本人必须审阅熟悉内容并署名，提名听证会上会随时被提问。② 武装部队委员会的听证过程，先由委员会主席和相关议员介绍情况，被提名人陈述，再

① 戴维·马格莱比，保罗·莱特. 民治政府：美国政府与政治 [M]. 吴爱明，夏宏图，译. 23 版. 北京：中国人民大学出版社，2014：268.

② 盖茨. 责任：美国前国防部部长罗伯特·盖茨回忆录 [M]. 陈逾前，迮东晨，王正林，译. 广州：广东人民出版社，2016：10.

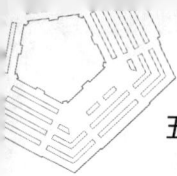

进行提问问答。对盖茨的听证持续了一天，当天晚上武装部队委员会一致同意将提名推荐给参议院全会。第二天，参议院以 95 票赞成、2 票反对的结果批准了提名，有 3 名参议员没有投票。[①]

通常参议院很少反对总统的提名，但有时会拖延时间，以此向白宫施压或者要求被提名人配合开展进一步的调查。2021 年 8 月 3 日，美国国防部新一任华裔研究与工程副部长徐若冰正式宣誓就职，成为美国国防部历史上级别最高的亚裔文职官员。徐若冰 4 月获得拜登总统提名，5 月 25 日参加参议院举行的提名人选确认听证会，但由于其与国防承包商联系紧密，参议院议员对高级科技官员（包括采办管理官员）大多来源于国防承包商的问题进行了大量讨论，该任命被冻结长达 3 个月之久。在做出回避相关利益的承诺后，7 月 22 日徐若冰获得参议院全院确认。

三、预算审查监督

《国防授权法》是美国国会年度通过、明确国防预算和开支的联邦法律，以国会立法形式对国防相关活动和预算保障进行授权。立法起草与预算审查过程也是国会对国防计划项目安排和官员拟定的大小任务的监督过程。

国会武装部队委员会每年都制定一个年度国防授权法案。而国防部等行政部门要拿到经费，还要经过拨款委员会起草的法案通过后才可以。国防经费主要由拨款委员会下设的国防拨款小组委员会负责。武装部队委员会负责国防项目的授权，而拨款委员会中的国防拨款小组委员会具体负责这些项目的拨款，在没有获得授权之前，拨款部门不得拨款。假如授权和拨款部门对于某项立法的意见不一致，可以使用两条简单的决策规则来解决问题，一是

---

① 盖茨. 责任：美国前国防部部长罗伯特·盖茨回忆录 [M]. 陈逾前，迩东晨，王正林，译. 广州：广东人民出版社，2016：19.

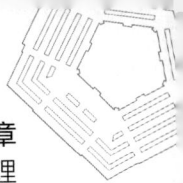

拨款法案在数额规定方面拥有决定权；二是后一项法案（即拨款法案）在与前一项法案（即授权法案）产生矛盾时，在有矛盾的方面后一项法案拥有最后的拍板权。

国防部的预算一般先在国防部内部由主计长办公室（副部长级别）进行汇总平衡，之后按程序提交联邦管理与预算局，最后形成由总统签批的总统预算申请，并于次年2月第一个星期一之前提交国会，主要由众议院与参议院的武装部队委员会进行审议。审议过程中，委员会会召开听证会，向各类项目涉及的国防部有关部局以及军种相关机构领导提出质询，要求解释与预算申请有关的问题。每个议员都有不同数量的助手，有些助手对预算非常熟悉，他们在会前或会后会辅助议员进行议题材料审查，向议员提出需要质询的问题和修改法律文本的建议。议员当场提问，国防部官员回答。授权法案、拨款法案形成过程基本都是大量的听证和询问过程，比如，在对国防高级研究计划局（DARPA）预算审查时，DARPA局长会就本财年工作进行陈述，就下一财年计划进行汇报，然后接受议员们的询问。除预算过程的审查和听证监督外，国会还可就某些专门事务进行听证监督。"9·11"事件后，DARPA一度大量支持能够快速应用的项目，受到部分大学学者的疑问，认为DARPA不再重视基础研究，偏离了使命追求，引发众议院议员的关注和监督。国会为此进行了听证，时任DARPA局长的特瑟在听证会上极力解释，运用经费投入数据进行详细说明，并向参加听证的众议员提供了大量证明材料。

四、专门机构调查监督

国会所属的政府问责办公室（GAO）是国会专职监督部门，其基本职责是调查、监督联邦政府如何使用财政资金情况，及时为国会提供客观、无党派偏见、公正公平的调查结果。该办公室每年都要发布许多报告，揭示包括

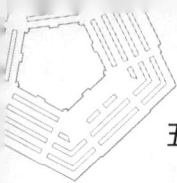

国防部在内的联邦政府项目管理不善、超支现象，对于它的建议，联邦部门必须回应，如果不予采纳，应当说明理由。为更好地接受公众的监督，确保审查监督的有效性与公正性，政府问责办公室会在向国会提供各种审查报告（含秘密内容的除外）的同时，还将报告作为政府问责办公室的产品，通过公开出版物出版或直接在互联网上公开，社会公众可以随时获取最新的审查报告。

政府问责办公室设有专门负责军事技术开发和武器采办事务监督的工作部门，监督对象包括每年花费数千亿经费采购武器系统、综合空间系统以及先进技术和大量保障物资与服务的国防部、国家航空航天局、国土安全部等部门。政府问责办公室每年都向国会提交军事技术发展与采办方面的监督评估报告。比如，2009 年，政府问责办公室根据众议院武装部队委员会要求发布报告，对国防部正在探索的"全球快速打击"计划进行评估，对"猎鹰"计划、"战略轰炸机"计划、X-37B 轨道试验飞行器计划等多个计划中的项目实施了全面审查。GAO 指出，国防部未对相关的重要能力进行全面评估，包括：信息收集与分发；情报、侦察与监视；指挥、控制与通信；毁伤评估等。报告认为，虽然国防部确立了一些实现全球快速打击的投资重点，但没有制定优先发展全球快速打击的投资战略，而全面的投资战略是全球快速打击能力采办、管理与决策的重要支撑。针对这些问题，政府问责办公室建议国防部应加强内部沟通与交流以强化全球快速打击计划的实施，确定全球快速打击所需能力并制定可承受且持续的优先发展投资战略。

政府问责办公室还专门负责个人或机构对联邦政府部门招标项目的投标抗议问题的调查处理工作，根据调查做出合法性处理决定，最后由政府问责办公室总法律顾问发布法律决议、意见、投标抗议报告。如 2014 年，国防高级研究计划局将远程反舰导弹项目（LRASM）以单一来源合同的形式授予洛克希德·马丁公司，雷声公司为此向政府问责办公室提出抗议申诉，经调查，

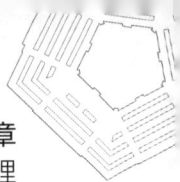

政府问责办公室认为，洛克希德·马丁公司是这个项目唯一最具竞争力的投标方，国防高级研究计划局选定承包商的过程符合法定程序，依法否定了雷声公司的抗议。政府问责办公室提出的处理意见，虽然不具备强制性，但争议双方一般都比较认同，涉及国防部的问题，国防部也会改进落实。

第三节　国防部内部监督

科技官员是美国国防部的重要权力群体，也是美国行政系统中的重要监督对象。从行政监督的角度来看，他们不仅要接受整个联邦政府对官员的监督，也要遵从国防部具有部门特点的监督要求。国防部对科技官员的监督，总体上可以分为偏重预防教化的道德行为规制和偏重问题查纠的职责事务监察。

一、道德行为规制

道德行为规制是对联邦政府工作人员在职业伦理、行为规范、利益关系等方面进行预防、教化、调整的一系列活动的统称。它以基本职业行为为监督对象，注重思想引导和行为规范，是一种预防性、基础性监督。

（一）主管机构

联邦政府专设有道德署（the Office of Government Ethics，OGE），负责制定行政部门道德行为规章、管理政府各级官员财产申报、监督政府官员道德行为等工作。该办公室由总统直接领导，向总统和国会汇报工作，同时，在联邦政府主要部门设立分支机构，主管相应事项。

国防部道德行为管理工作主要由国防法律服务局（Defence Legal Services Agency，DLSA）下设的行为标准办公室负责。国防法律服务局的主要职责是

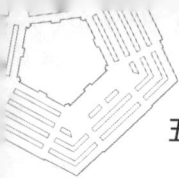

为国防部立法规划提供技术支持和援助，制定国防部行为标准政策并监督执行，管理国防工业保密调查审查计划等。国防法律服务局局长由国防部法律总顾问兼任。国防部法律总顾问是国防部长和常务副部长在国防法律事务方面的首席参谋助理和顾问，是国防部首席法律官员，也是国防部指定的道德官员，其中一名副总顾问主管行为标准事务，负责监督制定国防部道德行为标准计划，指导陆海空军和国防部各部门相关业务。行为标准办公室依据联邦和国防部的要求制定政策，配合道德监督委员会开展工作，该办公室律师负责向国防部长办公厅、联合参谋部等机构提供咨询建议，并负责对国防部的行为标准做出解释。

（二）法律法规

美国联邦政府以 1978 年《政府道德法》、1989 年《道德改革法》及 1992 年《行政部门雇员道德行为准则》等法规为基本遵循，开展所属人员道德行为规制工作。上述法规对联邦政府工作人员的道德行为要求广泛而细密，涉及财产申报、收受礼物、接受报酬、旅差旅游、滥用职权等多个方面，且每个方面都有详细的规定，比如，在收受礼物上，《行政部门雇员道德行为准则》除第一章总则和最后一章相关法律授权外，其余 7 章中有 2 章是关于礼物方面的规定，礼物包括任何奖励、好处、折扣、娱乐、招待，以及以实物、购物券、提前支付或事后报销方式提供的服务、培训、交通、当地旅游及住宿等。凡是与职务影响有关的礼物一般都不能收受，就是对可以收受礼物的例外情形也有具体规定，如雇员每次可以从一个来源接受非索取、总市场价值不超过 20 美元的礼物，一个日历年内从一个来源处获得的单项礼物总计不得超过 50 美元，而且这种例外不适用于现金、证券、债券或存单。该准则还附有案例说明：国防制图局某雇员受邀到制图者协会就该机构在导弹技术发展过程中的角色问题发表演讲，受赠一个价值 18 美元的装框地图和一本

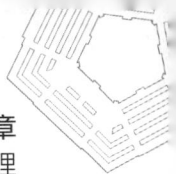

价值 15 美元的关于制图历史的书，按照规定，该雇员只能接受其中一个礼物。联邦法规对一些隐性好处也有严格要求，《联邦旅差条例》[①]规定，所有行政部门每半年要向政府道德署按照固定格式报告从非联邦来源获得的旅行报酬情况。

除了遵守联邦政府统一要求外，国防部在其人员道德规制方面也有大量指令、指示及规定。按照《行政部门雇员道德行为准则》[②]，制定了《国防部雇员道德行为补充规定》[③]，该规定共有 7 个部分，对礼物等限制进一步细化，颁布了美国国防部人员《行为准则》（国防部第 5500.07 号指令），出台了国防部《联合道德规定》（国防部 5500.7-R），还编印了许多操作指南，比如，《国防部雇员行为准则指南》《道德顾问基础》《道德顾问手册》等，把细密的道德行为标准具体化，以便于国防部所有人员熟知和遵守。国防部行为标准办公室对诸如到合同商驻地的交通选择这样的细小问题都做了详细的要求，使用公车、租车或乘坐飞机，都有严格的规定，期间接受的旅行报酬要使用制式的记录卡进行填报，并向所在机构道德顾问和行为标准办公室提交报告。如果国防部人员不能确定自己的行为或决定是否符合要求，是否违反法律或条例，应向所在机构道德顾问、指定道德官员或国防部法律顾问咨询。

国防部负责教育活动的部门制定的《雇员道德行为准则指南》，通过生动形象的实例说明，使行为标准更好理解，如在接受利益相关方招待方面举例：帕蒂（Petty）是一名国防部雇员，每周都会与某国防合同商的代表进行非正式会谈，而且合同商礼节性地为她提供一份简单早点，按照国防《行政部门雇员道德行为准则》，这样连续接受早点招待不被允许。在收受礼物方面举例：汤姆（Tom）是一名国防部雇员，国防承包商给其两张棒球票，每张价值 30

[①] 美国《联邦法规汇编》第 41 卷第 304-1 部分（41C.F.R. Part 304-1）。

[②] 美国《联邦法规汇编》第 5 卷第 2635 部分（5C.F.R. Part 2635）。

[③] 美国《联邦法规汇编》第 5 卷第 3601 部分（5C.F.R. Part 3601）。

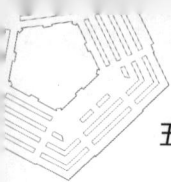

美元，由于票价超过可以接受价值 20 美元以内礼物的规定限制，汤姆只能在付给合同商 60 美元的情况下才能接受该棒球票，不能把 20 美元限制作为折扣，只付给合同商 40 美元。①

为了推动复杂细致的法规制度落实，国防部各机构都要组织开展道德培训。根据国防部相关指令要求，每个机构都要指定道德官员，制定年度道德培训计划，开展年度道德培训，以保证这些具体要求能够得到有效落实。国防信息系统局（DISA）、国防情报局（DIA）、国防高级研究计划局（DARPA）等国防部业务局的道德行为培训落实情况还要定期接受国防部行为标准办公室的指导和检查，而且联邦政府道德署也要进行检查，并在其网站上定期公布检查结果，对检查提出的问题落实情况还要进行回访监督。国防部行为标准办公室主要检查国防部道德要求和对象单位具体道德要求的执行情况，检查内容包括：道德项目的组成和人员，公开的财产申报和秘密的财产申报，道德教育和培训，道德咨询和服务，以及外部活动管理等情况，检查报告送指定的机构道德官员、机构首脑，该机构要在 60 天内将检查建议落实情况报国防部行为标准办公室，该办公室再进行跟踪检查问效。美国国防部人员《行为准则》（国防部第 5500.07 号指令）要求，国防部部局领导要确保其机构的道德计划正常执行；任命机关指定道德官员和其替代者；确保指定道德官员能够解决道德规范和行为准则中存在的矛盾；确保指定道德官员能够得到充足资源以高效执行道德计划；本机构制定的补充、限制、修正本指令相关文件必须得到国防部法律总顾问审查同意。

（三）利益冲突防治

所谓"利益冲突"（Conflict of Interest），是指政府官员公职上所代表的

---

① US Department of Defense. Employees' guide to the standards of conduct[R]. 2022.

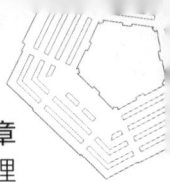

公共利益和其自身所具有的私人利益二者之间的冲突。^① 避免和防止利益冲突是联邦政府道德行为规制的核心。财产申报是防治利益冲突的基础环节，分公开申报和秘密申报两种，公开申报由联邦政府道德署直接负责，个人财产报告向社会公开，GS–15 级以上官员，包括高级行政官员，以及总统、副总统都必须公开申报，GS–15 级或以下官员进行秘密财产申报，由本部门专职人员负责，不予公开。公开申报和秘密申报内容相似，包括个人以及配偶和未成年人子女的财产状况，如股票、债券、养老金、能带来收入的不动产、个人通过其他劳动和投资及奖励所获得的利益、接受礼品、住房及招待消费、本人在外任职情况及为将来所做的安排和制订的个人协议等。具体来说，从联邦政府之外的任何来源得到的超过 200 美元的红利、租金、利息的来源、种类、数量和价值，以及从非亲属外收受的累计价值超过 250 美元的所有礼品等都要申报。

政府官员在任命前，都要进行财产申报和审查，发现问题就需要进行资产处理。比如，被提名官员的材料提交国会前，白宫和政府道德署要对其个人财产申报表进行一次初审，检查是否存在着潜在的利益冲突。若存在则采取相应的补救措施。正式提名后，政府道德署还要进行正式审查，审查报告一并提交国会。如发现存在可能的利益冲突，就需要采取取消资格（Disqualification）、豁免（Waivers）、财产处理（Divestiture）等措施。财产处理时，可以卖掉相关资产，消除利益冲突，若不愿出售，可将其资产委托给政府安排的不知名的信托人管理。《行政部门雇员道德行为准则》列举案例说明：某空军雇员拥有一家主要的飞机发动机制造商的股票，他正在被考虑提拔到一个新的职位，负责开发新型战斗机，如果空军道德管理机构认定空军有关战斗机的工程和相关决定会直接和可预期地影响雇员的财务利益，

---

① 本书编委会. 反腐败: 防止利益冲突的理论与实践[M].北京: 中国方正出版社，2012: 7.

就需要雇员出售其股票才能获得提拔。

政府官员在履行公务中，遇到利益冲突问题可以选择回避。在离开政府部门后，也会带来新的利益冲突，离职官员利用原来的职位、人际关系及所掌握的信息为自己或私人组织谋取利益。《行政部门雇员道德行为准则》包括各部门的补充规定均对离职官员的行为进行了限制，比如，任何政府官员或雇员离职后，永远不准就某项他在职时曾亲自和实质性参与的特定事项，故意担当他人的代理或律师在正式或非正式场合出面，或以施加影响为动机，与政府部门工作人员进行口头或书面联系。任何政府官员或雇员离职2年之内，不准就其曾负有公务职责的特定事项，故意担当他人的代理或律师在正式或非正式场合出面，或以施加影响的动机代表他人与政府部门工作人员进行口头或书面的联系。在这一基础上，规定还对行政部门高级官员离职后行为进行了更加严格的限制，比如，任何政府高级雇员离职后2年之内，不准就其在职时亲自和实质性参与的事项，故意协助或提供顾问和咨询服务。任何政府高级官员或雇员在离职后1年内，不准就某事项与原任职单位交涉，不论其过去曾参与此事项与否。以上要求，如有违反，情节严重的可作为刑事犯罪进行处罚。

二、职责事务监察

即使对联邦政府人员进行严格的道德教育和规范引导，也难以避免政府人员在职责行为中发生贪腐。在以监督制衡为重要特征的美国政治结构中，行政系统内部也有很多或总体、或专业的监督机构，对不同领域的业务活动进行审查、审计、调查等，比如，国防部每年都要签订大量采购合同，相应的也有国防合同审计局进行专门检查监督，对合同商进行审查审计。国防部还有一个机构即总监察长办公室，负责事务监察，是对官员行为监察的典型

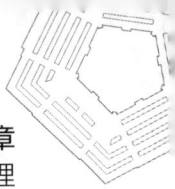

机构。

国防部总监察长依据公法 97-252 第 1117 部分和 1983 财年《国防授权法》建立，是国防部长在审计和犯罪调查，以及预防和侦查国防部项目与运行中欺诈、浪费、权力滥用等事务方面的首要参谋顾问。主要职责是制定对欺诈、浪费、权力滥用等问题进行审计、调查、评估、检查的政策和指南，发起、执行、监督及合作办理审计、调查、评估、检查等事务。按照国防部第 5106.01 号指令《总监察长》，总监察长下设常务副总监察长、负责审计和调查的副总监察长，以及审计、行政调查等 7 个业务部门，还有行政管理、通信与国会联系、法律顾问、巡视官等工作办公室。

总监察长办公室的预算是独立的，由国会批准，国防部长不能用经费来限制总监察长办公室的业务活动。每项审查调查活动结束后，总监察长办公室都要发布工作报告，同时，总监察长每半年还要向国会提交工作情况报告，就投诉、举报和有关事项的调查情况向国会报告。总监察长的报告通过国防部长转交国会，国防部长没有权利修改总监察长的报告。

作为监督部门，国防部总监察长的工作职权比较特殊，可以在任何时间对国防部内任何机构实施临时检查，可以查看国防部部局与业务相关的所有记录（电子形式或其他形式）、报告、调查情况、审计报告、文件、论文、推荐信及其他信息或材料。国防部长和常务副部长不能阻止总监察长发起并开展的审计、调查及检查工作，也不能阻止或禁止其在审计、调查过程中发出任何传唤。除了国防部长书面明确限定外，国防部部局和军种中的任何人员都不能拒绝国防部总监察长或其委派的人员收集信息，阻止执行审计、调查、检查工作。按照国防部第 5210.56 号指令《国防部执法和安保人员使用强力和携带枪械》有关规定，国防部总监察长办公室人员工作时可以携带枪械。

美国国会政府问责办公室和国防部总监察长办公室没有领导与被领导关系，是互相协作、互相补充的工作关系。政府问责办公室对国防部的审计主

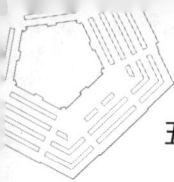

要是事前和事后审计，事中审计则交给总监察长办公室进行。国防部总监察长作为联邦总审计长在国防部的主要联络人，负责协调与政府问责办公室有关的调查、检查、报告和其他活动，监督和分发有关政府问责办公室的活动信息，避免工作重复。

作为国防部重要监督部门，国防部总监察长通过设立举报热线、接受投诉、接收国会议员反映等多种方式收集问题，并根据问题进行审计、调查和监督。以 DARPA 为例，2011 年 3 月 3 日，《洛杉矶时报》报道了 DARPA 局长杜甘与其原来成立的 RedX 公司在合同上的不正当关系问题。3 月 24 日，美国众议院议员、监督事务与政府改革委员会主席给国防部长写信说明，3 月 30 日，互联网上也出现了质疑杜甘与 RedX 在合同上的不正当关系的文章。后来，美国媒体和公众也对此多有反映，国防部总监察长开始调查。国防部总监察长办公室的调查人员与杜甘本人进行了谈话，走访了 33 个熟悉相关事项的证人，并查看了 DARPA 相关的记录、文件、合同等资料，最后形成长达 69 页的调查报告。2013 年 4 月 9 日，编号为 20121204-000984 的审计报告发布，由于涉及国防秘密以及其他事项，公开版本多处进行了技术覆盖处理。调查认为，国防部《联合道德条例》禁止官员利用其政府职位为商业产品、服务或企业背书，杜甘违反了《联合道德条例》的背书要求，利用国防部高级官员身份，采用RedX 公司生产的产品和其他由 RedX 公司销售的产品。2012 年 12 月 5 日，杜甘在收到初步审计报告后，并不认同审查结果，后来，经总监察长办公室认真研究，最后坚持了审计结果[①]。最终，杜甘于 2012 年 3 月 28 日辞职（2009 年 7 月 2 日被国防部长提名，2009 年 7 月 20 日上任）。

---

① Department of Defense Inspector General. Report of investigation: Dr. Regina E. Dugan, former senior executive service, former director, Defense Advanced Research Projects Agency[R]. 2013.

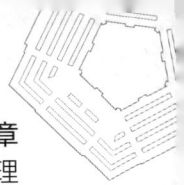

三、处罚

针对欺诈、浪费及权力滥用等行为表现的复杂性，美国政府也通过不同层次、多部法规给予规范，《美国法典》第 10 篇、第 31 篇、第 41 篇都有相关章节对联邦研发和采办合同履行过程中不正当行为的处理程序和措施，《联邦采办条例》也在第 3 部分相关章节对不正当行为和不法谋取私利的处罚作出规定。

对于国防部人员在研发和采办过程中存在谋取未来工作职位、索取钱财物品、透露竞争信息等不正当行为的，要依照《联邦采购政策办公室法》进行行政、民事或刑事处罚。行政处罚主要是按照联邦政府雇员的处分规定，进行斥责、警告、调换工作、记过、扣薪、停止晋升、停薪、降级、免职。如对实施不正当招标行为且又不听劝阻的人员，要按《联邦法规汇编》第 5 卷 2635.604（d）的规定采取相应的部局行政处罚措施。民事处罚主要是对造成的损失或损害进行赔偿，刑事处罚主要是对于涉及刑事犯罪的行为，由联邦调查局等机构实施调查，根据调查结果，由司法部检察官向联邦法官提起诉讼。越南战争期间，高级研究计划局副局长戈德尔负责灵巧计划，该计划由国防部针对越南战场设立，经费量大，戈德尔因被指控侵吞款项而被联邦调查局带走，经联邦法院审理，戈德尔因挪用公款和阴谋滥用政府资金两项罪名两罪并罚，被判处 5 年有期徒刑[①]。

对于承包商，国防部和联邦相关部门发现存在利益冲突或违法行为时，根据具体情况，对个人可处以 10 万美元以下罚款，对承包商可处以 100 万美元以下罚款；如果合同尚未签订，则直接取消该采办项目；如果合同已经签订，则根据《联邦采办条例》的相关规定，对价格或费用进行调整，收回承包商利润，或者直接撤销合同，收回该项合同下的开支金额。如果发现承包商存在行贿

---

① ACOBSEN A. The Pentagon's brain[M]. New York：Hachette Book Goup，2015：180.

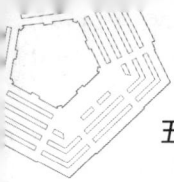

行为，则根据情节严重程度和实际情况，终止承包商继续履行合同的权利，或者暂缓签订合同，或者宣布撤销和废除合同，并向承包商征收惩罚性的赔偿金。

四、典型案例

2004 年，美军发生国防采办领域重大腐败案，空军负责采办的助理部长首席帮办达琳·朱云（Darleen Druyun）为了自己的利益，在与波音公司的合同交易中以权谋私，最终受到查处。

朱云是美空军负责采办工作的第二号人物，每年掌握着 300 多亿美元的采办预算，被认为是国防部最有权势的女性之一。朱云负责大多数与波音公司的合同谈判。2000 年，当空军考虑更新 C-130 运输机航空电子控制系统时，朱云选择波音公司而非洛克希德·马丁公司承接这一价值达 40 亿美元的合同。工业分析家为此感到震惊，因为这些运输机是洛克希德·马丁公司制造的，而且该公司被认为是最有可能的承包商。朱云之所以这样做，是想要运用手中的权力来为自己牟利，她打电话给波音公司首席财务官迈克尔·西尔斯（Michael Sears），要求后者为其女儿的未婚夫安排工作，波音公司马上照办。3 个月后，由于合同还在考虑中，朱云再次要求为她的女儿安排工作，波音再次很快做了安排。在朱云的女儿和未来女婿都到波音上班之后，她同意给予波音公司 40 亿美元的合同。

此后不久，波音公司提出要以 235 亿美元为租金把 100 架 767A 大型运输机租赁给空军作空中加油机。在谈判过程中，朱云本应尽可能压低波音公司的价格得到最好的产品，但她却站在波音公司一边，结果将数十亿额外支出让利给波音公司。朱云这样做有自己的动机，在谈判过程中，她女儿在给迈克尔·西尔斯的电子邮件中提到朱云将要从空军退休，希望得到一个富于挑战性的高级职位，并强调波音公司的工作很有吸引力。

2002 年 10 月，在谈判的重要阶段中，朱云和西尔斯曾会面，讨论她所建

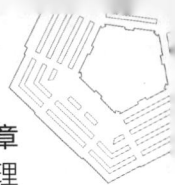

议的在波音的工作以及波音承担的 F-22 战斗机合同事宜。西尔斯立即给波音公司的首席执行官菲尔·康迪特（Phil Condit）发了一封电子邮件，报告了双方谈妥的职位、工作地点和年薪条件。2002 年 11 月，朱云接受了波音导弹防卫系统公司副总经理的职位，年薪 25 万美元，外加 5 万美元奖金。

波音公司内部涉及朱云的相关电子邮件在参议员约翰·麦凯恩（John McCain）调查空中加油机问题时被发现，联邦调查局和国防部总监察长随后展开调查。调查结果显示，由于朱云的行为，纳税人多付给了波音公司将近 60 亿美元。此外，在国防部调查过程中，朱云还承认在给波音公司另两项价值共计 500 亿美元的合同中也存在舞弊行为。

根据美国法律，朱云为其本人谋职以及让女儿间接参与谈判此事违反了《美国法典》第 18 篇（犯罪刑事诉讼程序）第 208（a）和 216（a）（2）条款。朱云最后承认犯了重罪，被判刑 9 个月，波音公司首席财务官迈克尔·西尔斯也被判刑。波音公司被判支付 5.65 亿美元的民事赔偿和 5000 万美元的罚款，并承担其雇员的行为责任。

该腐败案发生后，波音公司名誉受到极大影响，军品业务遭受重创，不仅波音 767 飞机的租购计划被国防部下令暂停，而且在与空中客车业务的竞争中被对手作为口实，十分被动；波音公司首席执行官菲尔·康迪特和首席财务官迈克尔·西尔斯因此辞职。该案对美国政府和军队也产生了极大影响。案发之前，朱云的主管官员、负责采办的空军助理部长马文·桑伯（Marvin Sambur）对其行为毫不知情，且其约 500 名下属中没有人知道朱云的所作所为。这起案件暴露出国防部高级官员离职后到军工企业出任高级职务的"旋转门"机制的诸多弊端，以及美军采办管理中反腐败机制的重大漏洞，使美国公众对国防部采办方面反腐败措施的效力产生了众多疑问，国防部形象也大为受损。这件事还直接导致与朱云关系密切的空军后勤司令部司令格雷戈里·马丁（Gregory Martin）出任美军太平洋司令部总司令的计划流产，空军部长詹

姆斯·罗奇（James Roche）和空军助理部长马文·桑伯辞职。

第四节　社会监督

社会监督包括新闻媒体、社会公众及社会组织等对政府人员的监督。新闻媒体善于捕捉各种关于政府官员的敏感信息，制造热点新闻，引起公众关注，推动政策议程，产生社会影响，此类情况大家比较熟悉，这里重点介绍社会组织监督情况。

社会组织一般被通称为非营利组织，具有组织性、民间性、自治性和志愿性等特点，其中，有的致力于科学教育，有的热衷于公益事业，有的专注于社会监督。美国《国内税收法典》专门规定，对从事宗教、慈善救助、科学、公共安全测试、教育等方面事业的社会组织可以获得免税资格。国防研发与采办常常受到一些具有监督功能的社会组织的关注。政府监督计划组织（Project On Government Oversight，POGO）就是这样一个典型的民间机构。

政府监督计划组织成立于 1981 年，是一个独立监督机构，主要对政府部门的贪污、渎职、利益纠纷等问题展开调查，使政府更高效、清廉、开放和富有道德正义。一直以来，美国国防部都是该组织的严密监督对象，20 世纪 80 年代美军装备采办中 7600 美元咖啡机、436 美元天价锤子等，都受到该组织猛烈抨击，并推动国防部对军事开支进行了一系列改革。

2011 年 5 月 9 日，政府监督计划组织执行主任丹妮尔·布莱恩（Danielle Brian）专门给国防部总监察长写信，对 DARPA 的合同授予、国防部道德法规、适用利益冲突等 8 个方面的问题给予关注，并敦促国防部进行调查①。受到这

---

① Project on government oversight letter[EB/OL].（2011–05–09）[2024–09–12]. https://docs. pogo.org/letter/2011/darpa–dod–oig–letter–20110509.pdf.

种监督机构的关注可不是好事，因为它与国会以及监察系统和媒体关系密切，随时都有可能把存在问题向外反映。而且，该组织负责调查的主管内克·斯威勒拜科（Nick Schwellenbach）一直在跟踪 DARPA 局长杜甘和她私人所有并且承担 DARPA 任务的 RedX 公司的相关线索。2011 年 8 月，DARPA 专门向政府监督计划组织写信解释相关问题，称国防部总监察长已经开始对 DARPA 进行审计，当前的审计主要是确定 DARPA 在选择、授予和管理合同以及分配 2011 财年和 2010 财年经费方面的适当性；另外，还对 DARPA 局长涉及单一来源事项情况以及该局长的道德问题进行调查，不过，调查认为 DARPA 的道德政策落实充分。2011 年 8 月 12 日，负责交流和国会联系事务的国防部总监察长助理约翰·R. 克瑞恩（John R. Crane）专门给政府监督计划组织执行主任回了信，通报对 DARPA 的审计结果，称没有发现 DARPA 存在不应该授出的合同，但存在合同适当性风险。由此可以看出，政府监督计划组织影响之大，监督对象以及监督对象的上级一般必须对它反映的问题进行调查并及时回复。

2011 年 8 月 17 日，政府监督计划组织提交了一份国防热线陈述，称 DARPA 信息创新办公室（I2O）与英国宇航系统公司阿尔法技术分公司（BAE/AlphaTech）建立了"旋转门"且存在利益冲突：2002—2010 年，BAE/AlphaTech 至少 8 名员工成为 DARPA 信息创新办公室的项目主任或咨询顾问。这些人在 DARPA 工作，然后又返回到其在 BAE 的高级职位，因此，在合同签订方面容易存在偏向。该组织还声称，由于 BAE/AlphaTech 在 2002—2010 年获得了超份额的合同项目，涉嫌合同上的利益输送，从而产生了利益冲突。①

---

① Department of Defense Inspector General. Defense Advanced Research Projects Agency's ethics program met federal government standards（DODIG–2013–039）[EB/OL].（2013–01–24）[2024–09–12]. https://media.defense.gov/2013/Jan/24/2001712799/–1/–1/1/DODIG–2013–039. pdf#:~:text=Our%20objective%20was%20to%20determine%20whether%20Defense%20Advanced.

国防部总监察长办公室专门启动"DARPA 道德项目符合联邦政府标准"专项调查，经国防部总监察长办公室调查，其反映的 8 人中 7 人为 BAE/AlphaTech 曾经的员工（表 9.3），该办公室对 7 名 DARPA 雇员的道德文件进行了审核后认为，DARPA 的道德官员为 7 名雇员提供了道德建议和培训，并将培训信息记录在 DARPA 的道德文件中，7 名雇员也按照要求完成了年度财务披露报告，并通过必要的授权和资格取消缓解了利益冲突（表 9.4）。另外，DARPA 为雇员提供了离职后的咨询意见，并说明了个人离职限制要求。调查发现，DARPA 并没有因为受项目主任来自于 BAE Systems 公司的影响而授予其合同，DARPA 的建议书评审和合同授予是公平的。虽然最后证明未发现这些雇员有非道德行为，但政府监督计划组织的工作还是受到国会两党议员、联邦政府工作人员、非营利机构、媒体等的欢迎。

表 9.3　2002—2010 财年曾经为 DARPA I2O 工作的前企业雇员

人员	之前受雇用的合同商	在 DARPA 工作前 1 年的雇主	当前雇主
B1	BAE	BAE	DARPA
B2	BAE	BAE	其他
B3	AphaTech/BAE	BAE	其他
B4	AlphaTech	其他	其他
B5	AlphaTech	其他	其他
B6	AlphaTech	AlphaTech	BAE
B7	其他	其他	BAE
B8	AlphaTech/BAE	无	无

资料来源：美国国防部总监察长报告（DODIG–2013–039）。

表 9.4　DARPA 提供给前 BAE/AlphaTech 雇员的道德服务情况

人员	服务内容					
	道德建议	道德培训	财务披露	与 BAE 相关的授权	与 BAE 相关的资格	离职建议
B1	是	是	是	是	N/A	N/ A
B2	是	是	是	是	N/A	是
B3	是	是	是	是	N/A	是
B4	是	是	是	N/A	N/A	是
B5	是	是	是	N/A	是	是
B6	是	是	是	N/A	是	是
B7	是	是	N/A	N/A	是	是

注：N/A = 不适用。

资料来源：美国国防部总监察长报告（DODIG–2013–039）。

第十章
美军典型科技官员与官僚关系

———

在美国政府官僚体制和权力分立架构下，科技管理不仅仅是科技本身的事情，它对科技官员的综合能力和平衡水平都存在着考验，"一个'公认的'科学家成为大学，或政府机构，或大实验室领导后，可以说是离开了科学共同体，必须在更大的领域内寻找职业标准、目标和刺激。当罗伯特·奥本海默离开加州大学物理学教授的岗位变为洛斯阿拉莫斯实验室主任时，他进入了不同的社会阶层，在那里，管理的和政治的技能优先于研究能力和成就。"[①] 美军科技官员是一个以科学技术专长为标识的官员群体，他们不仅要有出色的技术认知能力，还需要在五角大楼的复杂环境中协调处理各种关系。对于个体来说，不同的官员可能因驾驭能力、性格特征、条件境遇等因素影响，在官僚体系这个复杂方程式中解算出不同的职业结果。

———

① 约翰·齐曼. 元科学导论 [M]. 刘珺珺，等译. 长沙：湖南人民出版社，1988：106.

第一节　官僚组织与技术官僚

在学术研究的话语体系中，官僚并不是一个贬义词。官僚通常是指在政府中从事具体行政事务的官员。他们一般是政府的正式雇员，是政府政策制定和实施的主体力量，职位和职责划分明确，能定期考核和晋升，保持政治中立，致力于服务社会和国家。官僚是官僚组织的一部分，官僚组织一般是指政府各种组成部门所构成的具有层级化的结构和体系。官僚和官僚组织的出现都与技术革命和工业革命有关。近现代以来，工业革命影响不断扩大，经济社会结构日益复杂，政府部门在专业化、组织化等方面也形成了与之相适应的机构体系和制度规范，建立了以科层制为主要特征的官僚体制。

"官僚制是那些由任命的官员执行法律和政策的庞大组织的统称。"[①] 德国著名学者马克斯·韦伯（1864—1920 年）是官僚制研究的代表人物，他认为官僚制的标准包括：行政机构按等级制进行组织，每个职位有自己的权责范围。文官非由选举产生，是以文凭或考试认定的技术资历为准，文官根据职务等级获得固定薪水，行政工作是文官的职务，也是其唯一的工作，官员必须服从管理和纪律等。现代官僚制的思想基础是西方理性主义，融合了数学、机械、实验等科学技术领域的理念，具有诸如准确性、连续性、纪律性、严整性、可靠性及可预测性等特征，如同一个建立在可计算性基础上的高效运转的机械装置。韦伯对此种装置曾进行过夸张的比喻："法官最好就像个自动机器，从上面投入案件资料与费用，它就会从下面吐出判决、并机械式地从法条中

---

① 迈克尔·G. 罗斯金等. 政治科学（第十二版）[M]. 林震，等译. 北京：中国人民大学出版社，2014：263.

读出判决理由。"①

"现代组织管理的高度复杂性，已经把科层制结构造就成合理的、科学的组织形式，用以系统协调和控制人员众多的集体工作活动，完成规模巨大的工作任务。随着美国社会技术和社会变迁的飞速进展和日益复杂化，人们开始认识到，严密的组织协调和控制是保证正常运转功能的必要条件。"② 科层制结构具有专门分工、权力等级、法规制度及非人格氛围等基本特征，其中，法规制度是基础运行保障，比如，官僚组织中的权利和职责都是标准化并进行了明确规定的。

"随着官僚组织的发展，它们倾向于制定更多的成文规则体系，以涵盖它们可能遇到的各种情况。随着时间的推移，官僚组织会遇到各种情形，与创设之初相比，官僚组织学会了如何更有效率地处理此类情况。提高组织经验积累，使官僚组织中的官员制定出越来越多的、详细的规则。"③ 美军武器研发和采办就是典型的领域，《联邦采办条例》和《联邦采办条例国防部补充条例》对研发和采办工作进行了非常细致的规范，都多达近千页。不仅如此，美军还有大量的指令指示④，对国防研发和采办管理事务进行规范，5000系列为国防部组织机构职责分工，国防采办政策、采办程序、采办队伍、工

---

① 马克斯·韦伯. 经济与历史：支配的类型 [M]. 康乐，等译. 桂林：广西师范大学出版社，2004：52.

② 查尔斯·H. 科茨，罗兰·J. 佩里格林. 军事社会学 [M]. 北京大学国防学会，译. 北京：国防大学出版社，1986：102.

③ 安东尼·唐斯. 官僚制内幕 [M]. 郭小聪，等译. 北京：中国人民大学出版社，2017：20.

④ 美国国防部指令指示体系复杂，按照不同领域统一编号分成1000到8000八个系列：1000系列主要是部队编制、人员管理和队伍建设的综合性指令，2000系列为技术装备国际合作与交流，军备控制、反扩散与反恐等内容；3000系列为国际间，特别是与盟国军事科研合作；4000系列为部队基本设施；6000系列为军队医疗、卫生、保健等内容；7000系列为国防财务管理与审计等内容；8000系列为国防部的信息资源与信息技术管理、信息保障以及计算机网络等内容。

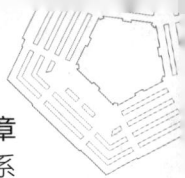

业能力评估、建模与仿真、试验与鉴定等内容。其中，指令是国防部根据法律制定的国防基本政策，用来规范国防部有关官员和部局在其职责范围内的行为；指示是贯彻执行国防部指令的实施办法和具体规定。美军还有大量关于采办的指南和操作手册，仅《国防采办指南》就有 800 多页。

官僚组织中的规则不断增加，其中一个明显的结果，即是增加官僚组织结构的复杂性，反过来增强了制定规则的惯性，这种情形容易产生恶性循环，进一步降低了官僚组织调整、适应新环境的能力。著名科学社会学家默顿指出，科层属员在长期压力之下变得谨小慎微、墨守成规，科层制作为实现效率的一般程序，在特殊情况下成为实现效率的阻碍，致使科层制组织抗拒新变化，科层制某些意在发挥正常功能的特点，实际上可能是致成反常功能的因素。"组织结构中抵触变迁的顽固势力是科层组织。军事机构的科层制上层建筑是最好的例子。"[1]

官僚组织不仅呈现出科层制，也带有官僚政治的色调。官僚政治是官僚组织在技术特征之外，政党政治、权力分立、官民关系等方面的复杂因素作用于整个组织运行中的综合体现，具有政治性、趋利性、自弊性等特征，主要体现在 3 个方面，一是唯上是从，政治任命官员需要在重大问题上与总统、与国会保持一致，如国防部长属于政治任命官员，由总统提名，参议院审查并确认，最后由总统任命，如果国防部长不能与总统认识一致，相左而行，总统可以撤换国防部长，另外，由于任命权力的影响，其他官员也会自动按照其上级的意图行事。二是利益关系，官员具有决策权力，利益集团通过各种关系游说、影响或者"绑架"官员成为官场政治的通则，"铁三角"就是典型的例子，在联邦政府某些具体或者特殊问题的决策中，由国会委员会或

---

① 查尔斯·H.科茨，罗兰·J.佩里格林. 军事社会学 [M]. 北京大学国防学会，译. 北京：国防大学出版社，1986：445.

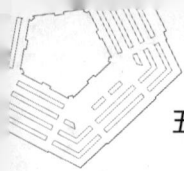

小组委员会、行政部门相关管理机构的职业官僚和相关利益集团这"三方"为代表所组成的特殊集团，会驱使决策朝着某些利益集团所设定的方向走。美国总统艾森豪威尔在其离职演说中专门提醒"军工复合体"关系复杂，侵蚀政府机构，影响公正公平。三是官僚主义，官僚利用他们自身的优势和手中所掌握的权力，以权谋利，办事拖沓，效率低下，甚至故意侵犯普通人的权力和自由，由此形成人们对官员群体风气的贬损性称呼。

"科层制组织强调知识技能的权威，强调技术专门化，强调以技术专门化和技术资格为基础的组织运转和职位填充。"① 随着社会问题的复杂化，越来越多的科学家和工程师正在融入公共管理领域，成为影响公共行政的重要力量。进入公共领域的技术专家也称"技术官僚"，这一管理型、专家型的新精英群体所具有的专业背景及其在科学领域中所具有的权威性，有利于促进政府决策的科学化。美国国防部、能源部、国土安全部这些需要依靠科学技术的行政部门，都安排了体系化的技术领导职位，从负责科学技术的副部长，到各主要分支或者下属机构，都有相应的科学技术主管官员。这些技术官僚自身形成了一个相对独立的群体，同时，他们也是整个美国官僚组织的一部分，既遵从着美国官僚体系的规范和约束，也浸染在以权力制衡为基础所构成的整个政治生态中，以技术官员群体的个性和特色，形成官僚关系中的一个独特的存在。

长期以来，几十万名文职人员和一百多万名军职人员形成了美国特有的国防官僚体制，这个庞大的体制具有非常沉重的历史惯性。2001 年 9 月 10 日，美国国防部长拉姆斯菲尔德在五角大楼演讲说到，"今天要说的是一个对美利坚合众国的安全构成了威胁，甚至严重威胁的敌人……它扼杀自由思想，

---

① 查尔斯·H. 科茨，罗兰·J. 佩里格林. 军事社会学 [M]. 北京大学国防学会，译. 北京：国防大学出版社，1986：110.

泯灭新观念……这个敌人就是五角大楼的官僚体制。"[①] 在科技管理岗位上，科技官员从科研角度上是科学家的代理人，从身份上又是五角大楼这个官僚机器的一部分，作为科学家，他们要尊重科技活动规律，尊重科学家和工程师的意愿，推动先进技术研发，为美军研制先进武器装备，作为体制官僚，他们要按照联邦政府的程序和要求，遵循美军各种规章制度，按部就班完成任务。每一个科技官员都有光彩的过去，也希望在军队里有所作为，但每一个官员也都有自己的个性特点，面对同样的任职环境，也可能会出现不同的结果。从历史的长线来看，科技官员在美军整个改革调整中都是积极适应者，部分还是重要推动者。

第二节　官僚生态中的职业变故

　　科技官员是美军官僚体系中的一部分，而且大部分典型科技官员是政治任命官员，他们处在复杂的行政关系、政治关系之中，不仅要与上级保持相同的政见，而且与国会也要保持良好的关系，甚至还要在公众中保持良好形象。大部分科技官员从科研活动中逐步脱颖而出走上管理岗位，由相对宽松自由的科研环境转换到等级规矩繁多的官场环境，往往需要适应官僚体制中的处事方式，适应多种利益交织所构成的关系网络，否则会产生履职挫折感，甚至影响其职业发展。

　　20 世纪 80 年代上半期，国防部连续两任研究与工程副部长自动离职，随后新设立的负责采办的副部长上任一年后也选择辞职。理查德·D. 德劳尔（Richard D. Delauer）于 1981 年担任国防部研究与工程副部长，第二次世界

---

① 　约翰·阿尔奎拉. 顽敌阻力重重的美军转型 [M]. 董浩云，李建涛，王一川，译.
北京：解放军出版社，2013：3.

大战期间在美国海军服役，曾任洛斯阿拉莫斯实验室核火箭反应堆实验测试项目官员。退役后加入刚刚成立的 TRW 太空技术实验室，先后担任 TRW 系统工程与集成部副主任兼总经理、集团副总裁兼总经理、集团执行副总裁，1984 年从国防部离职。接任德劳尔的唐纳德·A. 希克斯（Donald A. Hicks）第二次世界大战期间在美国陆军服役，先后在劳伦斯辐射实验室、波音公司、诺斯罗普公司任职，其中在诺斯罗普工作时间最长，曾担任部门技术副主任、研究与技术中心副主任、公司研究与技术副总裁、技术高级副总裁、营销与技术高级副总裁，1985 年从国防部离职。理查德·戈德温（Richard Philip Godwin）1986 年担任国防部采办副部长，第二次世界大战期间在海军服役，曾在原子能委员会工作，后在贝克特（Bechtel）公司任副总裁、执行副总裁。

这三位官员均有非常骄人的经历，而且彼时的研究与工程副部长、随后设立的采办副部长都掌管巨量经费，可谓位高权重，他们主动选择离开，与其难以适应当时复杂官僚关系直接相关。德劳尔在五角大楼任职期间经常直言不讳，他认为自己对五角大楼的采办和技术问题了解最多，常常毫不犹豫地讲出美国国防计划中的缺陷和不足，他曾公开表示，里根的"战略防御计划"可能要花上 20 年的时间，而且要比预期多花费数十亿美元。国防部长温伯格（Caspar Weinberger）要扩大军种在国防采办中的权力，支持海军先行先试，而德劳尔对此强烈不满。希克斯也是一个争强好胜的人，他与海军就新武器采办展开了激烈的争斗，最终未能赢得一席之地。[①] 在当时改革背景下，国防部长温伯格希望把新设立的采办副部长职位交给前任雇主贝克特公司总裁理查德·戈德温，希克斯将被任命为戈德温领导下的研究和工程署署长，希克斯认为这是一种降级任职便主动辞职。戈德温上任的背景是采办领域问

① KELLER B. Working Profile：Donald A. Hicks；Pentagon's New Yes-and-No Man on Weapons[EB/OL].（1986-02-18）[2024-4-26]. https：//www.nytimes.com/1986/02/18/us/working-profile-donald-a-hicks-pentagon-s-new-yes-and-no-man-on-weapons.html.

题层出不穷，浪费严重，空军为 B-52 轰炸机上一个凳子腿帽花 1000 美元，海军为一个家用铁锤花 436 美元，为一对弯嘴钳花 600 美元，为一个咖啡壶花 7600 美元[①]，这些问题根深蒂固，他试图进行改革，推行采用商业惯例，但最终徒劳无功，只能表达他对五角大楼的官僚主义及无法推动采购方式改革的无奈。

国防部作为一个庞大的组织机构，其运行管理和内外部关系固然复杂，但科技官员的处事风格和个性特点也是其任职变化的重要因素。2018 年美国国防部重新设立研究与工程副部长职位后，曾担任过国家航空航天局局长的格里芬调任该职位，尽管格里芬获得总统和国会的认同担任这一重要职务，但他争强好斗的行事风格却屡屡遭受诟病。在他任职的第二年 6 月，其办公室多名重要高官先后离职，包括战略能力办公室主任尚克、太空发展局局长肯尼迪，而且这两人与格里芬都是朋友，且都由格里芬亲自选任。格里芬 2019 年春提出将战略能力办公室并入 DARPA 的计划，陆续遭到作战司令部、参联会的强烈反对，国会也叫停相关重组安排。据悉，格里芬调取了尚克与国会议员的往来邮件，发现其对并入 DARPA 一事表达了异议，随后，格里芬召见尚克，要求其离职。2019 年 3 月，太空发展局成立，格里芬极力推动，功不可没，但肯尼迪与格里芬在太空发展局的规划、运行等方面意见不合，肯尼迪在发现格里芬开始面试取代其职位人选时，立即辞职[②]。

格里芬不仅在其办公室内部与官员多有不合，在与外部关系上也争议颇多。他对自己在军种关键技术投资方面缺乏预算管理权限多有不满，经常与

---

① 温斯洛·T.惠勒，劳伦斯·J.科布. 美国军事改革反思 [M]. 陈学惠，杜健，等译. 北京：军事科学出版社，2013：47.

② MEHTA A. Griffin makes case for why SCO should live under DARPA—and why its director had to go [EB/OL]. （2019-08-09）[2024-06-18]. https://www.defensenews.com/pentagon/2019/08/08/griffin-makes-case-for-why-sco-should-live-under-darpa-and-why-its-director-had-to-go/.

军种官员发生冲突，空军采办事务助理部长威尔·罗珀负责管理空军的太空和高超声速武器等发展，但格里芬希望对空军研发项目拥有更多控制权，由于意见分歧太大，两人形同陌路。任职国防部研究与工程副部长后，格里芬多次在国会提出缺乏管理权限、需要掌控项目资金和整体方向的问题。有国会前工作人员称，格里芬曾与不希望其办公室控制军队研发预算的议员断交。有国防部官员认为，国防部长马蒂斯辞职，常务副部长、首席管理官也处在代理状态，国防部存在领导力真空，助长了格里芬我行我素的行为。在多种因素的影响下，2020 年 6 月，格里芬宣布辞职。

第三节　利益关系中的因应能力

科技官员所负责监管的不论是研发工作还是采办工作，这些领域都涉及高额预算，由此会产生复杂的利益关系，有的利益关系比较直接，比如合同承包商与科技官员，有的利益关系比较隐晦，关系链条比较长，与科技官员看似没有直接工作关系，其实存在利益纠葛。一般来说，在美国政府较为严格的监督体制下，直接利益关系都会从形式上进行隔离，但工作关系所连带的间接利益关系，对科技官员来说是一个考验，需要科技官员从专业的科学判断和国家的站位立场进行处理。

美国国防部与军种在项目决策上往往存在不同意见，国防部科技官员时常会处在军种强大关系网的包围之中。在 20 世纪 60 年代末，国防研究与工程署在核试验探测项目、情报项目、空间项目等方面都设有专门机构，协调管理整个美军研发和采办项目。反弹道导弹计划早在 1950 年中期就已启动，在苏联卫星事件后获得了最高优先权。当时，美军仅有北美防空司令部的半自动地面防空系统（SAGE），当初是拦截轰炸机，苏联卫星事件后，陆军提

议把耐基—宙斯（NIKE-ZEUS）反弹道导弹系统变成一个应急项目，部署日期从 1963 年提前到 1961 年，这样会使项目年度预算从大约 2.5 亿美元提高到 7 亿美元，总造价则达到 70 亿美元。由于这个项目影响巨大，国防研究与工程署和总统科学咨询委员会审查后，认为这个项目缺乏技术可行性，无法把假目标与真正的弹头区分出来，而且不能解决雷达受核爆炸影响问题，主张加强被动防御，建议在优先基础上进行研发，不建议提早生产。1958 年底，艾森豪威尔批准了这个建议。陆军没有放弃，通过国会继续做工作，但国防研究与工程署还是持否定意见。

随着项目进入测试阶段，1960 年，陆军要求允许其使用朱庇特导弹作为靶弹，这个决定被国防研究与工程署署长约克否定，约克认为，这个只是借口，陆军想借此让准备停产的朱庇特导弹继续生产下去，因此他建议用空军的阿特拉斯导弹来代替。约克的决定让陆军部长很恼火，甚至对他进行了不同程度的威胁和责骂，约克作为一个科学家型官员，也有自己的看法，"他是陆军部长，他对我的所作所为感到狂怒，但我是从加州大学调来的，这个可怜的人也不能把我怎么样，而且他也知道这点。"① 这个问题最后到了国防部长那里，总统的科学咨询组织还成立了一个特别小组来裁决，经过两天的听证之后，支持了国防研究与工程署署长约克的决定。

为美军建立强大的技术支持体系是科技官员的职业追求，作为官僚的一部分，他们往往会忠于职守，摒弃门户之见，在体制的圈子里坚持为科技发展争取权力与利益。1993 年担任国防研究与工程署署长的安妮塔·K.琼斯（Anita K. Jones）就是这样的官员。安妮塔·K.琼斯（Anita K. Jones）于 1973 年获得卡内基梅隆大学计算机科学博士学位，她在大学和企业都有长时

---

① 王作跃. 在卫星的阴影下：美国总统科学顾问委员会与冷战中的美国 [M]. 安金辉，洪帆，译. 北京：北京大学出版社，2011：152.

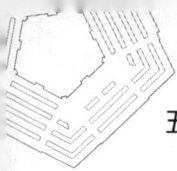

间工作经历，是一个富有强烈社会责任感的科学家和官员。1993 年到国防部任职时，正值冷战后美军预算大幅度削减，如何保留科技预算曾一度被她列为高优先级的工作。她说过，"如果想明天在美国经济中开花，今天就给研究的种子浇水并施肥。"在每个财年国防预算过程中，8 月，军种提交预算给国防部长办公厅。国防部长组织审查后，在下年 1 月把预算提交给总统。审查期间，国防部官员不仅关注自己的预算（国防部长办公厅内部的预算），还要关注相应业务领域的军种预算，确保自己分管的业务能够获得经费保障。琼斯任职第一年，空军提交了一份军种预算，科技预算项目减少了 1/3，大大降低了他们的科技投资水平。琼斯认为，这是一个辞职级别的问题，在预算下降的大背景下，可以容忍削减百分之几，但 30% 的削减会对空军的科学计划造成很大的破坏，她认为这是一个错误的做法，要尽一切力量改正。后来，她与空军部长和空军参谋长进行了面对面的交流，说明了她的考虑，并据理力争，最后，空军科技预算只有一些小的减少，而不是原来的 30%。琼斯在国会也有很大的影响力，经常在国会作证，特别是在众议院和参议院的武装部队委员会作证，议员们非常支持科学技术，有时他们会把她在五角大楼里损失的预算放回去①。

复杂的利益关系不仅影响科技官员个人的职业发展，对一个以高级技术人员为主体的科技组织也有着重要的冲击作用。国防科学委员会是美国国防部长的决策咨询机构，由国防部高级技术官员、科技企业高管、大学知名学者等组成，创立国防科学委员会的原因是为了在一些重要议题上可以获得不带偏见的、新颖的决策意见。但事实上，国防科学委员会的研究和建议却常常受到多种利益的纷扰，"一项研究所覆盖的范围和考虑的因素常常是你争

————————
① YOST J R. An interview with ANITA K. JONES on 24 June 2015（OH 476）[R]. Charles Babbage Institute Center for the History of Information Technology University of Minnesota, Computer Security History Project, 2015.

我夺的焦点。各军种以及国防研发的官僚机构都力图以某种方式来设定研究中所考虑的因素，以此来限定其可能产生的结果和范围。同时，各军种以及国防研发的官僚机构还寻求在研究过程中发挥其各自的影响力。""如果这项研究明显和他们的政策立场相冲突，他们将利用其他的研究来驳斥这项他们讨厌的研究结果，否则就指责该研究存在缺陷。"[1] 军工企业也是影响国防科学委员会的重要因素，不同的历史时期，委员会在企业、研究机构等人员的组成上也会有所变化。20 世纪 80 年代后期，越来越多的军工企业首席技术官加入委员会，委员中来自军工企业的成员占比很大，为特定的企业谋取利益所形成的利益冲突难以消除，影响了国防科学委员会的决策建议。

第四节　积习惯性中的持续变革

美国国防部是一个大型复杂组织，长期体制性、官僚性管理形成了大量繁复制度和沉重积习，这种沉疴积弊往往具有明显的职业化与非人格化特征，不仅缺乏灵活性，而且容易削弱个体与组织的积极性与创新性。与之相对应的是，研发和采办要适应技术和外部环境的变化，不断地做出调整和变革，以最先进的技术和最高效的方式，为美军提供强大的作战能力。部分科技官员志于创新突破，对官僚传统与习惯进行持续变革。

20 世纪 80 年代中期，美国新闻界对国防部武器试验鉴定作假、大量武器资金浪费等问题公开报道，在国会和社会公众中引起轩然大波。同时，美军在 80 年代初期几次军事行动失利，也遭到国会议员和国防部内部对美军组织指挥方面问题的批评和质疑。为此，里根总统任命尼克松当政期间的国防部

---

[1]　史密斯. 科学顾问：政策过程中的科学家 [M]. 温珂，李乐旋，周东华，译. 上海：上海交通大学出版社，2010：77.

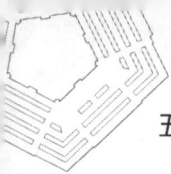

副部长帕卡德担任专门委员会主席，对这些问题进行调查并提出纠正建议。帕卡德就任副部长期间曾想好好改进采办制度，可是他任职只有两年，来不及把他最好的想法付诸实施。这一次他便有了第二个实施改革理念的机会。帕卡德邀请曾担任过国防研究与工程署署长的威廉·J.佩里加入委员会，在帕卡德指导和支持下，佩里提出了一张改革采办制度的蓝图。1986 年 4 月发表的委员会报告中有一章，题为"行动指南"，讲的就是采办改革，结论部分言简意赅：国防采办存在着严重问题，必须加以纠正。这些问题根深蒂固，是几十年来日益烦琐的官僚规章制度的产物。很多武器系统价格太高，研制时间太长，到部署的时候，技术已经过时。

委员会提了很多改革国防部采办制度的建议，这些建议的核心就是呼吁进行程序改革，其中包括从按军事规格定制改为采用工商业标准，从国防采办特有的采办方法改为传统的商业方法。国防部无法达到大众产品的经济规模，也无法像自由市场制度那样选定最创新、最有效的生产商。一般来说，单为军事目的、根据军事规格制作的产品比商业对等产品要昂贵得多。集成电路等电子产品无疑是最明显的例子。1986 年，国防部购买了几乎 20 亿美元的集成电路，其中大部分都是按军事规格定制的。军用集成电路的单位成本一般是商业用途集成电路的 3 ～ 10 倍。这是因为国防部要求进行广泛的试验、提供文件，生产的数量也小。此外，采购军用规格集成电路旷日持久。因此，军用集成电路比商业用途集成电路一般要落后 3 ～ 5 年[①]。

里根总统根据帕卡德委员会的建议，对国防部采取了一系列改革措施，包括在国防部设立采办副部长，但与采办相关的具体改革措施，虽然总统原则上批准了，但国防部长温伯格在实践上却未予执行，因此，佩里制定的采

---

① 艾什顿·卡特，威廉·J.佩里. 预防性防御：一项美国新安全战略 [M]. 胡利平，杨韵琴，译. 上海：上海人民出版社，2000：176.

办蓝图被束之高阁、置之脑后了。

1993年，佩里被任命为国防部常务副部长。他上任后第一件事就是找出1986年制定的那张蓝图，用它来制订国防部采办改革的行动计划。当年，采办改革的时机真正成熟了。克林顿总统和戈尔副总统都支持大力改革。戈尔副总统还提出了他个人的口号："彻底改造政府"。国防采办改革也是这个方案的一个组成部分，国会两党都大力支持改革。克林顿总统和国防部阿斯平部长放手让佩里招募一支采办队伍，成员必须既有国防管理经验，又能全力支持改革。1994年2月，佩里被任命为国防部长，新的职位能够让他把帕卡德委员会的"行动指南"付诸实践。

佩里认为，解决现代化问题的关键战略之一是继续改革采办制度，以进一步推动现代化。美国国防部负责全世界最大、最复杂的采办活动，其程序是几十年来慢慢演变而来的。整套程序在15万以上办事人员的脑子里已经根深蒂固。要改变一个环节都很难，根本改革更是难上加难。尽管如此，美国1994年6月24日发布了改革军用规格政策的总统令。这个具有里程碑意义的指令提出，必须由采办执行官员批准豁免才能用军事规格。这样，采办管理人员就有权从商业市场上购买部件，除非有使用军事规格的绝对必要才可例外处理。美国空军由于允许采办管理人员从商业领域购买部件，购买的JDAM精确制导炸弹比以前便宜一半，整个方案节省了20多亿美元。1993年几乎要取消的C-17运输机在新的制度下成了一个模范项目，不仅提前交货，还省下了50亿美元，这是因为用了"跨年采购"的办法，买的是商业市场上的部件，并且允许承包商在工厂里不断改进技术[①]。

管理变革是没有止境的。近年来，国防部研发与采办面临着与佩里时期

---

① 艾什顿·卡特，威廉·J.佩里. 预防性防御：一项美国新安全战略[M]. 胡利平，杨韵琴，译. 上海：上海人民出版社，2000：197.

几乎同样的处境，即采办制度严重制约着新技术的使用和效率提升，比如，国防采办规章制度与日俱增，内容日趋冗长和刚化，审批程序日渐烦琐复杂，让许多非传统承包商，特别是高技术商业企业望而却步，"国防部的结构是通过特定国防承包商之间的公开竞争来获得军事上的独特能力。有可能获得这种模式之外的能力，但这意味着要克服根深蒂固的官僚规范和价值观，而这是一项昂贵而耗时的努力。"[①] 时任美国国防部主管采办与保障的副部长埃伦·洛德在国防行业拥有 30 多年的经验，进入国防部前曾任德事隆系统公司总裁兼首席执行官，该公司主要涉及国防电子、无人系统、智能战场、国土安全等领域，长期的国防研发实践和与国防部打交道的体会，让她对国防部采办管理问题有深刻认识，她在任职期间提出，"明天获得的 85% 的解决方案远胜于几年后获得的 100% 的解决方案。"尽管"85% 的解决方案"交付的能力略低于传统方式研发的重大武器系统，但能够更快地进行技术革新，从而维持美军的技术优势。在国会的支持下，洛德采取了一系列加快研发与采办的政策措施，2018 年 11 月，洛德签发《其他交易指南》，符合条件的交易双方可以不受联邦采办条例约束，经协商签订具有法律效力的书面文书，快速引入商业领域先进技术。2020 年 1 月，签发更加灵活敏捷的"适应性采办框架"（AAF）文件，提供六种不同的采办路径供项目主任选择和裁剪，而且这个框架文件用"数十页"替代国防部第 5000.02 号指示《国防采办系统的运行》中 100 多页内容，被称为国防部数十年来最具变革性的采办政策改革。

---

① FITZGERALD B，SANDER A，PARZIALE J. Future foundry：a new strategic approach to military-technical advantage[R]. Center for a New American Security，2016：21.

第十一章

美军典型科技官员任职优势迁移与扩散

在美国高流动性的社会环境中，担任科技官员只是一个人职业生涯的重要节点，在他们职业流动的过程中，会自觉或不自觉地把自己在国防领域的任职优势迁移到新的职业选择中，一般会在国家安全领域继续从事相关的职业。科技官员离开国防领域后的职业去向及其影响，会呈现出一种以国家安全为主线的模式化发展路径，这种发展路径是个人性格、职业习惯、科学旨趣、社会责任等综合作用的结果，其中交织着美国国家安全领域的群体特征和隐形网络。

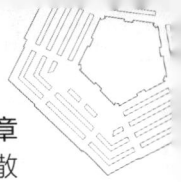

第一节　职业流动和任职优势迁移与扩散

在美国社会，一个人的职业生涯通常会经历数个岗位，这些岗位变动可能是一个行业、领域内不断升迁的垂直流动，也可能是跨行业、领域的水平流动。个人的岗位变动按时间先后顺序排列，会形成个体的职业流动序列，职业流动都会积累工作技能和经验，后续职业变化一般都是前面职业优势的迁移和扩散。一定范围内的个人工作变化会汇聚形成一个群体的职业流动行为，这个群体的职业流动行为不仅体现出这个群体自身的职业变动需要，也会体现出社会的职业发展特征。

一个人的职业生涯历程伴随一系列选择和决策，以霍兰德为代表的美国职业理论学者提出人职匹配理论，认为人与职业是可以匹配的，个体与职业之间的匹配程度越高，个体取得职业成功或满意的程度越高。结果取向的职业选择理论认为，人们在变换工作时存在某种延续性，会继续从事同一工作或在属于同一职业类别的工作之间流动。霍兰德等人调查了 973 名年龄在 30～39 岁有代表性男性的工作历史。在这些人的 5812 次工作转型中，79% 发生在 6 种职业分类的一个主要类别中，这表明人们倾向于在类似的工作中流动，说明人的职业倾向具有延续性。这种延续性也可以用职业选择时的路径依赖来解释，即一个人甚至一个群体的职业发展过程会存在技能延续、获得递增和自我强化的机制（即正反馈机制），这种机制使职业生涯一旦开始某一路径，它的既定方向会在以后的发展中得到自我强化，对一个人的职业生涯发展有极强的制约作用，使人们过去做出的选择会决定他们现在及以后可能的选择。

对科技官员来说，职业流动也是一种常态，一般的行政官员都有任期，

政治任命官员更是根据总统的任期或者偏好而变动。这些科技官员从国防部离开，都会面临着职业发展和职业选择的问题。这些官员在前期的职业经历中已经积累了广泛的人脉和经验，拥有相当多的选择机会，会根据自己的价值需求进行选择，选择过程会遵从自己主导性的价值观。这种选择基线与职业锚理论近似，职业锚理论由美国心理学家埃德加·H.施恩（Edgar H. Schein）在对麻省理工学院 44 名研究生进行长达十几年的跟踪研究后提出。职业锚又称职业系留点，实际就是人们选择和发展自己的职业时所围绕的中心，是一个人做出选择的时候，他无论如何都不会放弃的职业中的那种至关重要的东西或价值观。施恩认为，职业生涯发展实际上是一个持续不断的探索过程，在这个过程中，每个个体都在根据自己的天资、能力、动机、需要、态度和价值观等慢慢地形成较为清晰的、与职业有关的自我概念[1]。职业锚是个体从进入职业生涯就开始形成并积累的，与自身的才干、动机、需要和价值观相符合的一种职业自我观，以及长期稳定的职业定位，在一个人的职业流动中会产生潜移默化的影响。

在科技官员的职业流动中，其围绕相对稳定的价值基线会产生一系列职业角色变迁，这种变迁的动力机制来自个人意愿和社会需要的互动选择。美国著名科学社会学家默顿认为，"个人的社会选择与制度性的社会选择的互动过程，影响着在一定活动领域中不断获得机会结构的可能性。当个人的角色表现符合所要求的制度标准，尤其是大大地越过了所要求的标准时，便开始了优势的积累过程，在这一过程中，个人将不断地获得进一步扩展其工作的机会以及与之相关的奖励。"[2] 在科技官员任职过程中，他们会受惠于管理职位所带来的管理能力、职业声望、社会网络等因素所形成的积累效应。面

---

[1] 孙一平. 职业社会学 [M]. 北京：中国社会科学出版社，2021：49.

[2] 默顿. 科学社会学（下册）[M]. 鲁旭东，等译. 北京：商务印书馆，2004：712.

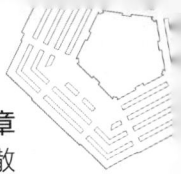

临职业流动时，在国防领域任职之前的职位，以及国防科技管理职位，都会对这些官员的职业生涯产生忠诚于国家安全的价值观，而且这种观念会主导着科技官员后续的角色序列，科技官员会倾向做出优势迁移和扩散的选择，整个社会也会在国防与安全领域形成不同的职业职位，实现智力资源和人力资源的有效利用。作为科学家、工程师或大学教师出身的科技官员，其对科学活动或教学活动也有强烈的价值依恋，特别是那些从大学教师职业转换到官员职位的人员，他们会对创造和扩展知识情有独钟，在职业选择中可能会回到大学继续从事教学或者管理工作。

"旋转门"是职业流动的典型方式，也是官员任职优势迁移与扩散的重要途径。"旋转门"的核心内涵是身份关系的公私转换，包括公职人员离开公职部门进入私营部门，或非公职人员从私营部门进入公职部门。"旋转门"包含着原身份背景与现身份背景之间的特殊关系，从这种特殊关系中个人可能获得不正当利益，社会公共利益也可能因此受到侵害。美国审计署 2008 年 5 月发布的一份报告显示，从 2004—2006 年，有 2435 名前五角大楼官员被 52 家主要防务承包商聘用，其中 7 家大型公司聘用的人数就达 1581 人，报告估计至少有 422 人从军界进入企业界之后，跟从前所在的部门进行业务往来。[①]除了人们关注的这种"旋转门"的负面效应，仅从科技官员职业流动的角度来看，"旋转门"为科技官员开启了职业流动通道，使他们通过"旋转门"进入能够延伸职业优势的领域，这些领域包括与国防研发紧密关联的军工企业、科研机构，以及大学、非营利机构等。

---

① 宋世锋. 美国军事情报机构的"旋转门"现象 [J]. 当代世界，2009（4）：34.

第二节　美军典型科技官员任职优势迁移与扩散的去向特征

科技官员从国防部职位离开后，就面临着去向选择问题，考虑任职优势迁移和职业转换的平滑与顺畅，他们大多选择相对熟悉的领域或环境，在军工企业、知名智库、大学院系从事和防务相关的管理、研究与咨询工作，继续自己的职业理想，当然，也有少部分人升任国防部更高的职位，比如担任过国防研究与工程署署长的哈罗德·布朗，后来又担任空军部长、国防部长，曾经担任国防部负责采办、技术与后勤的副部长肯德尔，离开国防部后，在企业工作不久又担任空军部长。总体来看，科技官员即使离开军队科技管理岗位，基本上还在整个美国大安全领域服务。

一、在政府部门任职

科技官员在任职期间经常会与其他联邦部门协同工作，也时常会到国会作证、解释预算情况，可以说他们积累了丰富的政府部门工作经验，加之在研发方面具有出色的管理能力，很可能就会在"旋转门"机制中或者新政府组建时，转换到其他联邦行政部门任职，这些部门和机构一般与防务安全相关，比如国土安全部、能源部，甚至在国防部走向更高的职位。

在国防部门继续任职是科技官员发展的重要去向。对于典型文职科技官员来说，国防高级研究计划局局长可以到国防部助理部长办公室、国防研究与工程署等机构任职，国防研究与工程署署长可以到副部长级别职位任职，国防部副部长可以任军种部长或提升到国防部长。阿什顿·B.卡特（Ashton B.

Carter）长期在国防部门任职，从负责国际安全政策的助理部长到负责采办、技术和后勤的副部长，再提升为常务副部长，后来担任部长。有意思的是，在国防部副部长到军种任职的路径上，基本上都是到空军任部长。曾经担任国防研究与工程署署长的哈罗德·布朗离开国防部后任空军部长，后来在加州理工学院担任院长，1977 年被提名担任国防部长。2005 年短暂担任负责采办、技术和后勤的国防部副部长迈克尔·韦恩，在 2005 年年底担任空军部长，2008 年 6 月辞去空军部长一职，重要原因是两起事件：一是美军在向台湾运送直升机电池时，核武器引信被错误地发送到台湾；二是一架 B-52 轰炸机错误挂载六枚核巡航导弹自北向南飞越了整个美国。国防部负责采办、技术与后勤的副部长弗兰克·肯德尔（Frank Kendall）离任后，在军工企业莱多斯公司董事会任职，2021 年经总统提名及国会批准，担任第 26 任空军部长。

还有一个重要现象，军种科技官员很少能够进入国防部长办公厅任职，从一定程度上显示科技官员任职不一定看重纵向任职经历，而是注重横向机构之间的人员流动，看重的是科技认知力和综合管理能力。还有一个原因，国防部领导层的官员大多是政治任命官员，一般由总统人事班子在国家层面的科技管理精英群体中选择，军种科技官员长期在军种任职，人脉圈子有限，难以进入政府任命人员候选人名单，另外，军种在科技发展和装备建设上自主权很大，组织体系也相当庞大，军种科技官员的职业空间也足够大。当然也有个别情况，比如 2021 年担任国防部研究与工程副部长的徐若冰就曾在陆军担任采办、后勤与技术助理部长。

从国防部到其他政府部门任职也是科技官员职业发展的重要去向。比如维克多·H. 里斯（Victor H. Reis）先后担任国防高级研究计划局副局长、局长，紧接着担任国防研究与工程署署长，1993 年担任美国能源部负责国防项目的助理部长。约翰·多伊奇（John Deutch）曾担任普林斯顿大学助理教授、麻省理工学院教务长、能源部副部长，1993 年 4 月到 1994 年 3 月担任国防部负

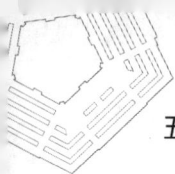

责采办与技术的副部长，1995 年，比尔·克林顿总统任命他为中央情报局局长。
2000—2006 年担任海军研究局局长的杰伊·M. 科恩（Jay M. Cohen）少将在反
恐装备研发上卓有成效，退役后被任命为国土安全部负责科学技术事务的副
部长。

二、在企业担任高管或董事

科技官员从国防部门离开后，会成为军工企业争抢的对象。科技官员加
入军工企业，不仅会为企业带去丰富的人脉资源，也会为军工企业获取国防
合同出谋划策、提供帮助。这种现象就是军事—工业复合体的具体表现，也
是美国行政机构、企业、国会"铁三角"的重要纽带。在冷战时期，国防部
与军工企业之间的人员流动成为常态，尽管国会和政府道德管理部门对此现
象进行了多次规制，但这种基于研发管理规律的职业变化情况不可避免，而
且是一种长期存在的人员流动模式。表 11.1 是 1970—1979 年国防部军职和文
职人员流向主要军工企业的流动情况。

表 11.1　国防部 1970—1979 年人员流动情况

军工企业	国防部流向企业人员（人）		
	总计	军职人员	文职人员
波音	351	316	35
通用动力	206	189	17
格鲁曼	72	67	5
洛克希德	270	240	30
麦道	171	159	12
诺斯罗普	334	284	50

续表

军工企业	国防部流向企业人员（人）		
	总计	军职人员	文职人员
罗克韦尔	176	150	26
联合技术	61	50	11
总计	1641	1455	186

数据来源：Gordon Adams，The politics of defense contracting：the iron triangle，p84。

　　科技官员离开国防部门后，可以选择创立公司，实现自己的职业理想，可以选择受邀在企业担任高管，也可以加入企业董事会而成为董事，有的还会成为多家企业的董事，变成关联董事。科技官员在管理上有丰富的经验，在科技上有深入的认知，在政治上有广泛的人脉，在企业任职有助于企业获得早期技术研发信息和国防采购取向，同时对企业在处理与政府的战略关系中也非常重要，有时候他们联合起来，在国会可能会形成强大的利益游说团体，推进形成有利于企业的政策议程。

三、在大学钟情教学与研究

　　作为出身于科学界的官员，部分科技官员对学术研究和人才培养情有独钟，大学能够提供给他们开展学术研究的自由感、不为商业竞争压迫的轻松感，以及在思想传播扩散中形成更大影响的成就感，这些条件与他们的个人志向相结合，让他们离开政府后能够回归到大学。这类官员很多都是从大学中来，最后又回到大学。

　　曾经担任美国国防部副部长、部长的阿什顿·B.卡特（Ashton B. Carter）是一个学而优则仕、仕而后从学的典型。1986—1988年，卡特在哈佛大学任副教授，后任哈佛大学贝尔弗科学与国际事务中心教授兼副主任。1988—1990年，

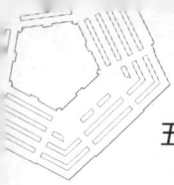

任肯尼迪政府学院院长，1990—1993 年，任哈佛大学贝尔弗科学与国际事务中心主任。1993—1996 年，卡特在克林顿总统的第一个任期内担任负责国际安全政策的助理国防部长，在应对世界大规模毁灭性武器威胁、核武器政策（包括监督美国核武库和导弹防御）、全面禁止核试验条约谈判等工作中表现出了卓越能力，在耗资数十亿美元的努恩—卢格合作减少威胁计划和蓝宝石项目中，他和威廉·J. 佩里多次赴乌克兰、哈萨克斯坦等国开展清除核武器监督工作。卡特后来担任国防部负责采办、技术与后勤的副部长，常务副部长以及部长。离开国防部后，卡特又回到哈佛大学贝尔弗科学与国际事务中心担任主任。

安妮塔·K. 琼斯（Anita K. Jones）博士在 1993—1997 年担任国防研究与工程署署长，她从大学来，离开政府后又回到大学。之所以回到学校，是因为她的切身经历和对人才的重视。琼斯曾在访谈中提到，她每年的研究生奖学金都是由国防高级研究计划局资助的。她是国防高级研究计划局在计算机科学和电子工程领域资助的一大群人中的一员，正是这一群人真正推动了软件和电子行业的发展。在国防部任职期间，她对人才问题非常重视，认为美国在世界上的持续领先地位以及军队的技术优势取决于下一代的科学家和工程师，并极力推动国防部对大学的资助计划。琼斯 1966 年硕士毕业后曾作为技术人员在 IBM 公司工作，1973—1978 年，担任卡内基梅隆大学计算机科学助理教授，之后被提升为副教授。1981—1987 年，她与丈夫共同创立了软件公司 Tartan Laboratories 并担任副总裁，这个公司最后出售给德州仪器（Texas Instruments）。1988 年，加入弗吉尼亚大学，担任教授和计算机科学系主任。1993 年 6 月进入美国国防部，担任国防研究与工程署署长，负责监管国防部的科学技术计划、研究实验室和国防高级研究计划局。1997 年，离开国防部回到弗吉尼亚大学任教，成为计算机科学教授。

国防高级研究计划局第 4 任局长罗伯特·L. 斯普劳尔（Robert L. Sproull）

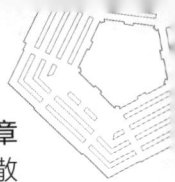

大部分时间在大学任教，1946 年，担任康奈尔大学物理学助理教授，后来成为康奈尔大学原子和固态物理实验室以及材料研究中心的第 1 任主任。1963 年进入五角大楼担任科技官员，1965 年离开国防高级研究计划局，任康奈尔大学副校长。1968 年，来到罗彻斯特大学，接替因学生反战示威罢课而辞职的教务长麦克雷亚·马兹利特，两年后被任命为校长。任职期间，支持创建了该大学的激光能量学实验室，使该大学处于商业上可行的聚变技术研究的前沿，并在高功率激光和激光聚变领域赢得了国际声誉。2005 年，罗彻斯特大学以他的名字命名了其高强度激光研究中心。

四、在智库发挥咨询优势

智库是美国决策体系中的重要支撑力量。长期以来，美国智库以其所称的科学分析、精准研判，深刻地影响着美国政治、经济、军事、安全等多个领域的重大决策。现代意义上的智库英文"think tank"源于第二次世界大战时美国国防科学家和军事参谋讨论战略和作战计划的保密室（类似于参谋部），兰德公司（RAND）是美国防务智库的典型代表。根据美国宾夕法尼亚大学智库和公民社会项目发布的《2020 年全球智库指数报告》显示，美国共有智库 2203 家，约占全球的四分之一，是名副其实的智库大国。

科技官员在离开政府部门后，会把智库作为参与决策、扩大影响的一种途径，围绕国家安全领域的战略问题和技术问题继续发挥专业咨询作用，借助智库平台使自己的理念、能力、经验、甚至偏好得到迁移和转化。美国国防部原常务副部长罗伯特·O. 沃克（Robert O. Walker）就是"旋转门"的典型，沃克长期在海军陆战队服役，担任过专门为海军陆战队司令提供政策分析和建议的战略咨询小组第 1 任组长，鉴于工作出色，后来又成为时任海军部长理查德·丹奇格（Richard Danzig）的高级助手。2001 年退役后，受邀加

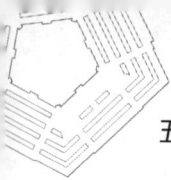

入著名智库战略与预算评估中心，后来晋升为负责战略研究的副总裁。奥巴马当选总统后，沃克出任海军部副部长。2013年从海军离职后，加入智库新美国安全中心，担任首席执行官。沃克敏锐洞察新兴技术对国家安全的影响力，在新美国安全中心设立了技术与国家安全等工作任务组，开拓了业务范围，有效提升了新美国安全中心在智库界、战略界和政策界的影响力。2014年4月，经奥巴马总统提名并经国会参议院通过，沃克正式就任美国国防部常务副部长，成为五角大楼二号人物。2017年4月沃克离任，又回到新美国安全中心，并参与了多个人工智能军事应用战略问题研究，成为美国防务和安全领域智库的明星人物。

第三节　美军典型科技官员角色序列与国家安全隐形网络

角色序列是社会学领域的一个名词，一般是指个体职业历程中各阶段变动所形成的纵向角色排列顺序，涉及一个人的职业生涯道路。美国著名科学社会学家默顿认为，"个人偏好与社会系统压力相互作用，从而产生了人们所看到的各种历史角色序列模式。"[①] 职业生涯研究通常讨论的是从一种职业到另一种职业的流动模式，提供了一种近似角色序列的研究。科技官员从军事领域离开后，进入不同的职业领域，角色也随之变化，从他们整个职业生涯来看，可以说，无论在大学院系、军工企业研发部门或者政府科研机构，他们的角色序列基本上都在国家安全的大范畴内变化，变化的过程和变化的结果都对美国国家安全隐形网络构建具有重要作用。

国家安全在美国人的视野里是一个非常宽泛的概念，不仅仅是军事上和

---

① 默顿. 科学社会学：理论与经验研究 [M]. 鲁旭东，林聚任，译. 北京：商务印书馆，2017：752.

空间上的安全，美国人认为自己是天选之人，对世界负有领导责任，全球任
何一个地区所发生的重大事件，都很可能威胁美国的利益，都可以认为是国
家安全问题。第二次世界大战之后，受长期冷战和"9·11"事件影响，美国
政府与社会都高度在意国家安全问题，不仅国家安全组织体系相对健全，而
且还形成了关注和参与国家安全的广泛社会基础。1958年的《国防教育法》、
1991年的《国家安全教育法》从学生开始就培养国家安全意识，社会大众、
精英阶层、民间团体等对于国家安全事务也非常热心，特别是从安全体制出
来的人员，更是推动国家安全的重要力量。科技官员从国防部离开后，虽然
分散在不同的行业和领域，有的在企业担任高管，有的在智库专注安全咨询，
有的在大学从事技术教学，但基于技术制胜的思维和国防部不同职位的锻炼
熏陶，他们自然而然成为这个庞大社会基础的重要组成部分，变成国家安全
网络的隐形力量。

一、大安全范围内的职业流动

部分科技官员长期在国防部、能源部这些重要机构任职，这为他们在大
安全领域的发展提供了职业情感和职业认同，甚至他们的整个职业生涯都在
大安全领域工作。曾担任过国防高级研究计划局副局长、局长，以及国防研
究与工程署署长的维克多·H.里斯（Victor H. Reis）的职业生涯就具有代表性，
他从政府实验室到白宫科技管理部门，从防务企业到国防部科技管理机构，
从国防部到能源部，从能源部再到核安全企业，整个职业生涯都是在防务与
安全的轨道上，核技术和核安全是他职业发展的主线。刚入职时，担任麻省
理工学院林肯实验室的高级职员，为国防部和能源部领导层提供科学技术分
析，从国防研究与工程署署长任上离开后，担任能源部负责国防项目的助理
部长，领导小型模块化核反应堆研发，并组织推进"库存管理计划（SSP）"

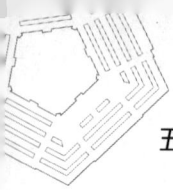

及"加速战略计算计划（ASCI）"，1992年美国暂停核试验后，里斯率先意识到有必要制定一项新的正式计划来维护美国的核库存，用超级计算机模拟和小规模无核数据代替以前的实地试验，这个计划就是"库存管理计划"，并由1994财年《国防授权法》正式确立，"加速战略计算计划"的主要任务是采购和研发超级计算机，并在超级计算机上开发和运行模拟核试验程序，以便为核武器的设计、生产分析、事故分析以及鉴定提供支持。在希克斯联合公司（Hicks & Associates Inc.）担任6年高级副总裁后，2005年重返能源部，在部长和副部长办公室担任高级顾问，领导核能、核不扩散、库存管理审查和能源部的核战略计划工作组。2017年3月从能源部退休。

格里芬曾任国防部研究与工程副部长，是国防部重新设置该职位后的首位官员，他具有强烈的国家责任感，长期在国防和安全领域工作，包括在高校期间也一直从事着与国防和安全有关的研究。20世纪80年代初，格里芬在约翰斯·霍普金斯大学应用物理实验室工作，在德尔塔180系列导弹防御技术卫星的开发和测试中发挥了关键作用，期间还提出了小型智能航天器的概念。1986年，格里芬离开应用物理实验室，加入战略防御倡议组织（即后来的导弹防御局），担任该组织技术副主管，参与了弹道导弹第一次空对空拦截，在中段对目标和诱饵进行首次多谱段星载侦察，以及在助推段首次对弹道导弹进行空对地侦察等项目。20世纪90年代，先后任职国家航空航天局总工程师和勘探办公室主任，其后担任过In-Q-Tel高科技风险投资公司的总裁兼首席运营官、轨道ATK公司航天系统集团执行副总裁兼总经理。2005年4月至2009年1月，担任国家航空航天局局长。2009年4月，重返学术界，被聘任为亨茨维尔阿拉巴马大学杰出学者和机械与航空航天工程系教授，建立了系统研究中心，以解决工业界和政府对"系统思维"的需求，该校与国家航空航天局马歇尔太空飞行中心、美国陆军航空和导弹司令部等均有合作历史。2012年8月，格里芬担任国家安全部门专业服务提供商谢弗公司（Schafer

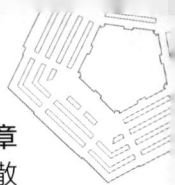

Corporation）董事长兼首席执行官。2018 年 2 月，格里芬被任命为国防部研究与工程副部长，兼任国防部首席技术官，负责整个国防部的研究开发工作，以确保国防部的技术优势。

二、广泛参与安全领域咨询研究

美国拥有庞大的智库体系，这些智库涉及外交、安全、选举、技术等多个研究领域，为科技官员发挥后续的职业优势提供了很好的平台。科技官员从国防部离开后，部分人会利用他们丰富的阅历经验和出色的技术能力，创建智库或者参与智库咨询工作。这些智库在研究过程中，通过论坛、简报会、餐会等形式，借助广泛的人脉网络，邀请政府官员、知名学者、技术专家等参加讨论，最后形成供决策者参考的智库建议。就国家安全议题来说，这些智库就如同国家安全网络的隐形节点，把大量国家安全领域的人员联系起来。

国防高级研究计划局第 12 任局长雷蒙德·S. 克拉戴（Ray S. Colladay）从 1969 年在密歇根州立大学获得机械工业博士学位后，长期在政府部门工作，曾在国家航空航天局工作近 20 年，后到国防高级研究计划局任局长，离开政府后，进入私营企业，担任过洛克希德·马丁宇航公司总裁。从洛克希德·马丁离开后，创立了一家航空咨询公司，自己任总裁兼首席执行官，为航空航天和国防组织提供技术和管理咨询。曾经于 2007—2009 年担任国防部负责采办、技术与后勤副部长的小约翰·J. 扬（John J. Young Jr.）长期在国防部门工作，离开政府后进入智库行业。小约翰·J. 扬在斯坦福大学获得航空航天硕士学位后，先后在罗克韦尔公司导弹系统部、桑迪亚国家实验室工作，主要从事高超声速武器研发，此后加入美国参议院拨款委员会工作人员团队，担任国防部采办、研究、开发、试验和鉴定分析师，负责审查国防部所有飞机采购计划、弹道导弹防御组织和国防高级研究计划局预算。2001 年担任海军

负责研究、开发和采办的助理部长，2005 年被任命为国防研究和工程署署长，2007 年就任国防部负责采办、技术与后勤副部长。2009 年离开国防部后，成立了 JY 战略咨询公司，专门提供国防计划、国会授权和拨款流程以及组织变革管理方面的战略见解。

1965—1973 年担任国防研究与工程署署长的福斯特（John S. Foster）是一名核物理学家，是国家安全方面的鹰派人物，在核武器研发与使用方面偏好强烈，离开正式工作岗位后，参与了大量咨询工作，比如，担任国防科学委员会主席，成为美国安全理事会、国家顾问委员会、国家安全工业协会等组织的重要成员。在他 79 岁时，还参加了 2001 财年《国防授权法》要求的电磁脉冲（EMP）委员会，作为成员评估核对手对美国进行电磁脉冲攻击的威胁，呼吁在广泛的工业和公共服务领域采取强有力的防御措施。

三、通过大学扩散安全理念和技术

科技官员离开国防部门后，富有学术情结的官员会在大学延续他们的事业，把多年来对国防和国家安全的理解和认识传递给更多的青年人。从整个职业过程看，他们一直没有脱离国防安全的轴线，只不过换了一个岗位，通过学术活动吸引更多的人能够参与进来，也是从另一个更加隐蔽的形式参加安全事务。

雅克·甘斯勒（Jacques Gansler）在 1997—2001 年担任国防部采办、技术与后勤副部长，多年来，他一直在学术界、政府部门和私营行业为军队和国家安全需求服务，在国防部任职期间，为提升国防工业基础能力，在不断加速的国防工业并购整合问题上立场强硬，阻止了洛克希德公司以 80 亿美元收购诺斯罗普·格鲁曼公司的提议。2001 年离开国防部后，回到马里兰大学，担任公共政策学院教授，专注于国家安全，研究领域主要是确保国家拥有世

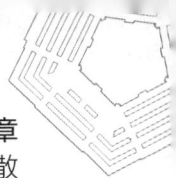

界级且负担得起的国防工业。前国防部长布朗从利弗莫尔核武器实验室开启了他的职业生涯，后续长期在国防领域工作，先后担任国防研究与工程署署长、空军部长、国防部长，离开五角大楼后，布朗加入约翰斯·霍普金斯大学高级国际研究学院，担任客座教授，随后担任该校外交政策研究所所长。他利用自己丰富的领导经验，在国家安全问题上进行了深入思考，撰写了《思考国家安全：危险世界中的国防和外交政策》等著作。

1999—2001 年担任国防研究与工程署署长的汉斯·M. 马克（Hans M. Mark）曾在国防部、国家航空航天局等政府机构任职，任职期间，他依然与学术界保持紧密联系，兼任多所大学的教授，离开政府后又回到大学任教。马克 1954 年在麻省理工学院获得物理学博士学位后留校，后来在加州大学利弗莫尔辐射实验室的实验物理部工作，1964 年担任核工程学系系主任和伯克利研究堆的负责人。1969 年成为国家航空航天局艾姆斯研究中心主任，1977 年担任空军副部长，后又升任空军部长，1981 年被任命为国家航空航天局副局长。1984 年离开政府部门，担任德克萨斯大学校长，1992 年任德克萨斯大学奥斯汀分校航天工程资深教授。1999 年进入五角大楼，担任国防研究与工程署署长，2001 年回到德克萨斯大学奥斯汀分校，2014 年从德克萨斯大学奥斯汀分校退休。自 1990 年以来，他虽然大多时间在大学工作，但一直与国防部门保持着紧密联系，还承担着国防项目，为美国陆军研制了先进的武器系统。

四、利用董事身份联结防务安全力量

很多科技官员离开政府后，会选择参加或受邀参加与防务或安全有关企业的董事会，他们在董事会中会传播和推行自己的理念，进而通过董事会影响企业的战略、方向、人事以及资源调配使用等。实际上，有些人员可能会

参加两个及两个以上企业的董事会，这样的董事称为连锁董事，这种连锁关系称为董事连锁。因为美国的防务企业比较集中，高级科技官员人数也有限，往往好几个科技官员离职后会出现在一个企业的董事会中，他们共同传递美国国家安全政策思想，共同为企业发展出谋划策。

美国前国防部长阿什顿·B. 卡特（Ashton B. Carter）长期在国防部任职，仅在国防部领导职位上就任过负责采办、技术与后勤的副部长，常务副部长、部长。他曾担任高盛（Goldman Sachs）和米特雷特克系统（Mitterek Systems）的国际事务和技术事务顾问，自 2020 年起担任通用电气董事会的独立董事。他还是米特公司和米特雷特克系统董事会的成员，大西洋理事会董事会的名誉董事，以及麻省理工学院林肯实验室和德雷珀实验室的顾问委员会的成员。卡特在国防领域人脉丰富，通过董事会和顾问关系对企业在国家安全领域的导向和选择影响很大。米特公司是一个知名防务企业，很多官员都曾作为其董事，1993 年担任国防研究与工程署署长的安妮塔·K. 琼斯博士进入国防部前也与米特公司有联系，并因此结缘进入国防部任职，她当时是米特公司的受托人，也是一家国家安全领域知名企业科学应用国际公司（SAIC）的董事会成员，后来担任国防部采办与技术副部长的约翰·多伊奇（John Deutch）也是科学应用国际公司（SAIC）的董事会成员，以及米特公司的受托人，当时总统和国防部长正在物色国防研究与工程署署长人选，因为熟悉，多伊奇就电话邀请琼斯博士到国防部任职，正好琼斯也一直愿意为国家安全服务，借此机缘，后来她就到国防部任职。

2020 年 7 月，国防部研究与工程副部长格里芬离职，8 月加入火箭实验室（Rocket Lab）董事会。火箭实验室是小型运载火箭公司的业务机构，该公司已经赢得了美国国家航空航天局、国防高级研究计划局和国家侦察局的发射合同，正寻求扩大其政府业务，正好格里芬从国防部离职，两相需求正好契合。该公司创始人彼得·贝克（Peter Beck）说，美国政府是其公司非常重

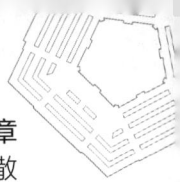

要的客户，其货运业务量占公司货运清单的一半左右，"政府已经变得依赖火箭实验室（Rocket Lab）来运送具有国家意义的有效载荷，" "他（格里芬）从民用、国防和商业航天领域带来丰富的知识和经验，在火箭实验室继续发展，能够满足国家安全和商业领域不断变化的发射和航天系统需求，这些对我们的团队来说非常宝贵。"另外，该公司还邀请一些风险投资公司高管与格里芬一起加入了董事会。格里芬在火箭实验室的声明中说，"太空仍然是一个对我们国家安全至关重要的高度竞争领域，它也是一个带来重大商业机会的领域。" "火箭实验室团队在执行一个清晰的愿景方面有着良好的记录，这个愿景就是让不同的群体都能进入太空，我期待着支持这个愿景。"①

---

① FOUST J. Mike Griffin joins board of Rocket Lab[EB/OL]. （2020-08-12）[2023-07-19]. https://spacenews.com/mike-griffin-joins-board-of-rocket-lab/.

结语：技术制胜的另一面

技术主义是美国民族特性使然，技术制胜是美军长期以来的思维偏好。基于上帝选民的优越感和领导保卫世界自由民主国家的责任感，美军一直在追求着强大的技术能力，并以之为基础打造强大的军事实力。一大批才华卓越的科技官员也在政治需要、国家责任和职业文化的影响下，投身于打造技术优势的历史洪流之中，成为技术制胜的推动力量。但是，技术本身并不是发展技术的目的，当这些科技官员组织研发出先进技术和武器后，整个美国国家利益和政治决策裹挟下的作战应用，就脱离了科技官员所能控制的轨道，进入到涉及战争性质的深层问题领域。

技术和武器是赢取战争的重要工具，如何使用技术和武器受到一个国家战略思维和战争文化的极大影响。在美国战争文化中，技术的应用被视为解决问题的最佳方式，自冷战开始以来，技术一直被视为若干战术和战略问题的解决方案，美国的政治文化已经发展到拥有最先进的军事力量本身就是目的的地步。[1] "纯从技术角度考虑问题的思维方式，是社会达尔文主义的反映，因为，它把道德等其他因素排除在外，仅凭借技术优势征服世界。"[2] 技术不是万能的，战争的胜利不能仅仅用技术来定义，战争的复杂性和战争的性质都会对技术的应用产生规制，直至影响战争的结果。

越南战争以及阿富汗战争就是典型的例证。

越南战争中，美军开展了大量技术研究，动员了大量科学家，甚至还包

---

① LAKE D R. Technology, qualitative superiority, and the overstretched american military[J]. Strategic studies quarterly, 2012: 75.

② 许嘉. 美国战略思维研究 [M]. 北京：军事科学出版社，2003: 196.

括准备动用核武器，但最终还是没有取得胜利。1961 年 8 月，高级研究计划局在越南设立作战开发与试验中心，并启动灵巧计划，含义为灵活、机敏，研究和探索在越南或在未来行动中适用的各种技术和新装备。灵巧计划项目是"总统关注项目"，在人员、政策、资源等方面享受特殊照顾。灵巧计划首年预算相对有限，仅有 1130 万美元，仅为高级研究计划局最大项目"防御者计划"的 1/10。但到次年，其预算就翻了一番，跃升为高级研究计划局第三大项目。从设立到战争结束，灵巧计划的成果并没有对战争进程发挥重大作用，相反，负责灵巧计划的高级研究计划局副局长戈德尔因挪用公款和滥用政府资金两项罪名被判处 5 年有期徒刑。

杰森（JASON）国防咨询小组也为越南战争提供了大量决策咨询，该小组成员大部分都是一流的物理学家和数学家，致力于用科学手段解决在外部人员看来无法解决的各种难题，主要为高级研究计划局服务，其所有报告最终都会呈给国防部长。1964 年夏天，高级研究计划局请杰森科学家就越南问题开展研究，格尔曼（Murray Gell-Mann）是杰森团队最受尊重的思想家之一，1969 年因为发现夸克而获得诺贝尔物理学奖，在他推荐下，年轻的地球物理学家戈登·麦克唐纳（Gordon MacDonald）也参与了研究，并提出利用气象武器进行打击的想法，包括利用大火毁掉大片丛林、由飞机向丛林喷洒落叶剂等方法。据统计，到战争结束，美国向越南的丛林共计喷洒了约 1900 万加仑落叶剂。2012 年的一份国会报告确认，在整个越南战争中，直接暴露在"橙剂"下的越南人达 210 万～480 万之多。[①] 1965 年夏天，为切断"胡志明小道"武器运输线，杰森科学家提出电子隔离墙概念，包括利用探测核试验的地面传感器监测"胡志明小道"人员物资通行情况。杰森科学家还应国防部的要求，甚至研究过使用核武器问题。

---

① JACOBSEN A. The Pentagon's Brain[M]. New York：Hachette Book Goup，2015：132.

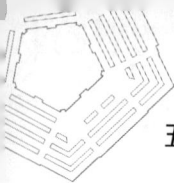

　　美军还与兰德公司签订研究合同，多次安排专家赴西贡和前线开展研究，国防研究与工程署署长哈罗德·布朗亲自出题，让他们开展"劝说和激励"手段研究，以回答那些把五角大楼防务官员们搞得不知所措的问题：越南人有什么特点，是什么导致某些越南农民变成共产主义份子，而某些越南农民仍忠于总统吴廷琰？越南人如何生活、工作、制定战略、自我组织、思考问题？甚至国防部长罗伯特·麦克纳马拉也直接提出"谁是越南共产党？他们加入共产党的动机是什么？"这样的问题。兰德公司先后派出熟悉越南文化的专家、空气动力学与核动力技术专家、核战略研究专家等多批次研究人员，对"清乡"计划、北越战俘、美军官兵进行了大量研究，截至 1968 年，兰德分析师采访越共士兵 2400 余次，编辑 50 多份高级研究计划局报告，总计 6.2 万余页。[①] 这些报告总体上对越南战争形势判断过于乐观，对美军利用技术能力加速战争的决策起到了一定程度的偏向作用。受到布朗欣赏的兰德专家坦纳姆（George Tanham）形成《调研报告：1963 年的越南》，据报告判断，美军有望"在两三年甚至更短时间内成功结束战争"。专门研究核战略的兰德专家利昂·古尔（Leon Gourd）曾负责越共动机与士气研究计划，认为轰炸是在越南取胜的正途，"轰炸会削弱越共士气。"并且他撰写的几乎所有报告都认为越共士兵正迅速失去动机和士气，声称越共士兵已经"精疲力竭、非常气馁"，为美国空军继续轰炸行动提供依据。

　　在兰德的研究中，也有研究人员对越南战争的形势和原因进行深入研究。1964 年，美国介入战争已有 3 年，几乎还无人能搞清越共的来历和持续不减的士气原因。就东南亚问题，专家扎斯洛夫被派往西贡负责兰德的这项新研究。扎斯洛夫（Joseph Zasloff）曾在西贡一个大学法学院担任过社会学教授，他通过研究发现，答案其实很简单：是不公，农民对西贡政府不满，相信共产主

---

①　JACOBSEN A. The Pentagon's Brain[M]. New York：Hachette Book Goup，2015：179.

义能带来更好的生活，而且不会再有贪污腐败。扎斯洛夫的研究触及到了越南人参加战争的根本原因，而这些问题恰恰通过军事技术无法解决。不管是兰德公司的大部分专家，还是美军的决策官员，他们大都陷入了技术制胜的思维怪圈，而且愿意相信自己的优势和判断，很难或者不愿意触及这场战争的性质。西蒙·戴奇曼（Seymour Dieitchman）是国防部长技术圈子成员，原来是国防分析研究所的分析师，擅长运筹学研究，1964 年成为研究与工程署署长布朗反叛乱事务特别助理，确信"赢得战争的决定因素在于工程师的计算尺，而并非士兵的直觉。"① 高级研究计划局局长赫茨菲尔德曾认识到技术的局限性，认为越南战争不是一个技术的战争，而是一个政治的战争，甚至还向国防部长麦克纳马拉提出结束这个错误战争的建议，但麦克纳马拉并没有理会。最终，麦克纳马拉只能以人的智慧远远无法满足战争的需要这一托词来为自己的决策进行辩解。

阿富汗战争又是一个鲜活的例子。美军在阿富汗期间使用了大量高技术武器，包括多型先进的察打一体无人机，甚至还为清除洞穴中的敌人应急开发了温压弹，该弹体中的富燃料爆炸物能多次爆炸，可以将洞穴内的空气耗尽，并且不会破坏地道地形。然而在这样先进技术的加持下，美军还是没有走出"大国坟场"的魔咒，身陷战争泥潭长达 20 年，仅路边炸弹，或简易爆炸装置这样的武器，在战争中对美军造成的伤亡比其他任何武器都多。

负责阿富汗重建事务的特别检察官在一份报告中说，美国在阿富汗投入了 9000 亿美元，但"在 2001—2017 年期间，美国政府在阿富汗安全和有争议地区稳定上所做的努力大多失败了。""美国在 2001 年开始着手打击塔利班和基地组织。如今，华盛顿在阿富汗却面临着成倍增加的恐怖组织——

---

① 沙龙·温伯格. 战争狂想者：揭秘美国国防部高级研究计划局 [M]. 陈向阳，译. 北京：新华出版社，2019：218.

总共 21 个，包括从伊拉克战争前线引进的 ISIS，该组织在尼科尔森任期内规模不断扩大。""当时的国防部长唐纳德·拉姆斯菲尔德在 2002 年发誓，这场冲突将在五天或五周或五个月内结束，但今天大约有 5000 名美国士兵留在那里"。①

卡特·马尔卡西安（Carter Malkasian）是美国驻阿富汗的一名军队文职官员，后来担任美国驻阿富汗军队总指挥官约瑟夫·邓福德（Joseph Dunford）的政治顾问，邓福德担任参谋长联席会议主席后，他又成为邓福德的高级顾问。作为美军最高级别军官的助手，他有机会接触更广泛的人士，了解更高层的决策，也在从更广阔的视野观察这个国家和这场战争，他曾撰文写道："随着美国在经历了 20 年的战争后离开阿富汗，毫无疑问，我们输掉了这场战争——或者更委婉地说，没有达到我们的目标。""我们为什么输了？ 12 年来，我一直试图回答这个问题。"② 他认为，美国人在阿富汗的存在践踏了一种阿富汗认同感，这种认同感融合了民族自豪感、与外来者作战的悠久历史以及保卫家园的宗教承诺。它激励男人和女人捍卫他们的荣誉、他们的宗教和他们的家园。它鼓励年轻人去战斗。塔利班将他们的事业与作为阿富汗人的意义联系起来的能力是美国失败的一个关键因素。

不仅仅是马尔卡西安，阿富汗战争后期，很多美国学者都在检视军力强大的美军为什么会陷入阿富汗战争旋涡的问题，其中，美国对技术的过度依赖是一个重要原因，高科技在战争中有一种诱惑力，它可以解决很多问题，但这是一种错觉。阿富汗战争具有复杂的宗教文化色彩，相对于技术的解决

① TURSE N. The US Military is Winning. No, Really, It Is! [EB/OL].（2023-02-19）[2024-06-12]. Https://tomdispatch.com/the-u-s-military-is-winning-no-really-it-is/.

② MALKASIAN C. What America Didn't Understand About Its Longest War[EB/OL].（2021-07-06）[2024-06-12]. https://www.politico.com/news/magazine/2021/07/06/afghanistan-war-malkasian-book-excerpt-497843.

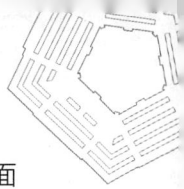

方式，信仰、宗教以及民族等因素涉及更为深层的问题逻辑。

越南战争和阿富汗战争为探究战争与技术的关系留下了深深的思考，技术的价值，只有在正义战争的背景下才能获得它所能达到的最高点。近现代科学技术的巨大进步让美国不断走向强大，技术制胜已成为美国人坚定不移的信条。技术固然是解决战争问题的重要因素，但如果将技术的作用绝对化，以技术决定一切，则未必能够如愿。军事技术只是工具，战争性质对技术的使用和效果具有根本制约作用，军事技术可以使战争获得形式上的占领，却无法赢得根本的、长远的胜利，即使如美军凭借先进技术和武器，可以进入所占领国家的每一个角落，但却不能走进所占领国家的每一个人心里。

参考网站

[1] 美国国会官网：https://www.congress.gov/

[2] 美国国会参议院官网：https://www.senate.gov/

[3] 美国国会众议院官网：https://www.house.gov/

[4] 美国国会政府问责办公室官网：https://www.gao.gov/

[5] 美国国会预算办公室官网：https://www.cbo.gov/

[6] 美国国会研究服务处官网：https://crsreports.congress.gov/

[7] 美国制造业：https://nam.org/manufacturing-in-the-united-states/

[8] 美国能源部官网：https://www.energy.gov/

[9] 美国国家航空航天局官网：https://www.nasa.gov/

[10] 美国国防部官网： http://www.defense.gov/

[11] 美国国防部研究与工程副部长官网：https://www.cto.mil/

[12] 美国国防科学委员会官网：https://dsb.cto.mil/

[13] 美国国防创新委员会官网：https://innovation.defense.gov/

[14] 美国国防创新小组官网：https://www.diu.mil/

[15] 美国国防高级研究计划局官网：https://www.darpa.mil/

[16] 美国国防数字服务处官网：https://www.dds.mil/

[17] 美国国家安全创新网络官网：https://nsin.mil/

[18] 美国陆军官网：http://www.army.mil/

[19] 美国陆军采办、后勤与技术助理部长官网：https://www.army.mil/asaalt

[20] 美国陆军未来司令部官网：https://www.army.mil/futures

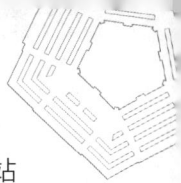

[21] 美国陆军研究实验室官网：https://arl.devcom.army.mil/

[22] 美国海军官网：http://www.navy.mil/

[23] 美国海军研究、开发与采办助理部长官网：https://www.secnav.navy.mil/rda/Pages/default.aspx

[24] 美国海军研究局官网：https://www.nre.navy.mil/

[25] 美国海军研究实验室官网：https://www.nrl.navy.mil/

[26] 美国空军官网：https://www.airforce.com/

[27] 美国空军采办、技术与后勤助理部长官网：https://ww3.safaq.hq.af.mil/

[28] 美国空军研究实验室官网：https://www.afrl.af.mil/

[29] 美国空军创新工场官网：https://afwerx.com/

[30] 美国 IQT 公司官网：https://www.iqt.org/

[31] 美国联合作战司令部官网：https://www.socom.mil/Pages/jsoc.aspx

参考文献

一、外文文献

[1] United States Department of Defense. Defense science and technology strategy[R]. Washington, D.C., 1992.

[2] CONVERSE E V. History of acquisition in the Department of Defense volume I: rearming for the Cold War 1945–1960[M]. Washington, D.C.: Office of the Secretary of Defense, Historical Office, 2012.

[3] LASSMAN T C. Sources of weapon systems innovation in the Department of Defense: the role of in–house research and development, 1945–2000[M]. Washington: DIANE Publishing Company, 2008.

[4] JONES W D. Arming the eagle: a history of U.S. weapons acquisition since 1775[M]. Virginia: Defense Systems Management College Press, 1999.

[5] U.S. House of Representatives Committee on Oversight and Reform. United States Government policy and supporting positions[R]. Washington, D.C.: U.S. Government Publishing Office, 2020.

[6] JACOBSEN A. The Pentagon's brain[M]. New York: Hachette Book Goup, 2015.

[7] YOST J R. An interview with ANITA K. JONES on 24 June 2015 （OH 476）[R]. Charles Babbage Institute Center for the History of

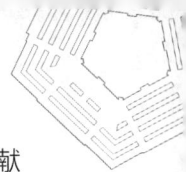

Information Technology University of Minnesota, Computer Security History Project, 2015.

[8] The Partnership for Public Service. IPA agency and candidate guidebook[R]. Washington, D.C.: The Partnership for Public Service, 2021.

[9] United States Government Accountability Office. Personnel mobility program improved guidance could help federal agencies address skills gaps and maximize other benefits（GAO–22–104414）[R]. Washington, D.C.: United States Government Accountability Office, 2022.

[10] BONVILLIAN W B, ATTA R V, WINDHAM P. The DARPA model for transformative technologies[M]. UK Cambridge: Open Book Publishers, 2019.

[11] Defense Innovation Unit. Annual report FY 2022[R]. Washington, D.C., 2022.

[12] The National Security Innovation Network. National security innovation network FY22 year in review［R］. Washington, D.C., 2023.

[13] KAPLAN L S, LANDA R D, DREA E J. History of the office of the secretary of defense volume V: The Mcnamara ascendancy 1961–1965[M]. Washington,D.C.: Office of the Secretary of Defense, Historical Office, 2006.

[14] GOLD T, LATHAM D. Defense Science Board Task Force on The Roles and Authorities of the Director of Defense Research and Engineering[R]. Office of the Under Secretary of Defense for Acquisition, Technology and Logistics, 2005.

[15] Office of the Assistant Secretary of Defense (Research and Engineering).

Reliance 21 operating principles: bringing together the DoD science and technology enterprise[R]. 2014.

[16] The U.S. Office of Government Ethics. Standards of ethical conduct for employees of the executive branch[R]. 2016.

[17] US Department of Defense. Employees' guide to the standards of conduct[R]. Washington, D.C., 2022.

[18] Department of Defense Inspector General. Report of investigation: Dr. Regina E. Dugan, former senior executive service, former director, Defense Advanced Research Projects Agency（20121204-000984）[R]. 2013.

[19] Department of Defense Inspector General. Defense Advanced Research Projects Agency's ethics program met federal government standards （DODIG-2013-039）[R]. 2013.

[20] FITZGERALD B, SANDER A, PARZIALE J. Future foundry: a new strategic approach to military-technical advantage[R]. Center for a New American Security, 2016.

[21] LAKE D R. Technology, qualitative superiority, and the overstretched American military[J]. Strategic studies quarterly, 2012: 71-99.

[22] AFWERX. Air force innovation handbook[R]. Washington, D.C., 2022.

[23] ATKINSON R D. Time for a new national innovation system for security and prosperity[R]. Washington, D.C., 2021.

[24] The Center for Government Contracting. The power of many: leveraging consortia to promote innovation, expand the defense industrial base, and accelerate acquisition[R]. Costello College of Business at George Mason University, 2022.

[25] KOTILA B. Strengthening the defense innovation ecosystem[R]. Santa Monica, 2023.

[26] The Space Force. The guardian ideal[R]. Arlington County, 2021.

[27] DEW N, LEWIS I. System-on-system competition in defense innovation [R]. Quantico, 2022.

二、中文文献

[1] 罗伯特·K.默顿. 科学社会学 [M]. 鲁旭东，林聚任，译. 北京：商务印书馆，2003.

[2] 罗伯特·K.默顿. 社会理论和社会结构 [M]. 唐少杰，等译. 南京：译林出版社，2006.

[3] 罗伯特·K.默顿. 科学社会学：理论与经验研究 [M]. 鲁旭东，林聚任，译. 北京：商务印书馆，2017.

[4] 迈克尔·G.罗斯金，等. 政治科学 [M]. 林震，等译. 12 版. 北京：中国人民大学出版社，2014.

[5] 安东尼·唐斯. 官僚制内幕 [M]. 郭小聪，等译. 北京：中国人民大学出版社，2017.

[6] 约翰·齐曼. 元科学导论 [M]. 刘珺珺，等译. 长沙：湖南人民出版社，1988.

[7] 乔纳森·科尔，斯蒂芬·科尔. 科学界的社会分层 [M]. 赵佳苓，顾昕，黄绍林，译. 北京：华夏出版社，1980.

[8] 伯纳德·巴伯. 科学与社会秩序 [M]. 顾昕，郏斌祥，赵雷进，译. 上海：生活·读书·新知三联书店出版社，1991.

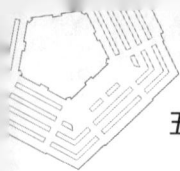

[9] 查尔斯·H.科茨，罗兰·J.佩里格林. 军事社会学 [M]. 北京大学国防学会，译. 北京：国防大学出版社，1986.

[10] J.D.贝尔纳. 科学的社会功能 [M]. 陈体芳，译. 北京：商务印书馆，1982：241.

[11] 布鲁斯·史密斯. 科学顾问：政策过程中的科学家 [M]. 温珂，李乐旋，周华东，译. 上海：上海交通大学出版社，2010.

[12] Reardont，等. 职业生涯发展与规划 [M]. 侯志瑾，等译. 北京：高等教育出版社，2005.

[13] 扎卡里. 无尽的前沿：布什传 [M] 周慧民，周玖，邹际平，译. 上海：上海科技教育出版社，2001.

[14] V.布什，等. 科学——没有止境的前沿 [M]. 范岱年，解道华，等译. 北京：商务印书馆，2005.

[15] 布德瑞. 21世纪海军创新：冷战后的美国海军研究局 [M]. 黄林，刘小妹，译. 北京：海潮出版社，2016.

[16] 安妮·雅鲁布森. 五角大楼之脑：美国国防部高级研究计划局不为人知的历史 [M]. 北京：中信出版社，2017.

[17] 贝尔菲奥尔. 疯狂科学家大本营：世界顶尖科研机构的创新秘密 [M]. 本书翻译组，译. 北京：科学出版社，2012.

[18] 彼得·J.维斯特维克. 国家实验室：美国体制中的科学（1947—1974）[M]. 钟扬，黄艳燕，等译. 上海：上海科学技术出版社，2023.

[19] 弗雷德里克·肯普. 柏林1961：肯尼迪、赫鲁晓夫和世界上最危险的地方 [M]. 武凤君，汪小英，译. 北京：中国青年出版社，2013.4.

[20] 贝恩德·施特弗尔. 冷战1947—1991：一个极端时代的历史 [M].

孟钟捷，译．桂林：漓江出版社，2017.

[21] 卡斯伯·温伯格．在五角大楼关键的七年［M］．军事科学院外国军事研究部译．北京：军事科学出版社，1991.

[22] 劳伦斯·科布．五角大楼的沉浮 [M]．陈如为，冯立冬，译．北京：新华出版社，1982.

[23] 亨利·L.特里惠特．麦克纳马拉 [M]．复旦大学资本主义国家经济研究所，译．上海：人民出版社，1975.

[24] 唐纳德·拉姆斯菲尔德．已知与未知 [M]．魏马辛，译．北京：华文出版社，2013.

[25] 盖茨．责任：美国前国防部部长罗伯特·盖茨回忆录 [M]．陈逾前，迮东晨，王正林，译．广州：广东人民出版社，2016.

[26] 艾什顿·卡特，威廉·佩里．预防性防御：一项美国新安全战略 [M]．胡利平，杨韵琴，译．上海：上海人民出版社，2000.

[27] 威廉·J.佩里．我在核战争边缘的历程 [M]．忠华，译．北京：中信出版社，2016.

[28] 马克斯威尔·泰勒．不定的号角 [M]．北京：解放军出版社，1963.

[29] 马克斯威尔·泰勒．剑与犁 [M]．伍文雄，朱曼罗，等译．北京：商务印书馆，1981.

[30] 道格拉斯·金纳德．国防部长 [M]．北京：解放军出版社，1989.

[31] 戴维·罗特科普夫．美国国家安全委员会内幕 [M]．孙成昊，赵亦周，译．北京：商务印书馆，2013.

[32] 王作跃．在卫星的阴影下：美国总统科学顾问委员会与冷战中的美国 [M]．安金辉，洪帆，译．北京：北京大学出版社，2011.

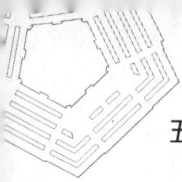

[33] 斯蒂文·L. 瑞尔登. 谁掌控美国的战争？美国参谋长联席会议史（1942—1991）[M]. 许秀芬，王淑玲，林晓颖，译. 北京：世界知识出版社，2015.

[34] 迈克尔·怀特. 战争的果实：军事冲突如何加速科技创新 [M]. 卢欣渝，译. 北京：生活·读书·新知三联书店，2016.

[35] 亚瑟·科恩，卡丽·基斯克. 美国高等教育的历程 [M]. 梁燕玲，译. 2 版. 北京：高等教育出版社，2012.